한국유아교육학회 50년

기억과 기록

Memory & Record

고영미 임수진 양유진 이효림 정재은 최지은 공저

1975

|

2025

YANGSEOWON
양서원

이 책은 유아교육연구 45권 4호에 개재된 〈신문에 나타난 유아교육에 대한 비판적 담론분석 : 1897년에서 1975년까지를 중심으로〉, 〈한국유아교육학회 50년, 유아교육연구 담론은 어떻게 변화해왔는가? 유아교육연구(1979-2024) 분석을 중심으로〉, 〈한국유아교육학회 50년 발전사와 미래 비전〉에 기초해 재구성 및 확장한 것임을 밝힙니다.

발간사

'학회 창립 50주년 기념 시리즈'를 출간하며

1975년 10월, 우리나라 유아교육 분야에서 최초로 창립된 사단법인 한국유아교육학회는 지난 반세기 동안 한국유아교육의 정체성을 확립하고 국내 · 외 학문 공동체와의 교류와 소통을 지속적으로 넓혀왔습니다. 창립 50주년을 맞이한 2025년 오늘, 우리는 학회의 오랜 역사와 전통을 돌아보며, 그 안에 담긴 선배 학자들의 헌신과 열정을 깊이 성찰하게 됩니다.

우리 학회는 가장 오랜 역사와 전통을 지닌 대표 학회로서 학문적 책임과 사회적 책무를 다하기 위해 1995년부터 5년마다 「유아교육 백서」를 발간하여 국가적 통계와 기초 자료가 부족하던 시기에 한국유아교육의 동향을 정리하고 국가정책 수립의 기초 자료를 제공하였습니다. 이후 2019년부터는 시대의 변화를 반영하여 「유아교육 디딤돌 시리즈」로 새롭게 전환하여 학문적 탐구와 현장 실천을 잇는 중요한 역할을 수행해 왔습니다.

2019년 5월 「유아교육 디딤돌 시리즈」 제1권을 시작으로 2021년 8월까지 총 10권을 발간하였으며, 이어 2022년 6월부터 2024년까지는 「유아교육 디딤돌 시리즈 II」로 5권을 추가 출간하였습니다. 2024년 제24대 회장단 출범 이후에는 그 형식과 내용을 학회 창립 50주년을 기념하는 책자로 구성하는 것이 필요하다는 의견을 모아, 「학회 창립 50주년 기념 시리즈」로 4권의 책을 기획, 출간하게 되었습니다.

1권 「한국유아교육학회 50년 기억과 기록」은 학회 창립 이전의 역사부터 학회가 걸어온 발전의 여정, 그리고 미래 비전을 담고 있습니다. 제1부는 '한국유아교육학회 창립 전, 한국유아교육학의 역사', 제2부는 '한국유아교육학회, 창립과 발전의 여정', 제3부는 '한국유아교육학회, 걸어온 길과 나아갈 길'로 구성되었습니다. 이 저서는 지난 50여 년의 학회 여정을 성찰하고, 새로운 50년을 준비하는 소중한 기록물이 될 것입니다. 이와 함께 우리 학회가 걸어온 길이 곧 한국유아교육의 성장과 발전의 역사였음을 깊이 새기게 될 것입니다.

2권 「한국유아교육학 성립과 발전」은 한국유아교육학의 근원으로부터 학문의 성립과 발전 과정을 탐구하고, 더 나아가 미래 과제를 조명하고 있습니다. 제1장은 '학문의 시작과 유아교육학의 태동', 제2장은 '유아교육학의 발전과 인접학문', 제3장은 '한국유아교육 교과영역 연구의 확장과 통합적 접근', 제4장은 '기술 통계를 활용하여 살펴본 유아교육 연구 동향', 제5장은 '토픽 모델링 분석을 통해 살펴본 유아교육 연구 동향'으로 구성하였습니다. 이 저서는 한국유아교육학의 정체성과 학문적 기반을 체계적으로 정리할 뿐 아니라, 변화하는 연구 패러다임과 주제를 성찰하는 귀중한 자료가 될 것입니다. 또한 한국유아교육학이 한층 도약하고 발전해 가는 계기를 마련할 것으로 기대됩니다.

3권 「유아교육의 본질: 교육과 보육, 돌봄 그리고 학교」는 유아교육에서 교육과 돌봄, 그리고 학교의 근본적 의미와 본질을 심층적으로 탐구하고 추구해 가야 할 방향을 제시하고 있습니다. 제1장은 '사회적 변화에 따른 유아교육의 개념 이해', 제2장은 '사회적 변화에 따른 보육과 돌봄의 개념

이해', 제3장은 '유보통합과 생애초기 학교의 정체성'으로 구성하였습니다. 이 저서는 유보통합 논의가 활발히 전개되는 시대적 맥락에서 유아교육의 본질을 다시금 성찰하게 함으로써, 학문적 · 정책적 논의의 중요한 기초 자료가 될 것입니다. 나아가 유아교육이 지향해야 할 가치와 목표를 명확히 함으로써, 교육 · 보육 · 돌봄의 긴밀한 연계 속에서 놀이 중심의 학교 체제를 정립해 가는 이정표를 제시할 것으로 기대됩니다.

4권 「다학문적 접근으로 본 유아교육」은 사회학, 사회복지학, 행정학, 심리학, 신경과학, 교육공학 등 인접 학문과의 통섭적 관점을 통해 유아교육의 확장 가능성을 모색하고 있습니다. 제1부는 '사회 문제 및 제도', 제2부는 '인간 발달 및 교육'으로 구성하였습니다. 이 저서는 유아교육을 다학문적 융합 속에서 총체적으로 조망함으로써 한국유아교육의 학문적 토대를 더욱 풍부하게 할 것입니다. 나아가 유아교육이 사회적 의미와 미래적 가치를 확장하는 데 기여할 것으로 기대됩니다.

무엇보다 이번에 출간된 4권의 「학회 창립 50주년 기념 시리즈」가 우리 학회가 걸어온 50년의 발자취 위에서, 새로운 50년의 도약을 향해 힘차게 나아가는 여정의 마중물이 되기를 바랍니다. 끝으로, 이번 책자의 기획에서 발간까지 헌신을 아끼지 않으신 임수진 50주년 준비 TF 위원장과 기획이사님들께 깊은 감사의 말씀을 드립니다. 또한 각 권의 책임 집필을 맡아 사명감으로 열정을 다해주신 김영옥, 김낙흥, 권정윤 교수님, 그리고 함께 집필에 참여해주신 모든 공동 저자분들께도 진심 어린 감사의 인사를 드립니다.

한국유아교육학회가 'NEXT 50년'을 향해 더 큰 성취와 발전을 이루어 나가기를 기대합니다. 감사합니다.

2025년 8월

24대 사단법인 한국유아교육학회

회장 **고 영 미**

들어가는 말

햇살 가득한 교실에서 웃음소리가 울려 퍼지고, 아이들의 작은 손이 궁금한 듯 세상의 많은 것들을 탐색하는 것을 바라보며, 유아교육의 본질이 무엇일지 생각하게 됩니다. 유아교육기관에서의 여러 경험이 이후의 우리 삶을 만들어낸 중요한 토대가 되듯, 한국유아교육학회 또한 지난 반세기 동안 한국유아교육의 발전을 이끄는 든든한 뿌리가 되기 위한 노력을 다해 왔습니다.

1975년 창립 이래 학회는 유아교육의 학문적 기반을 다지고, 연구와 정책을 연결하며, 교육 현장의 변화를 이끌어왔습니다. 그 과정에서 바람직한 유아교육의 방향을 찾아가기 위해 치열하게 고민하고, 학자 · 교육자 · 정책 입안자들이 함께 머리를 맞대며 더 나은 교육 환경을 만들어가기 위해 노력했다고 자부합니다. 그러나 교육은 멈추지 않고 변화합니다. 기술의 발전, 사회 · 문화적 가치의 변화, 그리고 교육 패러다임의 전환 속에서 유아교육은 새로운 도전을 마주하고 있습니다. 유아의 삶과 놀이, 학습이

조화롭게 어우러지는 환경을 조성하기 위해서는 깊이 있는 연구와 성찰, 그리고 시대를 앞서가는 실천이 필요합니다.

이 책은 학회의 50년 발자취를 정리하는 동시에, 앞으로 우리가 걸어가야 할 길을 함께 모색하려는 마음을 담은 소중한 기록입니다. 학회의 창립부터 현재까지의 연구와 정책 변화를 되짚고, 미래 유아교육의 방향을 제시하며, 동시에 교육 현장과 학문적 연구의 긴밀한 연결 방안을 담으려 했습니다.

이에 본 저서는 한국유아교육의 발전과 나란히 걸어온 한국유아교육학회의 여정을 분석하여 세 부분으로 제시하였습니다. 각 흔적은, 제1부 "한국유아교육학회 창립 전, 한국유아교육의 역사", 제2부 "한국유아교육학회, 창립과 발전의 여정", 제3부 "한국유아교육학회, 걸어온 길과 나아갈 길"입니다.

첫 번째 부분인 제1부 "한국유아교육학회 창립 전, 한국유아교육의 역사"는 제1장, 제2장, 제3장입니다. 이 부분은 한국유아교육학회 창립 이전(1975년 10월까지)의 한국유아교육의 흐름을 정리하여 한국유아교육학회의 창립과 연결해 살펴보려는 의도로, 당시 사회상을 확인할 수 있는 신문 기사 분석을 통해 제시하였습니다. 저자들은 한국언론진흥재단에서 운영하는 카인즈(www.kinds.or.kr)의 고(古) 신문 아카이브와 각 신문사의 공식 웹사이트에서 제공하는 검색엔진을 활용해 조선시보, 매일신보, 마산일보, 경성일보, 중앙신문, 동아일보, 조선일보 등에서 발간한 신문기사 원문을 추출하고, 시대적 맥락 속에서 유아교육이 어떻게 논의되고 발전해 왔는지 탐색하였습니다. 유아교육 관련 핵심 키워드는 시대적 상황에 따라 차이가 있을 가능성이 커서 『한국 근대 유치원 교육사』(이상금[1], 1987, 1991), 『한국 현대 유아교육사』(김영옥[2] 외, 1995), 『유아교육 백서』[3](한국유아교육학회, 1996) 등 대표 문헌과 기존 연구를 바탕으로 주요 검색어를 선정하였습니다. 이를 통해 추출한 핵심 키워드는 '유아교육', '유치원', '유아교사', '어린이', '부모', '학회' 등이었고, 해당 키워드를 중심으로 기사를 추출했습니다.

연구 분석 틀을 설정하는 과정에서 유아교육, 유아, 교사, 부모라는 네 가지 핵심 주제를 도출하였는데, 이러한 주제는 당시 유아교육이 사회적으로 어떠한 방식으로 논의되었으며, 관련된 담론이 어떠한 양상으로 전개되었는지를 보다 체계적으로 분석하기 위해서였습니다. 그리고 자료 선별 과정에서 검색된 신문 기사의 전문을 연구 대상으로 삼아, 실제 분석에 적합한 기사만을 선별하는 2차 검토를 진행하였습니다. 이는 검색된 기사 목록에서 키워드가 포함된 기사를 무작위로 선정하는 것이 아니라, 기사의 제목, 부제, 본문 내용을 면밀하게 검토하여 한국유아교육과 직접적인 관련이 있는 기사만을 최종 분석 대상으로 삼는 과정을 거쳤음을 의미합니다. 예를 들어, 검색 시스템의 특성상 기사 본문과 직접적인 관련이 없는 자료도 포함될 수 있어 기사 전체 내용을 검토하는 과정을 필수적으로 거쳤습니다. 이러한 과정에서 유아교육과 무관한 기사는 배제하고, 유아교육의 발전과정과 직접 연관이 있는 기사만을 선별하여 내용의 객관성과 체계성을 최대한 확보하려고 노력하였습니다. 특히 신문 기사 중 일부는 한자로 작성되어 있어 구글 번역기를 활용하여 번역하고 내용을 해석하였습니다. 이를 통해 원문을 더 정확하게 분석하고, 당시의 유아교육 관련 논의가 신문 기사에서 어떻게 다루어졌는지 깊이 고찰하고자 하였습니다.

1) 한국유아교육학회 초대 회장
2) 한국유아교육학회 14대 회장
3) 한국유아교육학회 창립 20주년 출판

두 번째 부분인 제2부 "한국유아교육학회, 창립과 발전의 여정"은 제4장에서 제7장까지입니다. 이 부분에서는 한국유아교육학회의 창립과 발전과정에 대한 시대적 흐름에 따라 분석하는 것을 목표로 하여, 제4장에서 제6장까지는 학회 보유 자료, 『한국 근대 유치원 교육사』(이상금, 1987, 1991), 『한국 현대 유아교육사』(김영옥 외, 1995), 『유아교육 백서』(한국유아교육학회, 1996) 및 정부 보고서, 신문 기사를 활용해 한국유아교육학회의 설립 배경과 비전, 학회의 정착과 발전과정, 배경이 되었던 사회적 맥락을 파악하였고, 제도적 변화의 흐름과 유아교육에 대한 사회적 논의, 그리고 이 과정에서 이루어진 학회의 연구 및 정책적 기여를 최대한 자세하게 제시하고자 하였습니다.

한편, 제7장 〈한국유아교육학회의 학문적 발자취〉는 텍스트 마이닝과 문헌 연구를 활용하여 학회의 성과를 체계적으로 분석하여 의미 있는 시사점을 제시하고자 하였습니다. 우선, 학회가 발행한 학술지 『유아교육연구』의 연구 동향을 파악하기 위해 텍스트 마이닝 기법을 적용해 연구 주제의 변화를 분석하였습니다. 이 과정은 논문 제목과 초록을 데이터베이스화한 후, 자연어 처리 기법을 활용하여 주요 키워드를 추출하고 단어 빈도 분석과 연관 단어 네트워크 분석을 통해 이루어졌습니다. 이러한 방법론적 접근을 통해 각 시기의 연구 흐름을 구체적으로 보여주고, 한국유아교육 연구의 중심 논점이 어떻게 변화해 왔는지를 시각적으로 정리하였습니다. 이는 한국유아교육 연구의 발전 방향을 명확하게 제시하고, 향후 연구의 주요 과제를 도출하고자 한 것입니다.

세 번째 부분인 제3부 "한국유아교육학회, 걸어온 길과 나아갈 길"은 제8장과 제9장입니다. 이 부분은 신문기사 및 한국유아교육학회가 보유한 내부 자료 및 문헌 연구, 그리고 제1장~제7장까지의 분석을 기초로 종합적 · 다각적으로 한국유아교육학회의 50년을 제시하고자 했습니다. 제8장

〈사람, 그리고 이슈로 보는 한국유아교육학회〉에서는 학회 설립과 발전과정에서 중요한 역할을 한 인물들의 헌신과 기여를 살펴보고, 이들이 한국유아교육과 학회 방향성 정립에 미친 영향을 정리하였습니다. 이를 위해 학회의 내부 기록과 회의록, 공식 문서를 검토하고, 신문 기사와 기존 연구 자료를 활용하여 학회의 운영 과정과 의사 결정 과정을 상세히 제시하고자 노력하였습니다. 또한, 유아교육의 발전과정에서 등장한 주요 이슈와 사회적 논의가 학회와 유아교육 정책에 미친 영향을 평가하는 것을 통해 한국유아교육학회가 한국의 유아교육 발전에 한 기여와 주요 인물 및 사건의 의미를 조명하고, 향후 연구 및 정책적 논의의 방향성을 모색하는 근거를 마련하고자 하였습니다.

마지막 장인 제9장에서는 제1장에서 제8장까지의 내용을 정리하며 한국유아교육학회의 지난 50년간의 발자취를 되돌아보았습니다. 시간의 흐름에 따라 1975년 한국유아교육학회의 창립부터 주요 성과들을 중심으로 도식화하고, 숫자로 되짚었습니다. 또한 주요 학문적 성과인 학술대회, 국내 · 외 학술지, 다양한 사업들을 살펴보고, 한국유아교육학회의 미래를 조망하고자 했습니다. 학술지인 「유아교육연구」와 「International Journal of Early Childhood Education(IJECE)」의 특성과 위상에 대한 보다 체계적인 분석을 위해 KCI(한국학술지인용색인)에서 제공하는 학술지 분석자료를 활용하여 영향력 지수(IF, Impact Factor)와 중심성 지수(CI, Centrality Index)도 제시했습니다. 다음으로 한국유아교육학회가 나아가야 할 미래 방향을 제언하기 위해 학회의 50년 발전사 분석 결과를 기초로 주요 내용을 제안하였고, 분석자료의 충실성과 분석의 타당성 확보를 위해 이 저서 작성에 참여한 연구자 간의 협의 외에도 학회 고문의 조언을 얻기도 하였습니다.

책을 집필하는 과정에서 본 저자들은 학회를 이끌어온 많은 연구자와 교육자의 노력과 헌신을 다시금 떠올렸습니다. 창립을 주도한 선구적인 학회 임원진과 연구자들, 학회를 성장시키기 위해 힘쓴 수많은 임원진과 회원들, 그리고 유아교육의 발전을 위해 헌신해 온 모든 분께 감사의 마음을 전합니다. 또한, 앞으로 학회를 이끌어나갈 차세대 연구자와 교육자들에게 이 책이 소중한 자산이 되고, 유아교육을 연구하는 학자와 교육 현장의 실천가, 그리고 정책 입안자들이 함께 머리를 맞대고 미래를 설계하는 발판이 되기를 바랍니다. 마지막으로, 이미 소실되었거나 오래된 자료들을 모으고 엮어 이 책의 집필에 애써주신 학회 집행부 및 참여 저자들에게 깊은 감사를 전합니다.

이제 우리는 다시 새로운 반세기를 준비해야 합니다. 이 책은 한국유아교육학회의 50주년이 시간의 흐름 속에 그저 지나간 순간이 아니라, 더 나은 내일을 위한 단단한 토대가 되기를 바라는 마음으로, 지나온 길을 성찰하며 기록한 것입니다. 반세기의 발자취를 온전히 담기에 많은 부족함이 있지만, 이 기록이 새로운 시대의 출발점이 되어 과거와 현재, 그리고 미래의 유아교육을 이어주는 의미 있는 징검다리가 되길 바랍니다. 아이들의 맑은 웃음이 언제나 빛날 수 있도록, 오늘의 성찰과 내일의 비전을 담아 한국유아교육학회의 역사를 세상에 내놓게 되어 깊은 영광과 감사의 마음을 전합니다.

2025년 8월

저자 일동

차례

발간사 003
들어가는 말 006

PART 1
한국유아교육학회 창립 전, 한국유아교육의 역사

CHAPTER 1 민족적 저항과 유아교육의 도입: 1897년–1945년 조선시대 말부터 일제강점기 017
CHAPTER 2 혼란 속 유아교육의 정체성 확립을 위한 노력: 1945년–1963년 미 군정기와 이승만 정부 시기 032
CHAPTER 3 국가주도의 유아교육 정책(제도) 수립 및 다양한 교육적 시도: 1963년–1975년 박정희 정부 시기부터 한국유아교육학회 설립 이전 049

PART 2
한국유아교육학회, 창립과 발전의 여정

CHAPTER 4 한국유아교육학회의 창립과 초기 비전: 1975년–1992년 073
CHAPTER 5 학회의 정착 · 국제화 선도 및 한국유아교육 제도 정착 노력: 1993년–2012년 084
CHAPTER 6 미래지향적 유아교육을 위한 혁신과 통합 도모: 2013년–2024년 093
CHAPTER 7 한국유아교육학회의 학문적 발자취 101

PART 3
한국유아교육학회, 걸어온 길과 나아갈 길

CHAPTER 8 사람, 그리고 이슈로 보는 한국유아교육학회 137
CHAPTER 9 미래를 향해 나아가는 한국유아교육학회 170

부록 201

PART 1

한국유아교육학회 창립 전, 한국유아교육의 역사

한국의 유아교육은 한국유아교육학회 창립 전에도 우리의 역사적 지평 안에서 독자적 교육을 생성하고 있었고, 이러한 노력은 학회 태동과 함께 더욱 체계화되었다. 이에 본 저서는 유아교육이 독립적인 학문으로 자리 잡는 데에 선도적인 역할을 한 한국유아교육학회 설립(1975.10월) 이전 시기까지의 한국 유아교육 흐름을 살펴봄으로써 한국유아교육의 토대를 제시하고자 한다. 학회지와 같은 객관적 사료가 발간되기 이전 시기이므로, 당시의 사회상을 명징하게 보여주는 발간 신문에 기초해 살펴보고자 한다.

이 장에서는 한국의 시대상과 유아교육에 대한 이해를 위해 시기별로 구분해 제시한다. 먼저, 대한제국의 선포와 함께 우리나라 최초의 유치원인 부산유치원이 설립된 1897년부터 일제강점기(1897년-1945년)를 살펴본다. 다음으로 해방 이후, 6 · 25 한국전쟁 발발 등의 시대적 · 사회적 혼란 속에서 유아교육의 정체기라고 명명될 정도로 다른 교육기관에 비해 더딘 발전을 한 미군정기와 이승만 정부 시기(1945년-1963년)를 분석한다. 마지막으로 경제개발과 사회 안정을 도모하며 국가주도의 유아교육 체계를 정비하며 교육과정 제정을 본격화한 박정희 정부 시기부터 한국유아교육학회 설립이전 시기(1963년-1975년)를 조명한다.

⁂ 민족적 저항과 유아교육의 도입:
1897년-1945년 조선시대 말부터 일제강점기

⁂ 혼란 속 유아교육의 정체성 확립을 위한 노력:
1945년-1963년 미 군정기와 이승만 정부 시기

⁂ 국가주도의 유아교육 수립 및 다양한 교육적 시도:
1963년-1975년 박정희 정부 시기부터 한국유아교육학회 설립 이전

CHAPTER 1

민족적 저항과 유아교육의 도입:

1897년-1945년 조선시대 말부터 일제강점기

일제강점기의 유아교육은 일본 제국주의의 동화주의 정책 속에서도 민족적 자각과 교육 구국주의의 흐름을 통해 독자적 발전을 모색했다. 법적 · 제도적 정비와 교사 양성기관의 설립, 어머니회와 자모회 같은 부모교육이 시작되었지만, 유치원은 상류층과 일본인 자녀를 중심으로 운영되었고, 많은 한계가 있었다. 그럼에도 소파 방정환의 활동과 같이 어린이를 존중하는 의식을 고취하려는 노력은 유아교육을 단순한 돌봄이 아닌 민족의 미래를 준비하는 장으로 자리매김하는 기초가 되기도 했다. 이러한 경험은 해방 이후 한국유아교육의 발전에 밑거름이 되었으며, 현대 유아교육의 방향성을 고민하는 데 중요한 교훈을 제공한다.

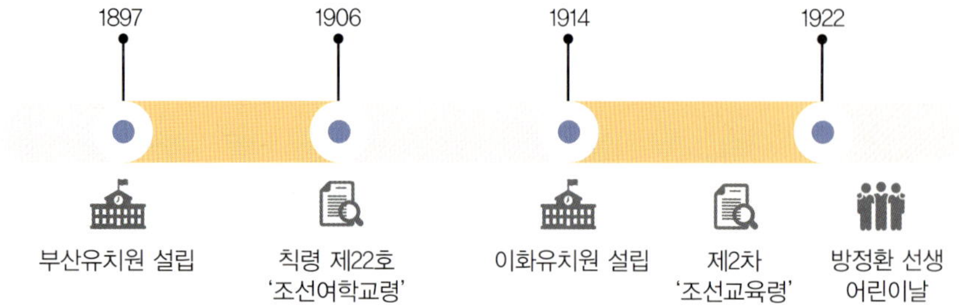

유아교육: 유치원의 도입과 민족적 저항

비록, 일정 수준의 법적 · 제도적 기반이 마련되었음에도 불구하고, 당시 일본의 동화정책으로 인해 유아교육의 본질적 발전에는 제약이 따랐다. 그러나 교육 구국주의 정신 아래, 유치원은 지식과 문화를 계승하고자 하는 교육과 저항의 공간으로 기능하였으며, 이는 해방 이후 한국유아교육의 초석을 다지는 데 중요한 역할을 했다.

유치원의 도입과 초기 발전 1897년 대한제국의 선포와 함께 우리나라 최초의 유치원인 '부산유치원'이 설립(조선시보, 1917.10.19, 사립 부산유치원 가을 체육대회 시작)되었다. 하지만 이 유치원은 일본인 자녀만을 위한 사립유치원으로 운영되었고, 교사 또한 모두 일본인이었다(이기숙 외, 2021). 1907년 제정된 칙령 제54호를 통해 조선 학무국을 설립하고 보통교육과 유치원 교육을 관리하였으며, 이는 한국유아교육의 최초 법적 · 행정적 체계를 의미한다(이상금, 1991).

1908년에는 조선여학교령(칙령 제22호)이 공포되면서 고등여학교에 부속유치원을 설립할 수 있는 법적 근거가 마련되었다(매일신보, 1919.10.22, 여학교법안 통과). 이는 우리나라 유아교육기관 설립의 초석이 되었으며, 유아의 연령, 정원,

교육내용, 보육료 등의 세부사항이 규정되었다(이기숙 외, 2021). 하지만, 이러한 제도적 기반에도 불구하고, 당시 유치원 설립은 극히 제한적이었으며, 교육의 초점은 일본 제국주의 동화정책에 맞추어져 있었다(이은화 외, 2006).

이 시기 일본은 조선 교육의 최우선 목표로 식민지 동화정책을 내세웠으며, 유치원 또한 일본의 풍습과 언어를 조기에 주입하기 위한 장으로 활용되었다. 대표적으로 1913년에 설립된 '경성유치원'(경성일보. 1938.08.21. 경성유치원)은 한국인을 대상으로 했지만, 주로 일본에 협력하는 특수층 관리의 자녀만 입학할 수 있었고, 교육내용은 일본 풍습과 습관을 조기 주입하는 것을 중심으로 진행되었다(이기숙 외, 2021). 또한, 부산고등여학교에서 이루어진 유아교육에 대한 강의를 통해 일본의 유아교육 모델을 소개하기도 하였다(조선시보. 1934.08.01. 부산고등여학교에서 유아교육강의).

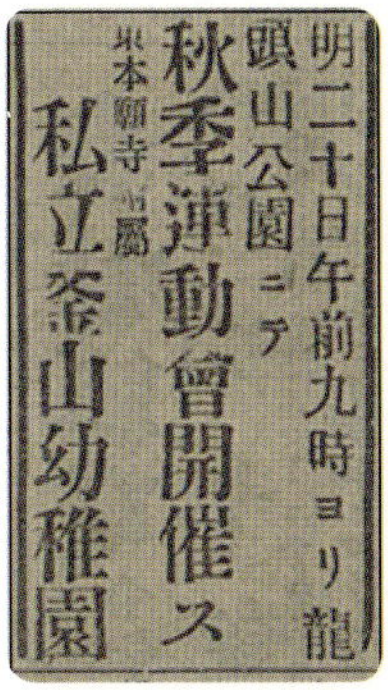
明二十日午前九時ヨリ龍頭山公園ニテ
秋季運動會開催ス
本願寺附屬
私立釜山幼稚園

조선시보. 1917.10.19. 사립 부산유치원 가을 체육대회 시작

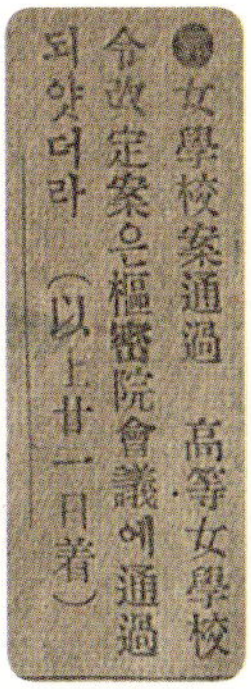
◎女學校案通過 高等女學校令改定案은樞密院會議에通過되얏더라 (以上廿一日着)

매일신보. 1919. 10.22. 여학교 법안 통과, 고등여학교칙 추밀원회의에서 확정

경성일보. 1938.08.21. 경성유치원 유아사진(일장기)

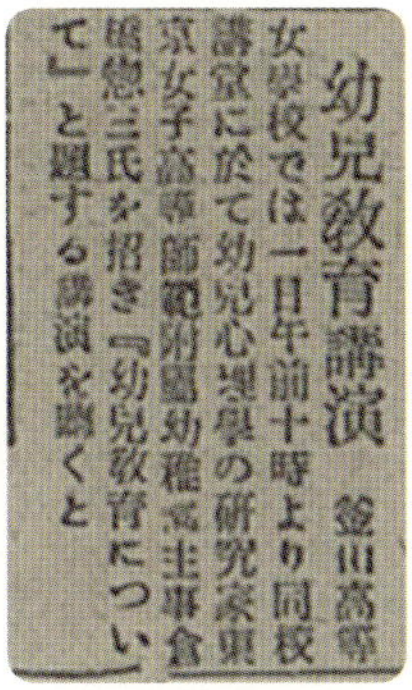
幼兒教育講演 釜山高等女學校では一日午前十時より同校講堂に於て幼兒心理學の研究家東京女子高等師範附屬幼稚園主事倉橋惣三氏を招き『幼兒教育について』と題する講演を聽くと

조선시보. 1934.08.01. 부산고등여학교에서 유아교육강의, 유아심리학의 연구가 하시소조씨 초대 '유아교육에 대해서' 라는 제목의 강연

이와 달리 1914년에 미국인 선교사 브라운리(Brownlee, C. G.)가 설립한 '이화유치원'(매일신보. 1914.02.20. 이화학원(정동)전경)은 한국인을 위한 최초의 유치원으로 평가된다. 이화유치원은 유아교육의 선구적 역할을 하였는데, 1915년

에는 2년제 유치원사범과를 설치하여 유아교육 교사를 양성하였다. 이화유치원은 설립 초기부터 '어머니회'를 조직하고 부모교육을 진행하여, 유아교육과 가정교육을 연계한 첫 사례를 제공하였다. 또한, 교사를 다른 유치원에 파견해 운영을 지원했는데, 중앙유치원(현 중앙대학교 사범대학 부속유치원) 설립 후 초기 운영(매일신보. 1916.10.11. 중앙에 유치원이 생긴다/ 매일신보. 1920.05.08. 부활된 중앙유치원)에도 중요한 역할을 하였다(이화여자대학교 사범대학 부속이화유치원, 2014).

學校歷訪

▲梨花學堂（眞寫）

學力의優劣은年齡에不在하야近三十歲의婦女가幼稚班에셔七八歲兒와갓치가갸거겨브터始作홈

매일신보. 1914.02.20. 이화학원(정동) 전경

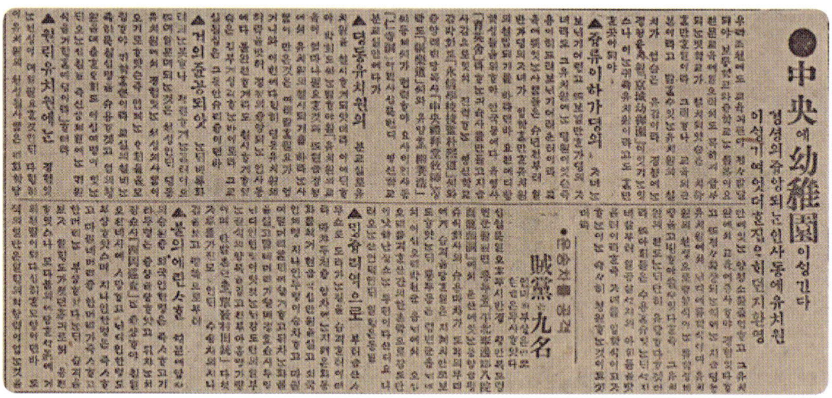
中央에幼稚園이싱긴다

경셩의즁앙되는인사동에유치원

이싱기매어엇더훈집아히던지환영

매일신보. 1916.10.11. 중앙에 유치원이 생긴다, 경성의 중앙되는 인사동에 유치원, 이 생기에 어떠한 집 아이던지 환영

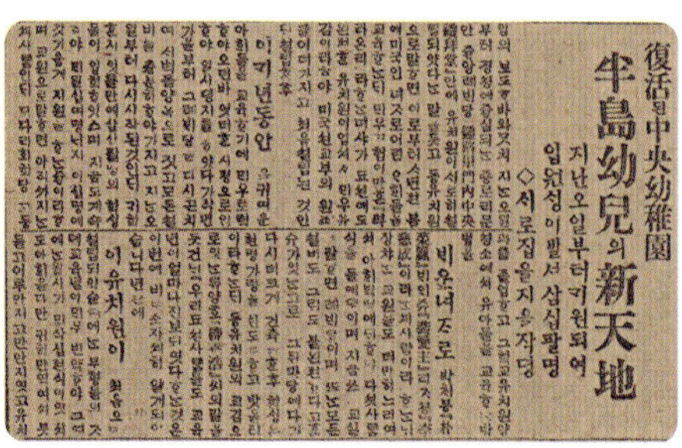
復活된中央幼稚園

半島幼兒의新天地

지난오일부터개원되어

입원싱이벌서삼십팔명

◇새로집을지을작뎡

매일신보. 1920.05.08. 부활된 중앙유치원, 지난 5일부터 개원되어 입원생이 벌써 38명, 새로 집을 지을 작정

1910년대 말 기준, 한국의 유치원은 약 17개로 제한적이었으며, 원아 수는 약 800명에 불과했다. 이는 같은 시기 보통학교 학생 수가 약 8만 9천여 명에 달했던 것과 비교할 때 매우 미약한 수준이었다. 이 시기 유치원의 설립 주체는 주로 개신교 선교사였으며, 이러한 영향으로 유치원 교육은 종교적 색채가 강했다(이윤진, 2006).

1920년대의 유치원 팽창기 1920년대는 유치원의 양적 확장이 급격히 이루어진 시기였다. 3 · 1운동 이후 교육 구국주의 정신이 확산되며 한국인의 교육열이 고조되었고, 전국적으로 많은 유치원이 설립되었다(이상금, 1987). 1921년에는 일본인 유치원이 한국인 유치원보다 많았지만, 1923년 이후에는 한국인 유치원이 수적으로 앞서기 시작했다. 1926년을 기준으로 전국에 126개의 유치원이 설립되었는데, 이 중 상당수가 교회와 연계되어 운영되었다(이윤진, 2006). 이는 감리교와 장로교를 중심으로 한 개신교의 활발한 유치원 설립 운동과 관련이 깊다. 개신교 선교사들이 전국적으로 분할된 선교지역에 교회를 설립한 뒤, 유치원 설립을 이어가며 유아교육을 전국적으로 확산시켰다(이기숙 외, 2021; 이상금, 1987). 신문기사(동아일보. 1920.09.09. 종로유치원 확장)에서도 엿볼 수 있듯 유치원의 주요 설립 주체인 교회의 활동은 유치원을 산간벽지까지 확산하는데 기여했다(이윤진, 2006).

> **鍾路幼穉園擴張(종노유치원확장) 십일부터개학**
>
> 3면 사회
>
> 鍾路幼穉園擴張(종노유치원확장)
> 십일부터개학
> 시내중앙례배당(中央禮拜堂(중앙예배당))안에잇는종로유치원(鍾路幼穉院(종노유치원))에서서는 오는십일상오 십시부터추긔개학을 할터인데 이번에는규모를더욱확장하야다시보결생을모집할터이며 월사금은 오십전이요 소학교에채가지 못한자녀를둔가명에서는혹입학식히일회망이잇거든 십일오젼십시에다리고 중앙례배당으로 오기를바란다더라

동아일보. 1920.09.09. 종로유치원확장 십일부터 개학: 시내중앙예배당안에 있는 종로유치원 개학

1920년대 설립된 유치원 운영의 주요 특징은 크게 세 가지로 분류할 수 있다(이상금, 1987). 첫째는 애국적 인재 양성을 목표로 한 유치원으로, 이는 교육 구국주의 정신을 반영한 대표적 사례

읽을거리 1920년대 이화유치원의 교육내용 및 방법

幼年敎育(유년교육)의新機關(신기관)

리화학당안에유치원을신설

명칠일부터아해들을가르처

어린아해의머리는사진긔계와가치민첩한감수성(感受性(감수성))을가진것이 요사람의일평생의 인격이어렷슬때에 그긔초를 세워놋케되는것은 누구든지 다아는바이나조선사람의 가정은 아즉유년교육을 베풀만한뎡도에 이르지못하고 사회로도 이에 대한긔관이업서서일반지식계급에서는 유감으로알든터인대 시내뎡동에 잇는리화학당(梨花學堂(이화학당))에서는완전한유치원을 설치하고자 몃해전부터경영하야 내려왓스나 이때까지는 유치원교실이 특별히잇는것이아니라 그학교일부를 차용하얏슴으로 불편이 적지안터니금년에 유치원교실을 신築할계획이 완성하얏슴으로 지나간륙월하순경부터 그학당 압뷔인긔디에 건축공사를 시작하야근일화려한 이층의 붉은벽돌집이완성되 엿슴으로 신학긔부터는더욱만흔 어린아해를 용수하게되얏다조선의모든교육긔관이 불비하지마는더욱유년교윤의 긔관은조선전국에몃개가되지아니하나모다불완전한 현상에잇는때에 이와가튼 완전한 유치원이생기기는저음되는일이라동학당『활터!』교당은말하되『몃해전부터 경영해오든일이엇스나 도모지 경비관계로 일이 잘되지못하든터인대미국에 유년선교부(幼年宣敎部(유년선교부))가잇서서 해마다각국의어린아해를위하야 돈을 것어보내다가 금년에는조선의 어린아해를위하야일만원의거액을보낸것이니이돈이야말로몃만리를격하야잇는어린동모들이조선동모를위하야푼〃히거둔것이닛가참으로아름다운정이넘치는귀여운일이올시다 유년부 에서거두어보낸돈이 일만원이요 또이천원은 눈물속에생긴돈이니 미국『후버 라는 사람이그가 가장사랑하든아들『랄프. 에드거. 후버』가죽으매 한업시애석하야참아그아해를 이즐수업슴으로 죽은아해를 잇지안케 돈이천원으로무슨긔념사업을 하고자 하다가그돈을 이유치원에 긔부한것인즉 참으로이유치원은 감상이깁흔것

동아일보. 1921.09.06. 유년교육의 신기관: 리화학당안에 유치원을 신설

정동리화학당내에잇는리화유치원은 조선에서는 가장오랜력사를 가진곳이다 아즉조선사람들이유치원이란일홈조차몰을때일천구백십사년에 서양인 미쓰뿌라운이란이의 설립한 것이오지금도그가원장으로잇다고한다

조선에 지금은 유치원이여긔저긔 잇서부족하나마 조선사람의 어린자녀들을 기를수잇게 된것은 이유치원이 저음생기면서조선사람에게 유치원에대한 리해를부러넛코 또는 한편으로유치사범과를주어 만흔 보모를길너준 까닭이라고 밋으며이뎜으로보아 리화유치원은 조선유치원력사의 첫페지를 차지하리라고 밋는다

이유치원 경비는 전혀미국선교회사업부에서 나온다하며 지금 재적한 아동이 백명인데녀자보다 남자가 더만흐며아동의가정의직업별로보면 제일만한것은 월급생활하는집 자녀라고한다 교회와 관계잇는 까닭에교인의자녀가 비교뎍만히 잇지마는그러케 만치는안타고한다

미쓰뿌라운원장은 다만 경영자요 설립자로잇고 온갓것은모다 조선사람이 맛하가지고 가라치고다사려나간다고한다

유치원보모 량한라씨담우리는 전혀 아동에게대하여방임주의를씀니다무슨작난을식히더래도제가제마음이나서하게하며작난감을가지고놀게하더래도 여러가지 작난감을내여노코 선택권을 아동에게맛김니다 작난감을 만드는것도 그러함니다여러가지 모본을내여노코 제마음에도 택하여만들라고 하지오 이와가치자유로 방임해주면 아희들의개성과 남녀의차이가 분명히나타남니다남녀의현저한차이는계집애는작난감을택해도물색이곱고 아름다운새나 꼿가튼것조와하고사나희들은그러한 물색에는별로유의아니하고아름다운것도별로선택아니하며소나말가튼것을조와함니다작난을식혀도계집아희는노래하고 춤추는것을 조와하지마는사내희들은 다름박질 뜀박질알가튼것을하고닯니고하는것을조와함니다

동아일보. 1926.02.04. 유치원 방문기. 이화유치원: 정동이화학당내에 있는 이화유치원은 조선에서는 가장 오랜 역사를 가진 곳이다.

였다. 둘째는 전통적인 유교적 덕성을 강조한 유치원이었으며, 셋째는 민주적 시민의 육성을 지향하는 유치원이었다. 이 중 첫 번째 유형이 가장 많았는데, 이는 3 · 1운동 이후 신교육을 통한 국력 배양과 애국자 양성에 대한 요구가 반영된 결과였다. 1920년대의 유아교육은 민족적 정체성과 교육의 본질을 동시에 모색하려는 성격을 띤다. 즉, 유치원은 민족적 의식을 고취하는 공간으로 기능하며, 일본의 식민정책에 저항하는 중요한 역할을 했다.

1930년대 이후의 변화와 도전 1930년대에는 유치원의 내적 충실을 기하려는 움직임이 나타났으나, 일본의 식민 통치가 강화되면서 유치원 교육은 위축되었다. 1930년대 중반 이후에는 유치원 무용론이 대두되며, 유치원 설립 증가율은 둔화되었다(이기숙 외, 2021). 이에 따라 1945년 광복 당시 전국에 약 144개의 유치원이 남게 되었다(이은화 외, 2006).

유아: 유아에 대한 인식 변화와 민족적 자각

일본은 유아를 식민지 동화의 기초로 삼아 조기에 일본 문화를 주입하려 했지만, 소파 방정환과 같은 선구자들의 노력으로 유아교육은 민족 정체성을 지키는 장으로 기능할 수 있었다. 특히, 전통사회에서 유아는 경제적, 사회적 기능을 강조한 공리적 존재로 여겨졌으나, 근대에 들어서는 독립적이고 가치 있는 존재로 새롭게 인식되었다. 이러한 변화를 주도한 방정환은 유아의 성장 가능성과 내적 가치를 강조하며, 유아를 '민족의 미래'로 정의했다. 이는 근대적 유아관과 교육관이 확립되는 계기가 되었으며, 현대 유아교육의 방향성을 설정하는 데 중요한 기반을 마련했다.

유아를 향한 일본의 동화정책 일제강점기 동안 유아는 일본 제국주의 동화정책의 주요 대상으로 간주되었다. 경성유치원과 같이 한국인 자녀를 대상으로 유치원을 설립했지만, 입학 자격은 일본에 협조적인 특수층 관리의 자녀로 제한하였다. 교육과정도 유아에게 일본 문화와 생활 방식을 조기에 주입하여 한국 사회를 일본화하려는 식민지 정책의 연장선에서 운영되었다(이기숙 외, 2021). 특히, 유치원 교육을 통해 일본어와 일본 문화를 가르치고, 유아기부터 조선인의 정체성을 억압하며 동화시키는 데 중점을 두었다. 이는 일제가 유아를 돌봄의 대상으로 보지 않고, 식민지 통치의 기초로 삼았음을 보여주는 것이다.

전통 사회의 유아관과 근대적 변화 우리나라 전통사회에서 아동, 특히 유아에 대한 인식은 근대 이전과 이후로 크게 구분된다. 조선시대에는 유아가 가족의 구성원으로서 인식되었으며, 개별적 존재라기보다는 가족과 국가의 유지를 위한 노동력으로 여겨졌다(백혜리, 이은화, 1997). 유교적 가치관은 남아 출산을 강조하였고, 이는 노동력 확보와 가계 계승을 위한 필수적인 요소로 간주되었다. 따라서 유아, 특히 남아는 공리적 가치를 중심으로 인식되었고, 이러한 공리적 가치는 인격적 가치로도 연결되었다. 또한, 근대 이전 유아는 부모의 소유물로 여겨졌으며, 독립적인 인격체로 받아들이기보다 어른의 지도와 보호를 받아야 할 미성숙한 존재로 간주했다(아동권리보장원, 2022). 이러한 유아관은 노동력이 중시되었던 농경사회의 특징과 맞물려 강화되었다. 유아는 일정한 나이가 되면 어른으로 취급받으며 노동에 동원되었다. 남아와 여아, 출생 순위에 따른 차별도 흔히 이루어졌다. 남아는 가계를 계승하는 존재로 여겨져 우대했으며, 여아는 '남의 집사람'이라는 이유로 상대적으로 경시되었다. 장애아동 또한 생산에 기여하지 못한다는 이유로 차별받았다.

근대에 들어서면서 유아를 단순한 노동력이나 가족의 부속물이 아닌, 독립적이고 가치 있는 존재로 인식하려는 움직임이 나타났다(정미라 외, 2006).

1920년대에 유아라는 개념이 확립되며 '어린이'라는 명칭이 비로소 사용되기 시작했다. 1914년 최남선의 「어린이의 꿈」이 「청춘」 잡지에 실리며 '어린이'라는 명칭이 등장했고, 1922년 방정환이 어린이날을 제정하며 이 명칭이 보편화되었다(우남희, 1999 재인용). 방정환은 어린이가 미성숙한 존재가 아니라 성장 가능성을 가진 독립적 존재임을 강조하며, 어린이를 '어른과 대등한 독립된 인격체'로 정의하였다(방정환, 1923; 우남희, 1999 재인용).

국제 환경과 아동권리: 제네바 아동권리선언(아동권리보장원, 2022)

일제강점기 동안 한국 내 유아교육이 변화와 도전에 직면해 있었던 것처럼, 국제사회도 혼란과 혁신의 시기를 겪고 있었다. 제1차 세계대전이 끝난 후 국제연맹을 중심으로 국제 질서를 회복하려는 노력이 이어졌고, 이 과정에서 아동권리와 관련해 중요한 진전이 이루어졌다. 1924년 국제연맹은 제네바 아동권리선언을 만장일치로 채택했다. 세이브더칠드런의 설립자인 에글렌타인 젭이 초안을 마련한 이 선언은 당시 47개 회원국이 아동 보호를 국제적으로 합의한 최초의 사례였다. 제네바 아동권리선언은 아동의 교육권, 직업훈련, 착취로부터의 보호, 공공의제 참여, 비차별의 권리 등 아동의 복지를 보장하기 위한 내용을 담았다. 비록 선언의 성격이 아동을 권리의 주체로 보기보다는 보호와 시혜를 강조한 측면이 있었지만, 이는 이후 국제사회의 아동권리 논의의 기초가 되었다. 1959년 유엔 아동권리선언과 1989년 유엔아동권리협약으로 이어진 국제적 흐름을 형성했다는 점에서 그 의의는 크다.

소파 방정환과 유아에 대한 민족적 자각 유아에 대한 인식과 민족적 자각을 연결한 대표적 인물은 소파 방정환이었다. 그는 일제강점기 동안 유아와 아동을 보호와 돌봄의 대상으로만 보지 않고, 민족 정체성과 자긍심을 고취할 수 있는 독립적 존재로 인식했다. 방정환은 1923년, 한국 최초의 근대 아동 잡지인 「어린이」를 창간하며 어린이를 위한 문학과 교육을 통해 그들의 자아를 일깨우고자 했다(매일신보, 1926.04.18, 어린이를 옹호하자). 그는 어린이날을 제정하고, 이를 통해 유아와 아동이 민족적 자각을 형성하도록 돕는 활동을 계속 이어갔다.

방정환의 어린이날 운동은 기념일 제정에 그치지 않고, 유아와 아동의 독립성과 가치를 강조하는 사회적 운동으로 발전했다. 그는 조선중앙일보를 통해 어린이가 '조선의 희망'이며, 어린이의 올바른 성장은 곧 민족의 미래를 보장하는 길임을 설파하였다(조선중앙일보. 1936.05.03. 故 소파 방정환 씨). 그의 활동은 유아교육을 민족 정체성과 연결 짓는 최초의 시도로 평가되며, 유아교육이 단순히 지식 전달의 장이 아닌, 민족적 자각과 정체성을 형성하는 공간임을 입증했다.

매일신보. 1926.04.18. 어린이를 옹호하자

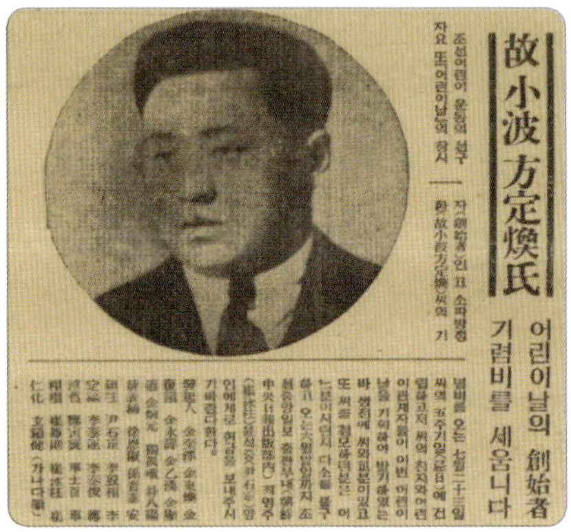

조선중앙일보. 1936.05.03. 故 소파 방정환 씨

교사: 유아교사 양성과정의 도입

일제강점기 동안의 유아교사 양성기관과 관련 단체들은 유아교육의 전문성을 높이고, 유아교육을 체계화하는 데 기여했다. 이화유치원 사범과와 중앙유치원 사범과는 교사 양성의 기초를 다졌으며, 조선보육협회는 교사 간의 협력과 전문성을 강화하는 장을 마련했다. 이 같은 노력은 일제강점기 유아교육의 발전뿐만 아니라 현대 한국유아교육의 질적 향상을 위한 기반이 되었다.

유아교사 양성의 시작 일제강점기 동안 유아교육의 체계적 발전과 함께 유아교사 양성에 대한 필요성이 대두되었다. 한국 최초의 유아교사 양성기관은 1915년 설립된 이화유치원 사범과였다. 이화학당의 교장이었던 프라이(Frey, L. E.) 여사가 주도하여 신설한 2년제 과정으로, 전문성을 갖춘 유치원 교사를 양성하는 데 초점을 두었다. 이화유치원 사범과는 한국 유아교사교육의 출발점으로 평가되며, 1935년에는 이화보육학교, 1939년에는 이화여자전문학교 보육과, 그리고 광복 이후 학령전교육전공(4년제)으로 발전하며 유아교사 양성의 선구적 역할을 수행하였다(이화여자대학교 사범대학 부속이화유치원, 2014). 또한, 1922년 설립된 중앙유치원 사범과는 1928년 중앙보육학교로 명칭을 바꾸었으며, 이후 이후 1946년 중앙여자전문학교를 거쳐 1957년 중앙대학교 문리대학 보육과로 발전하였다(중앙대학교 사범대학 부속유치원, 2016).

유아교사 양성기관의 확산 1920년대 중반 이후 유아교육 교사 양성기관은 점차 확산되었다. 1926년 설립된 갑자유치원(甲子幼稚園) 사범과는 1927년 경성보육학교로 개칭되었고, 1927년 평양의 숭의여학교에 보육과가 개설되었다. 이들 양성기관은 모두 2년제 과정으로 운영되었으며, 유아교사로서의 전문성을 강조하였다. 그러나 1922년 제2차 조선교육령의 공포 이후, 유아교사 양성기관들은 명칭을 '보육학교'로 변경하게 되었고, 이는 유아교육에서 보육의 개념을 강화하려는 일제의 의도가 반영된 것이었다(이은화 외, 2001).

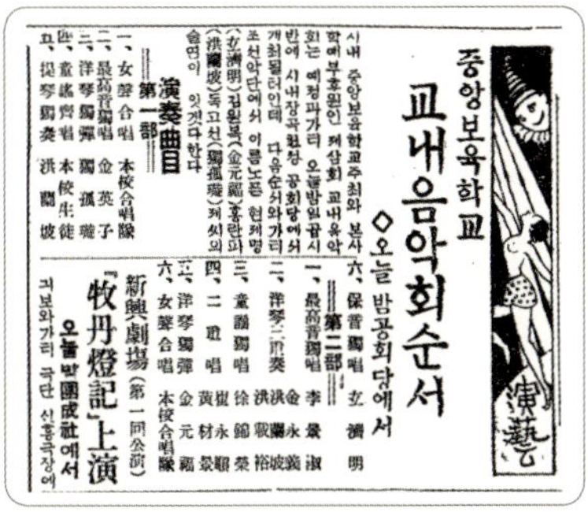
중앙보육학교
교내음악회순서
◇오늘 밤공회당에서
시내 중앙보육학교주최와 본사 학예부후원인 제삼회 교내음악회는 예정과가티 오늘밤일곱시반에 시내장곡천정 공회당에서 개최될터인데 다음순서와가티 조선악단에서 이름노픈 현제명(玄濟明) 김원복(金元福) 홍란파(洪蘭坡) 독고선(獨孤璇) 제씨의 출연이 잇겟다한다
演奏曲目
第一部
一、女聲合唱 本校合唱隊
二、最高音獨唱 金英子
三、洋琴獨彈 獨孤璇
四、童謠齊唱 本校生徒
五、提琴獨奏 洪蘭坡
第二部
一、最高音獨唱
三、童謠獨唱
四、二重唱
五、洋琴獨彈 金元福
六、女聲合唱 本校合唱隊
新興劇場(第一回公演)
「牧丹燈記」上演
오늘밤團成社에서

동아일보. 1930.11.12. 중앙보육학교 교내음악회 순서

이화유치원 사범과와 중앙유치원 사범과는 1928년에 각각 이화보육학교와 중앙보육학교(동아일보, 1930.11.12.

중앙보육학교 교내음악회순서)로 명칭을 변경했으며, 1930년대에는 평양, 경성, 부산 등 주요 지역에 다양한 보육학교가 설립되었다. 이들 보육학교는 주로 기독교 선교사와 유학파 인사들이 주도하여 유아교육을 체계화하고 교사 양성의 질을 높이는 데 기여하였다(이상금, 1991).

유아교사 양성기관의 발전 광복을 전후한 시기에는 유아교사 양성기관이 전문학교 수준으로 발전하였다. 이화전문학교와 중앙여자전문학교는 기존의 2년제 보육과에서 3년제로 과정을 확대하여 교사 양성의 기간과 수준을 높였다. 이화전문학교는 광복 이후 이화여자대학교로 승격되어 학령 전 교육 전공을 설치하였고, 중앙여자전문학교는 중앙대학교로 발전하며 유아교사 양성을 지속하였다.

유아교사 양성 관련 단체의 조직과 활동 한국유아교육학회 설립 20주년을 맞이하여 발행한 유아교육 백서(한국유아교육학회, 1996)에 의하면, 1930년대의 유아교육 관련 단체는 조선보육협회(1931년 설립)가 유일했다. 이 협회는 '조선 아동 보육의 이론을 수립 · 통일케 하며 보육자의 친목을 돈독히 한다'는 목적 아래 유치원 경영자와 보모들이 중심이 되어 조직되었다(동아일보, 1932.07.14. 아이의 몸과 마음을 길러내는 유치원 교육에 대하여). 조선보육협회는 1954년 '대한유치원교육협회'로 개칭되었으며, 이후 1970년에는 대한교육연합회에 가입하며 활동을 확대해 나갔다.

아이의 몸과 마음을 길러내는
유치원교육에 대하야
夏期保健大學
中等學生 懸賞論文
哲學과 時代의 關係

동아일보, 1932.07.14. 아이의 몸과 마음을 길러내는 유치원 교육에 대하여: 보육에 관한 이론의 수립과 통일이 필요. 조선보육협회위원장 차사백.

당시 시대적 배경은 세계 경제공황과 만주사변 등으로 인해 유아교육이 정체기에 접어들던 시기였다. 이러한 상황 속에서 조선보육협회는 유치원 교사의 전문성과 친목을 강화하며 유아교육의 지속적인 발전을 도모하였다(한국유아교육학회, 1996). 참고로, 개칭된 대한유치원교육협회는 1999년, 한국어린이교육협회(1948년–1999년)와 연합하여 2025년 현재 '대한어린이교육협회'로 활동을 이어가고 있다[1].

부모와 가족: 가정과 기관의 연계를 통한 부모교육 시도

일제강점기 동안 부모교육과 가정방문은 유아교육의 내적 충실을 기하고, 가정과 유치원 간의 연계를 통해 유아의 발달을 돕는 중요 요소로 자리 잡았다. 이와 관련된 대표적인 성과는 이화유치원을 통해 가시화되었는데, 이화유치원에서 선도한 어머니회와 부모교육은 당시 전통적인 교육 방식에 익숙했던 학부모들에게 유아교육의 새로운 방향성을 제시하였으며, 현대 유아교육의 부모참여 모델의 초석이 되었다.

유아교육과 학부모의 초기 인식 일제강점기 당시 한국 전통 사회의 교육 방식은 유아를 가족의 구성원으로 보는 전통적 가치관에 기반을 두었다. 이 때문에 새로운 개념인 '아동중심, 놀이중심' 교육철학은 학부모들에게 생소한 것이었다. 1914년 설립된 이화유치원은 놀이 중심의 교육방침을 내세우며 한국유아교육의 전환점을 마련했으나, 학부모들은 초기에는 이와 같은 교육목표를 이해하지 못하고 의문을 제기하였다(이화여자대학교 사범대학 부속이화유치원, 2014).

이에 미국인 선교사 브라운리(Brownlee, C. G.)는 유치원 설립과 함께 '어머

1) 74쪽 '한국유아교육학회 창립 이전 유아교육 관련 단체의 발전' 참조

니회'를 조직하여 학부모들에게 놀이 중심 유아교육의 중요성을 알리고, 기존의 전통적인 육아 방식을 계몽하려고 노력하였다. 어머니회는 학부모들이 유치원의 교육철학을 이해하도록 돕는 역할을 했으며, 브라운리(Brownlee, C. G.)의 노력으로 점차 학부모들은 유치원의 교육방침에 동의하기 시작했다. 그러나 육아 방식을 변화시키는 데에는 오랜 시간이 필요했다(이화여자대학교 사범대학 부속이화유치원, 2014).

참고로, 이 시기 유아교육에 대한 인식이 점차 확대되었음을 보여주는 사례로 매일신보(1921.03.09.)는 "일반 가정은 유아를 위하여 감정교육을 요구하는 바요"라고 보도하며, 가정에서의 정서적 발달과 유아교육의 중요성을 강조했다. 이는 당시 부모들이 단순히 유아를 보호하는 것 이상으로, 정서와 발달을 위한 교육적 필요성을 인식하기 시작했음을 보여준다. 또한, 매일신보(1940.03.09.)는 "어린애 교육에는 지도자의 신경질이 금물이며, 감화를 통해 지도해야 한다"고 보도하며, 유아교육에서 감정적 대응이 아닌 지속적이고 신중한 접근의 필요성과 부모 역할에 대한 중요성을 강조하였다. 이는 유아교육에서 가정과 부모의 역할에 대한 인식 변화와 적절한 교육방법의 필요성을 시사한다.

자모회와 부모교육의 확산 1936년 김애마가 신촌 이화유치원의 원장으로 부임하면서 부모교육은 더욱 체계화되었다. 김애마는 매달 '자모회'를 운영하여 학부모들에게 유아 발달과 교육 방법에 대한 강연을 제공하였다. 자모회는 단순히 교육내용을 전달하는 것을 넘어 학부모들에게 실질적인 도움을 주는 장으로 기능하였고, 부모들은 이를 통해 받은 교육을 유익하게 여겼다. 한국전쟁 시기에도 자모회는 부산 임시 유치원에서 계속 운영되었으며, 놀잇감 만들기 워크숍, 가정방문, 전문가 특강 등을 통해 유아교육과 가정 간의 연계를 강화하였다. 특히, 만 4, 5세 원아를 대상으로 한

가정방문은 원아의 가정환경을 이해하고, 유치원 적응을 돕는 데 중요한 역할을 했다(이화여자대학교 사범대학 부속이화유치원, 2014).

김애마는 자모회의 내용을 정리하여 '자모회보'를 간행하였는데, 이후에는 '어머니회보'로 이름을 변경하여 어머니들에게 보급하였다. 이러한 간행물은 부모가 유아교육에 대한 정보를 얻고, 가정에서 이를 실천하도록 돕는 중요한 도구가 되었다. 이후 김애마는 부모교육의 범위를 확대하여 아버지도 참여할 수 있는 '부모회보'로 변경하였으며, 1977년까지 계속 간행하며 부모교육의 기반을 강화하였다(이화여자대학교 사범대학 부속이화유치원, 2014). 특히, 이화유치원은 부모와 가정을 유아교육의 중요한 파트너로 인식하며, 부모교육을 통해 유아교육의 질을 높이고자 했다. 어머니회와 자모회는 부모가 유아교육에 참여할 수 있는 기회를 제공하며, 가정과 유치원 간의 협력을 촉진하는 데 중요한 역할을 했다. 이는 유아교육이 단순히 유치원이라는 공간에 국한되지 않고, 가정과 사회와의 연계를 통해 확장될 수 있음을 보여준다.

부인과 가뎡
幼兒의 感情敎育
일반가뎡은 유아를 위하야 감정교육을 요구하는바요

매일신보. 1921.03.09. 부인과 가정; 유아의 감정교육, 일반 가정은 유아를 위하여 감정교육을 요구하는 바요

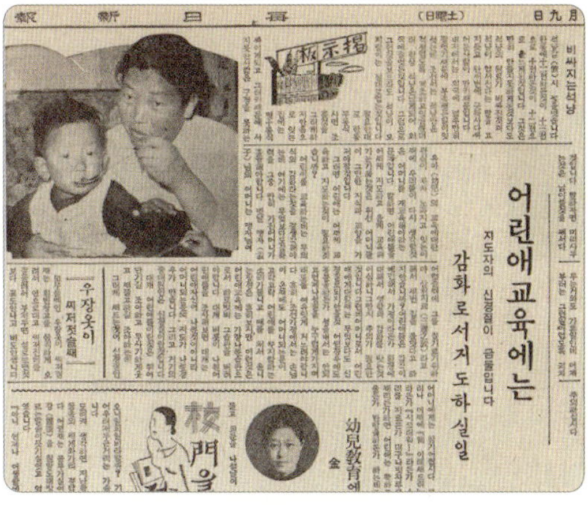
어린애교육에는
지도자의 신경질이 금물입니다
감화로서 지도하실 일

매일신보. 1940.03.09. 어린애 교육에는 지도자의 신경질이 금물입니다. 감화로서 지도하실 일

CHAPTER 2

혼란 속 유아교육의 정체성 확립을 위한 노력:

1945년–1963년[2] 미 군정기와 이승만 정부 시기

1945년 8월 15일 광복과 함께 민주주의 국가건설의 출발이 시작되었다. 그러나 일제의 억압과 탄압에서 벗어난 해방의 기쁨도 잠시, 국제사회의 냉전과 함께 한국 사회는 정치적 혼란과 사회적 갈등이 지속되었고, 6 · 25 한국전쟁의 발발은 교육의 정체와 퇴보를 초래하였다. 특히, 유아교육은 해방 후 15여 년 동안 '정체기'라고 할 수 있을 정도로 다른 교육기관에 비해 더딘 발전을 하였다.

해방 이후 미 군정기와 이승만 정부 시기 동안의 혼란 속에서도 국가 재건을 위해 한국 정부는 교육의 중요성을 인식하고 기틀 마련을 위해 노력

2) 1960년 4 · 19혁명으로 이승만 정부가 막을 내렸지만 본 고에서는 시기상 1963년 12월 박정희 정부 시기 전까지를 포함하여 다루었다.

하였다. 유아는 미래 세대를 이끌어갈 주역으로써 인격 형성과 사회행동의 기본이 되는 유아교육을 통해 사회와 민족, 나라의 발전에 이바지할 수 있다고 여겼다. 그러나 이 시기는 국가 주도보다는 교사 양성기관 혹은 민간 교원단체의 활동을 통해 미약하게나마 유아교육의 발전이 이루어졌다. 이러한 자생적 노력은 이후 한국유아교육의 발전을 위한 중요한 밑거름이 되었으며, 이후 유아교육의 양적 · 질적 발전을 위한 기초를 제공하였다.

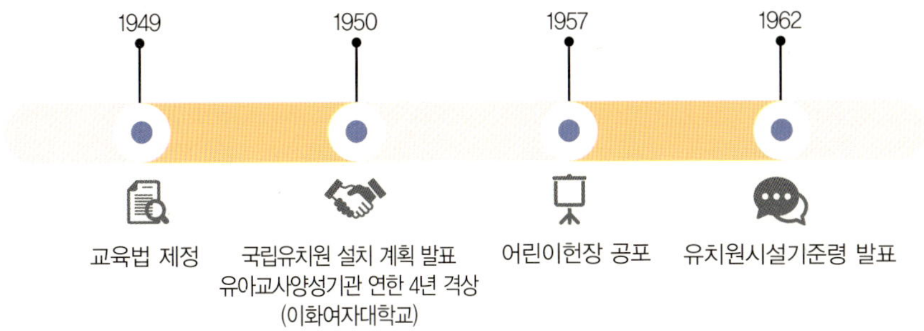

유아교육: 혼란기 속 한국유아교육의 정체기

해방 이후 미 군정기와 이승만 정부 시기는 한국전쟁과 함께 시대적 · 사회적 혼란기였으나 교육을 통해 민주국가 건설을 이룩하고자 하였다. 이에 1949년 교육법을 제정하고 국가 수준의 기본 교육 체계를 마련하였다. 유아교육도 교육법에 포함되어 최소한의 법적 · 제도적 장치는 마련되었으나 유아교육을 위한 국가적 차원의 지원이 거의 이루어지지 않았고, 재정지원 역시 부족했다. 따라서 국가주도의 공립유치원 설립은 기대하기 어려웠으며 유치원 수도 미약하였다. 또한, 체계적인 교육과정이 없어 유아교육의 교육적 기능을 충분히 발휘하지 못하였다.

해방 후 유치원 수 감소 해방 전 한국유아교육은 민족 언어와 문화를 수

호하고자 한 민족교육의 마지막 보루였음에도 불구하고 해방 후 미군정 시대의 유아교육은 위태로웠다. 한국전쟁으로 인해 1946년부터 1949년까지의 유치원 현황은 정확히 알려지지 않았지만, 신문기사(대한일보. 1947.12.10. 해방후에 유치원 격감; 유아교육의 민주화대책 시급/ 중앙신문. 1947.12.10. 버림받은 유아교육, 해방후 유치원은 격감)를 통해 유치원 수가 급격히 감소하였음을 확인할 수 있다. 또한, 유아교육은 주로 생활의 여유를 가진 특권계층에 의해 독점적으로 이루어졌다. 이는 유아교육의 국가 정책이 제도적으로 이루어지지 못하였음을 의미하여, 이에 따라 의무교육을 전제로 하는 유아교육의 발전이 꾸준히 요구되었다.

해방 후 일반교육계의 진흥에 비하여 의무교육의 전제로서 필요한 교육만은 해방전에 비하여 현저히 저락되고 있다. 해방전 조선의 유치원 교육은 수료생활의 여유를 갖고 있는 특권 계급을 중심으로 거의 독점적인 형태로 발전하여 유치원의 민주화는 보지 못하고 있으면서도 그 수적 통계로 볼 때에 유치원이 328교 볼수(보모수) 751명 유아수 19,821명이나 되었다 한다. 이에 비하여 해방후 현재의 유치원 수는 겨우 그 3분지 1에 불와한(불과한) 111교로 보모수 254명 유아수 7,364이라는 격감을 보이고 있어 도탄에 허덕이는 민생문제를 반여(반영)하여 오히려 특권층의 일부집중을 여실히 말하고 있다. 문맹율이 적은 세계 각 문주주의 국가의 유치원을 보면 대개 1개소등 학교에 1개 유치원이라는 포순으로 되어 있으며 더욱 농촌공작지대에는 탁아소를 겸하여 유치원이 일반민주화하고 있다한다 따라서 해방된 조선에 있어서도 의무교육을 전제로하는 유치원의 민주화와 아울러 이의 건전한 발전이 요청되고 있다.

대한일보. 1947.12.10. 해방후에 유치원격감; 유아교육의 민주화대책시급

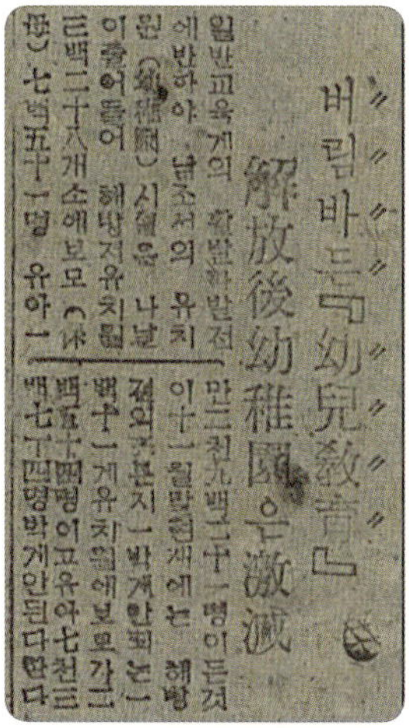

버림받은 「유아교육」 해방후 유치원은 격감

일반교육계의 활발한 발전에 반하야 남조선의 유치원 시설은 나날이 줄어들어 해방전 유치원 328개소에 보모 751명 유아 12,921명이던 것이 12월말 현재에는 해방전의 3분지 1박개(밖에) 안되는 111개 유치원에 보모가 254명이고 유아 7,374명박게(밖에) 안된다한다.

중앙신문. 1947.12.10. 버림받은 유아교육, 해방후 유치원은 격감

국가 교육 체계 안에서 소외된 유아교육 미국의 군정 통치 아래 새교육과 민주주의 교육이 시작되었고 한국 교육사에 있어 근대적 의미의 교육제도와 사상의 기초가 마련되었다. 1945년 보도된 신문자료에 따르면 유치원에서부터 대학원까지의 신교육 실현을 위해 제안한 교육제도를 확인할 수 있다(자유신문. 1945.12.07. 20년 완인교육; 유치원부터 대학원까지 정립된 교육제도의 내용). 이처럼 해방 이후 한국은 유아교육을 포함한 교육체계 마련을 위해 노력하였다. 그러나 1946년 미군정 한국교육위원회는 기간학제를 6-3-3-4제 단선형 학제로 결정하고, 학교교육을 학령 전 교육, 초등교육, 고등교육, 특정교육 등으로 구분하였다. 유치원은 기간학제에 포함되지 않은 채 학령 전 교육으로 불리게 되었다(김영옥 외, 1995 재인용).

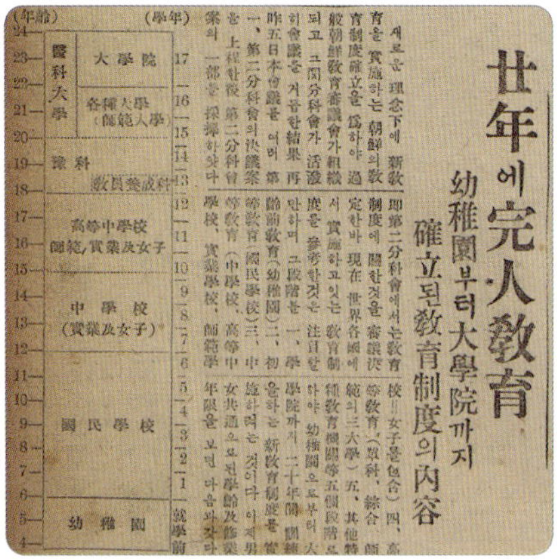
廿年에完人敎育
幼稚園부터大學院까지
確立된敎育制度의內容

자유신문. 1945.12.07.
20년 완인교육; 유치원부터 대학원까지
정립된 교육제도의 내용

學校敎育法草案內容(完)

자유신문. 1949.01.26.
학교교육법 초안 내용

各市道마다盲啞學校
幼稚園에는滿三才兒부터入園

자유신문. 1949.01.26.
학교교육법 초안 내용; 각 시도마다 맹아학교, 유치원에는 만 3세아부터 입원

1949년 12월 31일 법률 제86호 「교육법」이 제정되어 교육제도에 대한 기본 틀이 마련되었다. 학제 상 학령 전 교육으로 분류되기는 하였으나 교육법에 유치원 규정(교육법 제10절)이 포함되어 유치원이 교육기관으로 자리매김하게 된 것은 의의가 있다(자유신문. 1949.01.26. 학교교육법 초안 내용; 각 시도마다 맹아학교, 유치원에는 만 3세아부터 입원). 이에 따르면 유치원은 유아를 보육하고 적당한

환경을 주어 심신의 발육을 조장하는 것을 목적(제146조)으로 만 4세부터 국민학교 취학 시기에 달하는 유아(제148조)를 대상으로 하였다. 보육과목은 음악, 유희, 담화, 회화, 수기이며(제183조), 유치원 교직원 유형(원장, 원감, 교사, 사무직원)과 각 직무에 대해 규정하고 있다(제75조). 이 당시에는 '유치원 교육'과

유치원 학비 진단

6면 사회

유치원 학비 진단
公認(공인)된건월사금·入園金(입원금)뿐
父兄側(부형측)...엄청나게 돈들어
運營(운영)에 隘路(애노)많다...經營側(경영측)

국민학교에 가기전의 어린이들을 유치원에 보내는가정이 날로 늘어가고있다. 앞뒷집 어린이가 모두 유치원에 가는데자기아이만을 보낼수없는 어머니의 심정은 안타까운것이다. 유치원에 보내고싶으나 보내지못하는 어머니들은 유치원학비가 너무 많이든다는, 즉, 비싸다는 생각에서 염두를못내고있는수가많다. 유치원학비는 정말 그렇게비싼가?

인가를 얻은 유치원이서울시내의경우 86개소나있고 그밖에 인가를 얻지않고 경영해나가는 유치원도 있다. 유치원 보모수는 5백36명, 원아수는 4천6백53명으로 보고있다.

유치원 학비에 대한법규가 제정되기는 작년부터였다. 법규대로하면 入園料(입원료)가 5백원, 月謝金(월사김)이2백90원으로 되어있다. 그밖에 교재나 간식등은자모 부담으로 되어있지만 돈을 받지는 못하게되어있다.

현재 인가를 얻은 유치원에서 모두 제정된법규대로 입원료와 월사금을 받고 있으나 아직도父兄(부형)들 간에는 엄청나게유치원 학비가 많이 든다는 인식을 주고있는데그것은 유치원의 운영난을 빙자해서 법규대로학비를 받지않고 초과된액수를 받고있는 유치원이있기때문이다.

새문안 幼稚園(유치원)원장 송기선씨는『어린이들에게일일이 도화지·수공지·「크레용」·풀·가위 등을가지고 오라고 당부해도알아듣지못해요. 그래서유치원에서이런것을모두마련해놓고어린이들에게불편을주지않도록 해야할터인데입원료5백원, 월사금 2백90원을 받아가지고는도저히 제대로 유치원교육을 실시할수가 없어요. 그래서 유치원 협회에서도 이를 반대하고있는데당국에서 들어주지 않고있다고 말했다.

한편 성동유치원에는원아가 97명있는데 꼭 입원료5백원, 월사금2백90원을받고 있다고한다.

유치원에 아이를 보내고있는 한학부형은『금년에는 잘 모르겠지만 작년에만 해도 입원료를한꺼번에 6개월분인 2천원을 냈답니다. 그리고아이들의 생일잔치가 있는데 5백원을 내요 생일잔치날에는 사진을 찍지요. 그러면 또 따로이사진값을 거둡니다.

어쨌든 학부형의입장에서 자기어린이를 유치원에보내고있으면서 일일이따질수가없어서 내라는대로하고있지만 아주엄청나게 돈이들었어요. 그래서처음에는 한일년동안 보낼생각이었는데 도저히감당해낼수가없어서 6개월보내고그만두고 무용연구소에보냈다고 말했다.

그러면 유치원에 다닌아이와 안다닌아이가 국민학교에 들어갔을때의지능의차이는 어떨까?

N國民學校一(국민학교일)학년담임교사인 이순희씨는 유치원보내는것이 마치하나의유행처럼 번성하고있는데국민학교에 들어오기전의예비훈련으로서 반드시 필요한것은 아니라고 그동안의경험을통해 다음과같이말하였다.

『그동안 직접 어린이를 다루어본 경험에서말할수있는것은 유치원 교육을 받지않은 어린이를더욱 환영해요. 왜냐하면유치원 과정을 밟은어린이들은 자기가 모두 알고있는것을 배우고있다고해서 시간중에 우둘하고 주의력이 매우 산만한데 비하여 유치원 교육을 받지않은 어린이들은 호기심에서 아주 모든일에 열중해서 성과를내고있어요. 아주 어린아이들이 열떠서 제대로따라오지 못하는경우가 있지만 이것은 한반에서도극히 적은 수의 어린이기때문에 문제되지도 않아요. 그리고 학교에입학하면 적어도 한두달동안은사회생활훈련을 하기때문에 자연 유치원의 과정을 지나서 공부를시작하게되지요. 』

동아일보, 1962.04.23. 유치원 학비 진단

'보육'을 동일한 의미로 사용한 것이 특징이라고 할 수 있다(장석환, 2020).

母性愛(모성애)의競演場(경연장)...幼稚園(유치원) 엄청난『雜賦金(잡부김)리레』

3면 사회

母性愛(모성애)의競演場(경연장)...幼稚園(유치원)

엄청난「雜賦金(잡부김)리레」

매달二千九百圜(이천구백원)서萬圜以上(만원이상)

虛榮心(허영심)이부채질

돈打鈴(타령)에 童心(동심)멍들까 걱정

○매달二(이)천九(구)백환의 보육료를무시하고 각종명목 들이 돈을내게마련인데 유치원당국의 거듭[○○]을붙여 심지어 一(일)만환이상을 걷어들어는 유 되는 돈타령에 철없는 동심세계에까지 돈[○○]치원이 있는가하면 시설불비한곳도있어 귀여 이 파들어간 멍든일면을 엿보이고있다[[○○]운어린이들때문에 울며겨자먹는식으로 어머니

서울시내에는 현재총정원四(사)천七(칠)백명가량을 수용할수있는 八(팔)십여개의 유치원이있는데 일부유치원에서는 금년초 서울시교육당국이 시달한 한도액二(이)천九(구)백환의 보육료(매월)를 무시하여 간식비(間食費(간식비)), 교재비(敎材費(교재비))등 명목으로 월평균五(오)천환씩을 고정적으로걷어들이는가하면 심지어시내西大門(서대문), 鍾路(종로)구에있는모유치원에서는 월평균一(일)만환에서 一(일)만五(오)천환씩을받기까지하고있다

뿐만아니라 걸핏하면「생일잔치」등의 행사를벌려 부모들의 호주머니를털기마련인데 이와같은「잔치」를 벌리는 이면에는 학부형들의 들뜬허영심이 도리어 유치원경영자측을 부채질하고 있는실정이 허다하다는 것이다

서울시교육당국은 수시로 직원들을 파견하여유치원실태를 조사한결과시설불비이거나 인가내역에위반된경우는 즉각 폐원조치를 단행하고있으나 초과액징수는 그방법이 교묘하게 짜여저있어 적발하기 어려운실정이라고말하고 있다

서울시관계직원에의하면현재 유치원설립기준에관하여는「교육법시행령」에문교부령으로 정한다는조항이들어있을뿐 아직껏 문교부령이 결정되지않아서울시교육당국자체에서 종독부령내역을본따서 건물40평, 마당60평, 원아40명을보편적인 시설규준으로삼고있다는데 보육료二(이)천九(구)백환을 엄수하라는것은앞서문교부에서 영중통첩되어있는만큼 그이상을받아들이는 유치원은 조처할것이라고밝혔다

領收證(영수증)두가지

월정보육료 二(이)천九(구)백환을지키라는 서울시당국지시가내리자 일부유치원에서는 별항과같은 두가지영수증을 이중으로 발행하여 당국에보이는영수증과 학부형에게주는 영수증을 따로따로 발행하는속임수도쓰고있다

동아일보, 1962.05.23.
모성애의 경연장, 유치원 엄청난 잡부김리레: 유치원 운영 초과액징수

그러나 이는 1947년 일본이 공포한 학교교육법 중 유치원에 관한 규정과 거의 동일하고(이상금, 1995), 대부분 형식에 치우친 것으로서 실질적인 교육과 상당한 괴리가 있다는 문제가 있었다. 특히, 가장 중요한 교육과정에 대한 제도적 장치가 마련되지 않아 유아교육의 효율성은 떨어질 수밖에 없었다. 따라서 이 시기 유아교육은 행정적 지도나 감독 혹은 규제가 어려워 교육과정의 부실한 운영과 함께 이후 과도한 학비 부담(동아일보, 1962.04.23. 유치원 학비 진단/ 동아일보, 1963.05.23. 모성애의 경연장, 유치원 엄청난 잡부김리레: 유치원 운영 초과액징수) 문제를 야기하기도 하였다.

1950년, 정부는 국립유치원 설치 계획을 발표(동아일보, 1950.05.08. 국립유치원설치)하였으나 한국전쟁으로 인해 실행되지 못하였다. 한국전쟁 이후 학교 교육 복구를 위한 노력이 계속 이루어졌음에도 불구하고 유아교육은 상대적

으로 국가적 차원에서 소외되었으며 법적 · 제도적 뒷받침 또한 여전히 미진하였다. 1962년에 이르러 '유치원시설기준령'이 문교부령으로 공포되며, 유치원 환경 개선이 이루어지기도 하였다(동아일보. 1963.01.19. 각급교시설기준령 내용).

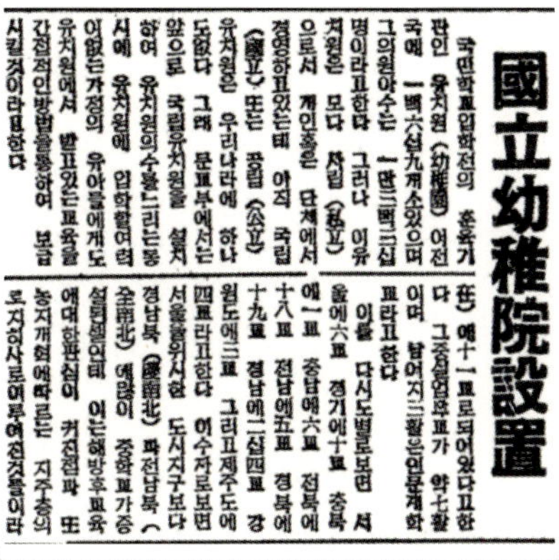

國立幼稚院設置(국립유치원설치)

2면 사회

國立幼稚院設置(국립유치원설치)

국민학교입학전의 훈육기관인 유치원(幼稚園(유치원))이전국에 一(일)백六(륙)십九(구)개소있으며그의원아수는 一(일)만三(삼)백三(삼)십명이라고한다 그러나 이유치원은 모다 사립(私立(사립))으로서 개인혹은 단체에서경영하고있는데 아직 국립(國立(국립))또는 공립(公立(공립))유치원은 우리나라에 하나도없다 그래 문교부에서는앞으로 국립유치원을 설치하여 유치원의수를느리는동시에 유치원에 입학할여력이없는가정의 유아들에게도유치원에서 받표있는교육을간접적인방법을통하여 보급시킬것이라고한다

동아일보. 1950.05.08. 국립유치원설치

各級校施設基準令內容(각급교시설기준영내용)

3면 경제

各級校施設基準令內容(각급교시설기준영내용)

文敎部(문교부)가 數年(삭년)을 두고 制定(제정)을 서둘어오던 끝에起草完了(기초완요)한「各級學校施設基準令(각급학교시설기준영)」은 敎育向上(교육향상)을爲(위)한 實質的(실질적)인 施設基準(시설기준)을規定(규정)함으로써 從來(종내) 看板(간판)만 내걸고 學生募集(학생모집)을하던廢(폐)단을 一掃(일소)하려는 一大劃期的(일대획기적)인 法制(법제)이다.

동아일보. 1963.01.19. 각급교시설기준령내용

유아: 국가 재건의 희망이자 미래

해방 이후 미 군정기와 이승만 정부 시기는 시대적 혼란기였음에도 불구하고 어린이를 국가 재건의 희망이자 미래로 여겼다. 유아교육 분야의 국가 지원이 부족하였지만, 어린이헌장과 아동권리선언 등을 통해 유아를 존중하고 권리 보장을 위한 인식 기반을 마련한 시기이다.

아동중심사상 1920년대 한국 근대사와 더불어 이루어진 어린이 운동은 해방 이후 그리고 한국전쟁과 이승만 정부 시기에도 계속되었다. 아동의 어림(幼)과 미성숙은 계몽되어야 하는 것이 아닌 '크게 자라날 어림', '새로운 큰 것을 지어낼 어림'(안경식, 1994)으로 인식하게 되었다. 이는 어린이의 잠재적 가능성, 성장 가능성과 그들만의 독특한 세계를 인정하는 것이다. 또한, 아동은 부모의 부속물로 태어나는 것이 아니라 나름대로 '훌륭한 한 사람으로 태어나오는 존재'(안경식, 1994)로 보았음을 의미한다. 따라서 소파 방정환의 아동 운동은 아동중심사상과 맥을 같이 한다고 볼 수 있다. 사회 · 경제적 혼란과 어려움 속에서도 어린이는 나라의 희망이자 보배로 여겨졌으며, 어린이를 위해 해마다 5월 5일 어린이날을 기념하였다(어린이신문. 1946.05.18. 해방 후 처음 맞이한 어린이날 행사/ 동아일보, 1950.05.05. 어린이는 민족의 희망).

해방후 처음 맞이한

어린이날 행사

★어린이신문 주최로 성대히 거행★

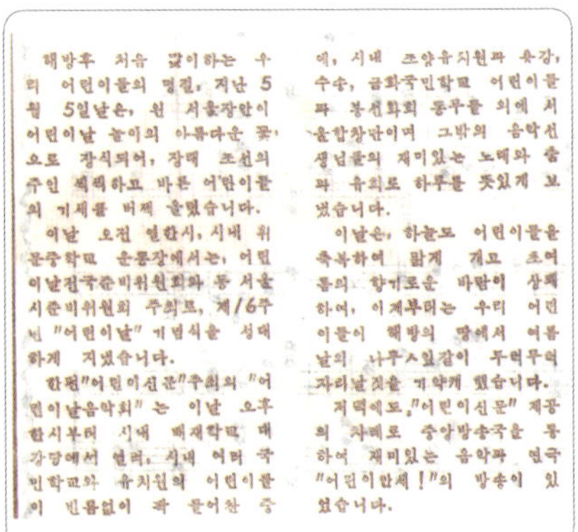
해방후 처음 맞이하는 우리 어린이들의 명절, 지난 5월 5일날은, 온 서울장안이 어린이날 놀이의 아름다운 꽃으로 장식되어, 장래 조선의 주인 씩씩하고 바른 어린이들의 기세를 버쩍 올렸습니다.

이날 오전 열한시, 시내 휘문중학교 운동장에서는, 어린이날전국준비위원회와 동 서울시준비위원회 주최로, 제16주년 "어린이날" 기념식을 성대하게 지냈습니다.

한편"어린이신문"주최의 "어린이날음악회"는 이날 오후 한시부터 시내 배재학교 대강당에서 열려, 시내 여러 국민학교와 유치원의 어린이들이 빈틈없이 꽉 들어찬 중에, 시내 조양유치원과 유강, 수송, 금화국민학교 어린이들과 봉선화회 동무들 외에 서울합창단이며 그밖의 음악선생님들의 재미있는 노래와 춤과 유희로 하루를 뜻있게 보냈습니다.

이날은, 하늘도 어린이들을 축복하여 맑게 개고 초여름의 향기로운 바람이 상쾌하여, 이제부터는 우리 어린이들이 해방의 땅에서 여름날의 나무ㅅ잎같이 무럭무럭 자라날것을 기약케 했습니다.

저녁에도,"어린이신문" 제공의 차례로 중앙방송국을 통하여 재미있는 음악과 연극 "어린이만세!"의 방송이 있었습니다.

어린이신문. 1946.05.18. 해방 후 처음 맞이한 어린이날 행사

어린이헌장과 아동권리선언 1957년 소파 방정환의 뜻을 기리며 한국동화작가협의회에서 제정하고, 보건사회부에서 「어린이헌장」을 선포하였다(동아일보, 1957.05.06. 어린이헌장 선포). 「어린이헌장」은 모든 어린이가 바르고 씩씩하게 자라며 차별당하지 않고 인간의 존엄성을 지님을 기본 지표로 하여,

[社說(사설)] 어린이는民族(민족)의希望(희망)

1면 종합

어린이는民族(민족)의希望(희망)

一(일)

初夏(초하)의 薰風(훈풍)이 가슴에 숨여들고 창蒲(포)꽃香氣(향기) 그윽히풍기는 五月(오월)의 蒼空(창공)은 明朗(명랑)하기도하다。 新綠(신록)의 그늘이 爽快(상쾌)도하려니와 자라고있는 온갖生物(생물)의 躍動(약동)은 潑剌(발날)하기 그지없다。 五月(오월)은 躍動(약동)의 季節(계절)이면서또한 希望(희망)의 象徵(상징)인것이다。

오늘은 어린이날이다。 이땅의싹、來日(래일)의主人公(주인공)어린이들을爲(위)하여 씩々하고明朗(명랑)하게 그리고 굳세게자라나기를 祝福(축복)하는날이다。 이날을 紀念(기념)하고 어린이들의將來(장래)를 祝福(축복)한다는것은 그대로 우리民族國家(민족국가)의將來(장래)를祝福(축복)하는일이다。 四千年(사천년)의歷史(역사)를자랑하고 民族文化(민족문화)의發展(발전)을 約束(약속)하는 오늘의우리는 六百萬(륙백만)어린이들의將來(장내)를爲(위)하여 마음것 祝福(축복)을올리고자하는것이다。

『二十世紀(이십세기)는어린이時代(시대)』라고말한다 이말의 뜻을 구태여說明(설명)할 必要(필요)도없다。 今世紀(금세기)에있어서는 父母(부모)들보다도어린이를 어른들보다도 어린이들을 존중히하자는 思想(사상)인것이다。 어린이들에對(대)한社會的關心(사회적관심)과 國家的認識(국가적인식)이달라진것이다。
중략

우리民族國家(민족국가)는 久遠(구원)한將來(장래)의 連環(련환)이어야한다。 어린이는 그의 一環(일환)인것이다。그리고 우리民族國家(민족국가)의 빛나는將來(장래)는 오직 오늘의 어린이손에 달린것이라는것을다시금 생각하게될때 어린이들이야말로 至高(지고)의 民族的希望(민족적희망)이라는것을 銘記(명기)할일이다。 그리하여 하루의 어린이날을 어린이들과같이즐기고 이어린이날을 즐기는이하루의마음이 어린이를사랑하고 아끼는 마음이되어야할것이다。 어린이를最後(최후)의한사람까지 保護(보호)하고 가르치고 또 나라의 有用(유용)한材木(재목)으로 키워야할것이니 이날을맞이하여 어린이에對(대)한새로운關心(관심)을 다시금 喚起(환기)하고자한다。

동아일보, 1950.05.05. 어린이는 민족의 희망

어린이의 복지와 건강을 사회가 지켜주고 키워가자는 의미가 있다. 혼란과 침체기의 한국 사회에서 어린이는 나라의 희망으로 인격 형성과 사회행동의 기본이 되는 유아교육을 통해 사회와 민족, 나라의 발전에 이바지할 수 있다고 보았다. 이는 1959년 유엔총회에서 「아동권리선언」이 채택(동아일보. 1959.10.21. 유엔 채택 어린이권리선언)된 것과 같은 선상에 놓여 있다. 즉 아동이 단순히 보호받아야 할 대상이 아니라 독립적 권리를 가진 존재로 존중받아야 함을 의미하는 것으로, 어린이헌장과 아동권리선언은 이러한 인식을 확산시키는 중요한 출발점이 되었다.

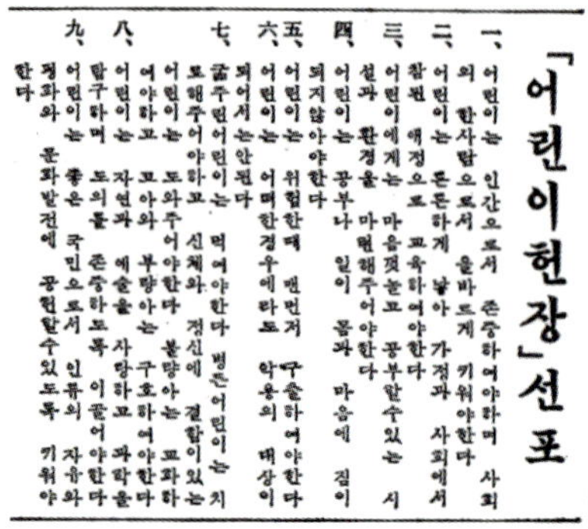

동아일보. 1957.05.06. 어린이헌장 선포

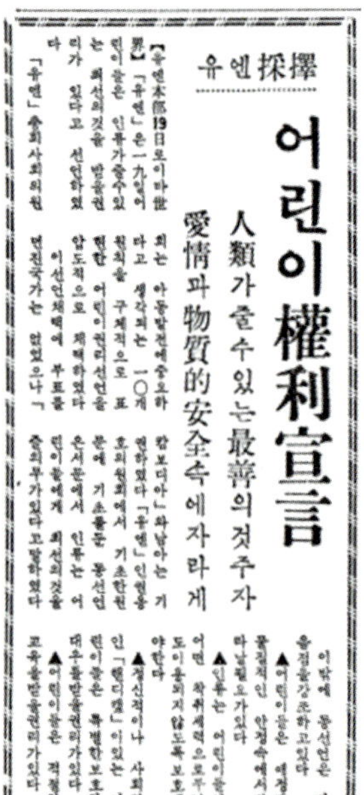

▲ 어린이들은 애정과 물질적인 안정 속에서 자라날 필요가 있다.

▲ 인류는 어린이들이 어떤 착취 세력으로부터 이용되지 않도록 보호해야 한다.

▲ 정신적이나 사회적인 「핸디캡」이 있는 어린이들은 특별한 보호와 대우를 받을 권리가 있다.

▲ 어린이들은 적절한 교육을 받을 권리가 있다.

동아일보. 1959.10.21. 유엔 채택 어린이권리선언

교사: 전문성을 갖춘 유치원 교사 양성을 위한 자생적 노력

미 군정기와 이승만 정부 시기는 유아교육의 정체기였음에도 불구하고 유아교사 전문성을 위한 자생적 노력들이 이루어졌다. 국가 지원이 부족하였음에도 불구하고 유아교사 양성기관은 정규 종합 대학의 과정으로 격상하고, 민간 교원 단체의 활발한 활동을 통해 교사 재교육이 이루어졌다. 그러나 유아교육의 중요성에 대한 인식 부족, 유치원 교사에 대한 낮은 인지도와 열악한 처우로 인해 그 수는 많지 않았다(이원영, 1975). 또한, 유치원 교사자격기준에 대한 분명한 근거가 정립되지 못했던 관계로 유아교사의 전문성 확보에 한계가 있었다.

유아교사의 전문성 유아교육의 발전을 위해 전문성 있는 유아교사(보모[3])의 확보는 중요한 과제였다. 이는 교육에 있어 교사의 역할과 위치가 중요한 교육 기제임을 의미한다. 유치원 교사가 되려면 건강, 신앙, 애정, 인내, 직무의 충실성, 상식, 유아의 음식 · 의복 · 건강 · 유치원학, 아동연구, 유아에 간섭하지 않는 지도법, 유아의 질문에 답하는 지도법이 필요하다고 하였다(김형목, 2010). 이러한 내용을 기반으로 유추해 보았을 때 유치원 교사는 해방 이후에도 고등교육을 받고, 직무를 수행했음을 확인할 수 있다(부녀일보. 1946.11.23. 실달유치원 보모채용). 또한, 유치원 교사는 전문대학 수준의 교육을 받은 신여성으로 신

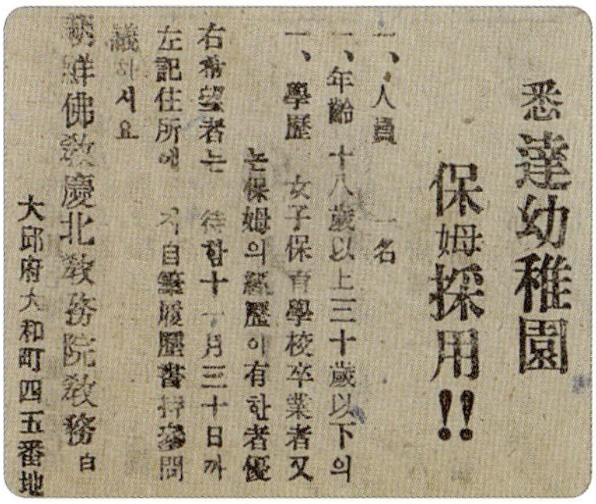
悉達幼稚園
保姆採用!!
一、人員 一名
一、年齢 十八歲以上三十歲以下의
一、學歷 女子保育學校卒業者又는保姆의經歷이有한者優
右希望者는 待합十一月三十日까지自筆履歷書持參問議하시요
左記住所에
佛教慶北教務院教務白
大邱府大和町四五番地

부녀일보. 1946.11.23. 실달유치원 보모채용

3) 유아교육에 대한 제도적 기반이 부족하였던 당시에는 '보모'라는 용어가 일반적으로 사용되었다.

문기고(중앙신문. 1945.12.15. 새조선건설에 드리는 말씀; 유치원늘니고 탁아소도 도둡시다; 보모 이영숙양담/ 가정신문. 1946.07.24. 약동하는 직장의 여성; 유치원보모편)를 통해 자신들의 의견을 피력하기도 하며 사회적 책무성과 함께 전문성을 발휘하였다(김형목, 2010a).

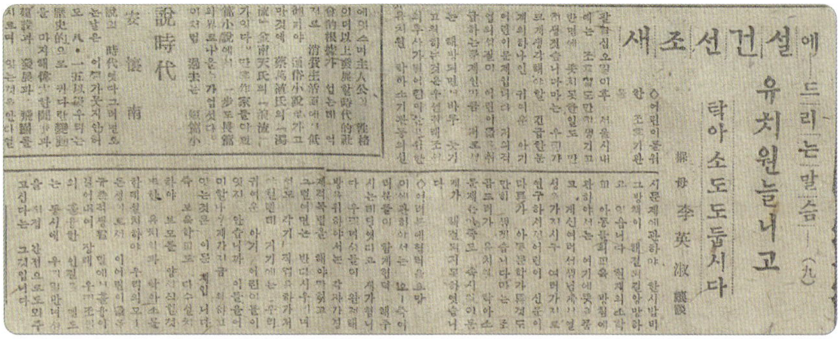
새조선건설에 드리는 말씀 (九)
유치원늘니고 탁아소도 도둡시다
保母 李英淑 孃談

중앙신문. 1945.12.15
새조선건설에 드리는 말씀; 유치원늘니고 탁아소도 도둡시다; 보모 이영숙양담

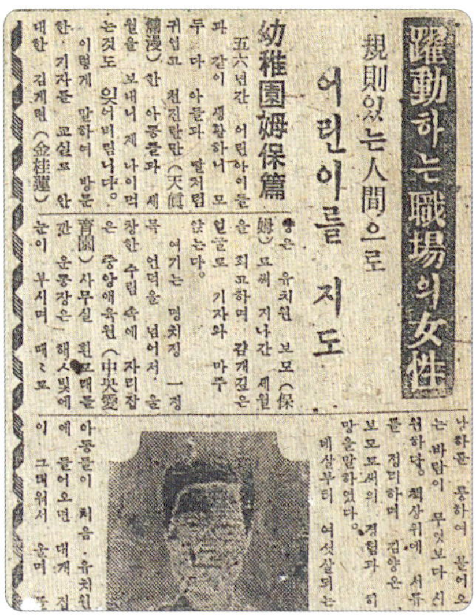
躍動하는 職場의 女性
規則있는 人間으로
어린이를 지도
幼稚園姆保篇

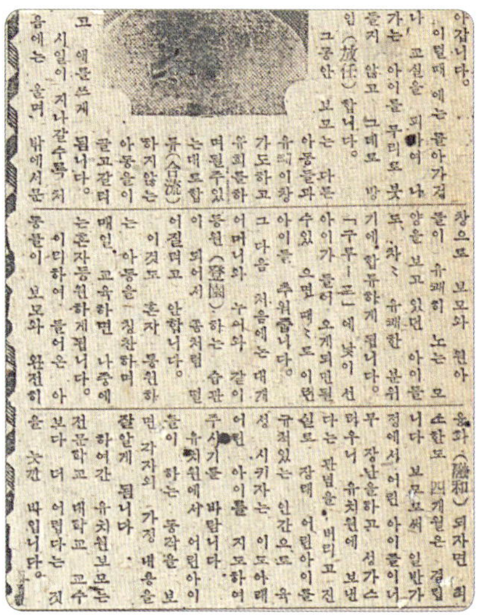

가정신문. 1946.07.24. 약동하는 직장의 여성; 유치원보모편

유아교사 양성기관의 격상 1950년부터 이화여자대학교는 유아교사 양성 연한을 4년으로 연장하여 정규 종합 대학 과정으로 격상하였고, 이어 중앙대학교도 1959년부터 4년제 과정을 개설하였다. 그 밖에 2년제 초급

대학과 보육사범 학교 등이 설립됨으로써 유아교사는 4년제와 2년제 대학 수준의 양성 틀이 마련되었다. 이는 1962년에 초등학교 교사 양성을 2년제 교육 대학으로 승격한 것보다 앞서 이루어진 것으로 전문성 있는 유아교사를 양성하기 위한 노력의 결과였다. 그러나 4년제 대학에서 유아교육을 전공한 사람의 수가 비교적 적고, 낮은 사회적 인지도와 열악한 처우 및 무자격 교사에 대한 문제 등이 대두되기도 하였다. 1953년 교육공무원법이 제정되어 정교사 1 · 2급, 준교사 등 교사의 자격을 정했으나 유아교사는 자격기준을 별도로 정하지 않고 국민학교(현 초등학교) 교사 자격기준에 포함되어 규정되었으며, 문교부 주최에 의한 현직교사 연수도 이루어지지 않았다.

민간교원 단체의 활동 일제강점기 유아교육 관계자를 총망라한 대표적 교육단체였던 조선보육협회는 1946년 대한유치원교육협회로 재조직되었고, 한국어린이교육협회는 국제어린이교육협회(Association for Childhood Education, International)의 지부로 1948년 창립되었다(이상금, 1995 재인용). 이들 단체는 월례회, 강습회, 출판 등을 통해 교사를 재교육하였으며, 세미나, 심포지엄, 워크숍 등 새로운 형식의 교사 재교육도 활발히 전개하며 자생적으로 교사 전문성 향상을 위해 노력하였다(동아일보, 1957.07.19, 아동교육연구회).

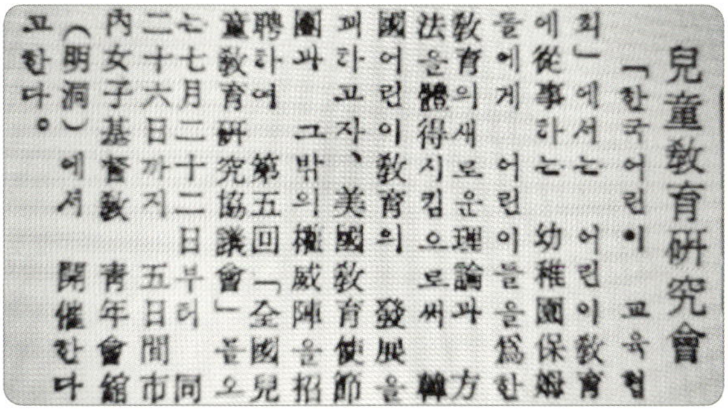

兒童敎育研究會

「한국어린이 교육협회」에서는 어린이敎育에 從事하는 幼稚園保姆들에게 어린이들을 爲한 敎育의 새로운 理論과 方法을 體得시킴으로써 韓國어린이敎育의 發展을 꾀하고자、美國敎育使節團과 그 밖의 權威陣을 招聘하여 第五回「全國兒童敎育研究協議會」를 오는 七月二十二日부터 同二十六日까지 五日間 市內女子基督敎靑年會館(明洞)에서 開催한다고 한다。

동아일보, 1957.07.19.
아동교육연구회

부모와 가족: 교육기능의 조력자 혹은 후원자로서의 부모와 가족

이 시기의 부모들은 후원회를 조직하는 등의 방법으로 한국 교육 체계 마련을 위해 적극적으로 노력하고 참여하였다. 그러나 이는 과도한 경제적 부담과 함께 갈등을 초래하기도 하였다. 유아교육의 정체기였음에도 불구하고 부모들은 점차 유아교육의 필요성과 중요성에 대해 인식하기 시작하였고, 유치원이나 유아교육단체에서 제공하는 부모교육을 통해 자녀교육의 조력자와 후원자의 역할을 도모하였다.

학부모 후원회 결성과 갈등 한국전쟁 이후 1950년대 교육은 혼란 그 자체였다. 빈약한 교육 체계 지원을 위해 각 지역에 자발적 · 주체적으로 학부모로 구성된 후원회가 조직되었다(양지원, 2024). 학부모 후원회의 주목적은 교육 기반 구축을 위한 경제적 지원이었다. 그러나 학부모 단체에 대한 경제적 의존도가 높아지면서 갈등이 생겨났고 학부모 부담을 과중시켰다. 이는 앞서 언급했던 학부모 학비 부담, 교육기관과 학부모 집단 간의 거리감을 유발하기도 하였다(동아일보, 1953.03.22, 사친회존폐문제).

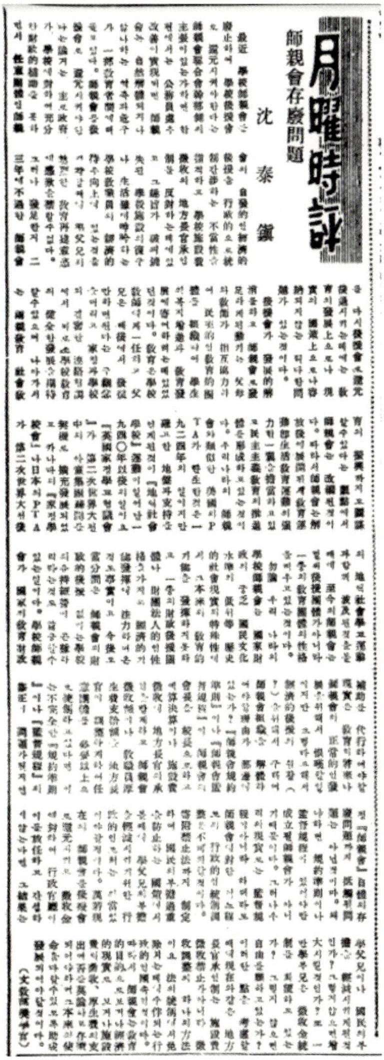

師親會存廢問題(사친회존폐문제)

1면 종합 沈泰鎭

師親會存廢問題(사친회존폐문제)

沈(심) 泰(태) 鎭(진)

最近(최근) 學校師親會(학교사친회)를廢止(폐지)하여 學校後援會(학교후원회)로 還元(환원)시켜야한다는師親會聯合會幹部側(사친회련합회간부측)의主張(주장)이있는가하면 한편에서는 公務員處(공무원처)우改善(개선)이實現(실현)되면 師親會(사친회)는 自然解體(자연해체)되지나않나하는 억측과危(위)구가 一部敎育者間(일부교육자간)에떠돌고있다。 師親會(사친회)를後援會(후원회)로 還元(환원)시켜야한다는論(론)거는 主(주)로政府(정부)가 學校(학교)에對(대)하여充分(충분)한財政的補助(재정적보조)를 못하면서 任意團體(임의단체)인師親會(사친회)의 自發的(자발적)인經濟的後援(경제적후원)을 行政的(항정적)으로統制(통제)간涉(섭)하는 不當性(부당성)을指(지)적하고 學校施設費徵收(학교시설비징수)의 地方長官承(지방장관승)인制(제)를 反對(반대)하는데에있고 그趣旨(취지)가 破(파)괴燒失(소실)된 學校施設(학교시설)의復(복)구나 生活難(생활난)에呻吟(신음)하는學校敎職員(학교교직원)의 經濟的待(경제적대)우向上(향상)에 있는것을생각할때에 學父兄(학부형)의熱烈(열렬)한 敎育再建意慾(교육재건의욕)에感歎(감탄)을禁(금)할수없다。 그러나 發足(발족)한지 二三年(이삼연)에不過(부과)한 師親會(사친회)를 다시後援會(후원회)로還元後退(환원후퇴)시키는데에는 敎育(교육)의發展上(발전상)으로나 現實(현실)의 國策上(국책상)으로나容納(용납)되지않은 허다한問題(문제)가 있는것이다。

後援會(후원회)가 發展的解消(발전적해소)를하고 師親會(사친회)로發足(발족)하게된動(동)기는 父母(부모)와敎師(교사)가 相互協力(상호협력)하여 民主的(민주적)인敎育的團體(교육적단체)를 組織(조직)하여 學生(학생)의복지增進(증진)과 敎育發展(교육발전)에寄(기)여하려는데있었던것이다。 敎育(교육)은學校敎師(학교교사)에게一任(일임)하고 父兄(부형)은 배後(후)에서 後援(후원)만하면된다는 구觀念(관념)을버리고 家(가)정과學校(학교)의 긴密(밀)한 連絡(련락)협調(조)에서 비로소學校敎育(학교교육)의 健全(건전)한發展(발전)을期待(기대)할수있으며 나아가서는 兩親敎育(량친교육) 社會敎育(사회교육)의 振興(진흥)까지도圖謀(도모)할수있다는 觀點(관점)에서師親會(사친회)는 改編(개편)된것이다。 따라서師親會(사친회)는解放後(해방후)에展開(전개)된새敎育運動卽生活敎育運動(교육운동즉생활교육운동)의强力(강력)한一翼(일익)을擔當(담당)하고있고民主主義敎育(민주주의교육)의推進體(추진체)를形成(형성)하고있는것이다。 우리나라의 師親會(사친회)와類似(류사)한 美國(미국)

중략

동아일보. 1953.03.22. 사친회존폐문제

> 1945년 해방 이후...민주학원을 건설하기에는 당시 국가 재원 형편으로는 너무도 빈약한 상태이기 때문에 교육기관 운영의 실제면에 있어서는...학부모는 물론 지역사회의 유지들까지...교육기관의 난문제들을 직접 해결하는데 적극 참여하게 되었다...그리하여 순수한 교육열의 발로에서 묶여진 학부형과 유지들과의 모임은 다싱의 학교가 당면한 제 문제들을 솔선하여 해결하려는 활동체로서 조직화되기 시작하였다. 이때부터 후원회에서는 운영에 부족되는 경비는 물론 교원의 후생대책을 적극적으로 도와주고...이러한 현상은 경남 지역에만 국한된 것이 아니고 전국적으로 일어나는 현상이었던 것이다. 당시의 재정 형편을 보면 학교 소요경비 중 80%를 후원회가 직접 담당하기까지 될 정도로 후원회의 기능이 크게 확대되기도 했었다...그러므로 당시 후원회의 활약은 민주교육의 붕아기(崩芽期)에 있어 높이 평가되어야 할 일이라고 하겠다(경상남도교육위원회, 1980: 337-338).
>
> 출처: 양지원(2024). 이동희의 시각으로 본 근현대 부산 지역의 유아교육. 부산대학교 박사학위논문.

유아교육에 대한 필요성 인식 제고와 부모교육 당시 학습은 국민학교(현 초등학교)에 들어가며 시작된다고 보았지만, 유아교육의 중요성과 필요성에 대한 인식은 점차 생겨나기 시작했다. 이에 전문성을 갖춘 교사뿐 아니라 부모의 적극적인 참여가 필요하다고 생각하게 되었다. 부모들은 유치원 교육이 자녀의 지능발달에 도움이 되며, 생활교육과 정서교육이 유치원에서 이루어질 수 있길 바라는 것으로 나타났다(동아일보, 1953.04.26. 어린이교육과 부모들의 관심). 따라서 유치원이나 유아교육단체에서 보다 계획적인 자녀교육을 위한 강연회와 워크숍 등을 통해 부모교육을 활성화하였다(지옥정 외, 2021).

동아일보, 1953.04.26.
어린이교육과 부모들의 관심

CHAPTER 3

국가주도의 유아교육 정책(제도) 수립 및 다양한 교육적 시도:

1963년-1975년 박정희 정부 시기부터 한국유아교육학회 설립 이전

박정희 정부는 경제개발과 사회 안정을 도모하며 유아교육 체계를 정비하고, 교육 현장에 제도적 변화를 가져왔다. 이 시기 유아교육의 발전은 국가 주도형 공교육의 도입과 교육과정 제정을 통해 본격화되었으며, 부모와 교사, 유아를 둘러싼 교육환경도 급격히 변화하였다.

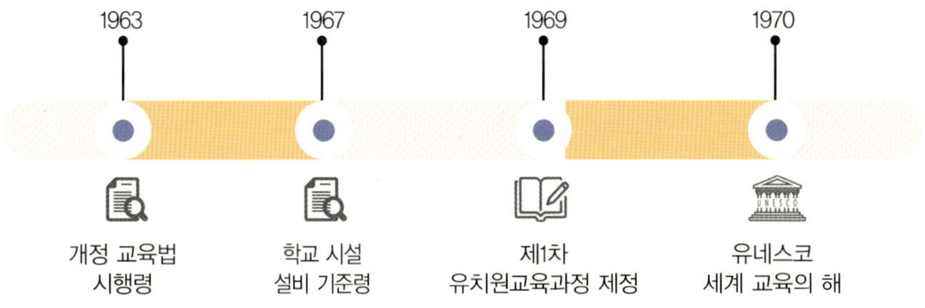

유아교육: 국가 주도형 교육과정 도입과 공립유치원의 확산

유아교육의 법적 · 제도적 기반이 마련되고, 국가수준 교육과정이 도입되며, 유아교육의 공교육화를 향한 첫 발걸음을 내딛게 된 시기였다. 유아교육의 보편화를 촉구하는 사회적 요구와 국제적 협력은 이후 유아교육의 발전 방향을 설정하는 데 중요한 역할을 하였다. 이러한 노력은 한국유아교육이 단순한 돌봄을 넘어 체계적이고 독립적인 교육 분야로 자리 잡는 데 기여했다.

四四六의四九) ▲揚家殷
(三九·女·麻浦區청암洞
一六八)

主婦가生活苦自殺

十일오전九시반쯤 서울
城北區종암洞산二一 金學淵
(四〇)씨의부인 李京蘭
(三六)여인은 동서와부
채판계로 말다툼을 벌인
끝에 어려운살림을비관,
자살했다。

11個유치원에 施設改善지시

十一일 서울시교육위원
회는 시설기준에 미달되
는 十一개 유치원에대해
금년말까지 기한부로 시
설을갖추도록 지시했다。
시교위는 이들유치원이
금년말까지 체육장·위생
실·방음장치·환기시설·
오락기구등 각종시설을갖
추지않으면 폐쇄하겠다고
경고했다。
경고받은 유치원은 다
음과같다。
◇京西·忠正·青坡·三
一·青岩·保花·미란·授
産·星明·꽃재·安岩

給水工事15日부터許可

十一일 서울시는 겨울
동안 억제해오면 신규급
수공사를 오는十五일부터
다시 허가해주기로했다。
허가를 재개하게된지역
은 佛光지역·미아리지역
및가압시설지역을 제외한
전지역인데 신규급수공사
가 억제되는 전기三개지
역에대해서는 오는五월까
지만 억제하고 六월부터
는 수도물十萬t증산과함
께 해제할계획이다。

…동에 …지시

十一일 金玄
玉서울시장은현
재 건설중인서

동아일보. 1968.03.11. 11개 유치원 시설 개선 지시

유아교육의 제도적 기반 확립 1963년 개정된 「교육법 시행령」에 따라 유치원 교육은 문교부 보통 교육국 교육행정과로 이관되었다. 이어 1967년 제정된 '학교 시설 설비 기준령'에 유치원 시설기준이 포함되며 유아교육 환경의 법적 · 제도적 기반이 마련되었다(동아일보, 1968.03.11. 11개 유치원 시설개선 지시).

이는 유아교육이 비공식적 돌봄의 차원을 넘어 체계적 교육의 영역으로 자리 잡는 데 중요한 계기가 되었다(방인옥, 1994). 1968년 기준으로 470개 유치원이 운영되며 21,658명의 유아가 교육받았는데, 이는 광복 초기보다 3배 이상 증가한 수치였다. 전쟁과 혼란으로 유치원 확장이 한동안 정체되었지만, 사회 안정과 경제성장에 따라 유아교육의 수요와 공급이 점차 증가하게 되었다(이기숙 외, 2021).

국가수준 교육과정 제정 1969년에 문교부는 '제1차 유치원 교육과정'을 제정 · 공포하였다(동아일보, 1966.07.15. 유치원 교육과정 마련). 이는 우리나라에 유치원이 도입된 지 70년 만에 이루어진 것으로, 유치원 교육의 목표, 수업일수, 운영 방법 등을 체계적으로 정리한 첫 번째 국가수준 교육과정이었다.

교육과정은 유아의 바람직한 인격 형성을 목표로 하며, 건강 · 사회 · 자연 · 언어 · 예능의 다섯 가지 영역을 중심으로 구성되었다. 이는 초등학교 교육과정을 단순히 모방하지 않고 유아의 흥미와 발달 수준을 고려한 경험 중심 교육을 지향한 점에서 큰 의미가 있다. 이러한 접근은 유아교육의 독립성과 전문성을 강화하는 중요한 발걸음이 되었다(방인옥, 1994; 이기숙, 2013).

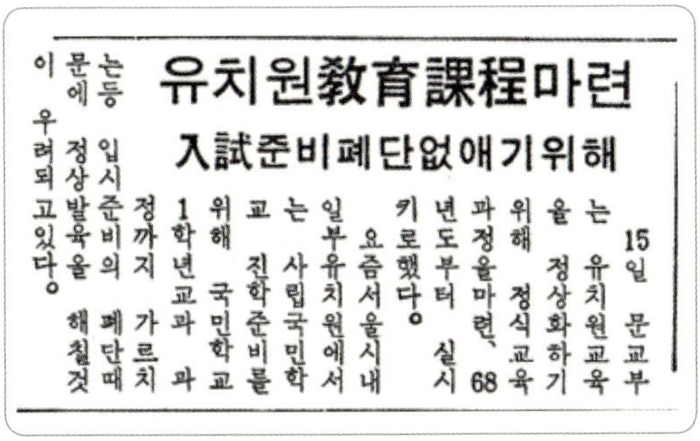
유치원教育課程마련

入試준비폐단없애기위해

15일 문교부는 유치원교육을 정상화하기 위해 정식교육과정을 마련, 68년도부터 실시키로 했다.

요즘 서울시내 일부 유치원에서는 사립국민학교 진학준비를 위해 국민학교 1학년 교과과정까지 가르치는 등 입시준비의 폐단때문에 정상발육을 해칠것이 우려되고있다.

동아일보, 1966.07.15. 유치원 교육과정 마련: 입시준비폐단을 없애고, 문교부는 유치원교육을 정상화하려고 정식교육과정 마련, 68년도부터 실시

家庭과學校의다리

幼稚園카르테

서울市內 36個유치원을 對象으로

特別活動指導는 피아노·舞踊으뜸

「入試準備」삼가야

15%는 基準미달

한국일보, 1967.05.09. 가정과 학교의 다리: 유치원 카르테

경제성장과 유아교육 양적 팽창 및 질적 수준의 갈등 1960년대는 유아교육에 대한 일반 대중적 이해가 초기 단계에 머물렀다. 당시 유치원은 주로 상류층 자녀를 위한 교육기관으로 여겨졌고, 유아교육의 필요성보다는

유치원이라는 기관 자체에 대한 이해를 돕는 기사가 주를 이루었다. 예를 들어, 유치원 교육의 실태를 다루며 유치원이 전인교육의 장임을 강조했으며, 유아교육의 개념을 소개하는 기사(한국일보, 1967.05.09. 가정과 학교의 다리: 유치원 카르테)를 통해 대중의 이해를 돕고자 했다.

1970년대에 들어서며 경제 발전과 더불어 유아교육의 양적 확대가 요구되었다. 실제로, 1971년에는 공립유치원 1개와 511개의 사립유치원이 있었는데, 초등학교 신입생 중 유치원 수료자의 비율은 2.1%에 불과했다(정미라 외, 2006). 이에 신문 기사들은 유치원 부족 문제를 계속 제기하며, 유아교육

關心의 응답 유치원敎育

소걸음增加率·公立 한곳도없어

敎師 1/3 無資格·月五千원쯤 들어

專用풀場있는豪華版부터 運動場조차 없는곳까지

바르고 푸르게

동아일보, 1973.03.15. 관심의 응답 유치원 교육
교사 1/3 무자격; 전용풀장있는 호화판부터 운동장조차 없는 곳까지

의 보편화를 촉구했다(동아일보. 1973.03.15. 관심의 응달). 이러한 보도는 유아교육의 중요성을 사회적으로 환기하며 유치원 확충 여론 형성에 기여했다.

읽을거리 한국유아교육학회 설립 이전, 한국 유치원 현황

1. 민간 주도의 유치원 발전 (1945~1968)

해방 당시인 1945년에 전국에 운영되던 유치원의 수는 144개소였으며, 이 중 남한 지역에 위치한 유치원은 39개소였다. 그러나 해방 직후 사회적 혼란과 한국전쟁으로 인해 1946년부터 1949년까지의 유치원 현황은 정확한 통계가 남아 있지 않다. 전쟁이 끝난 후 사회가 안정됨에 따라, 종교 기관, 특히 교회를 중심으로 유치원이 설립되기 시작하였고, 개인과 단체들이 유치원 개원을 추진하는 사례가 늘어났다.

1950년대 이후 유치원의 수는 꾸준히 증가하는 경향을 보였으며, 1956년과 1958년을 제외하고는 지속적인 성장세를 유지하였다. 결과적으로, 1945년 144개소였던 유치원은 1958년 470개소로 증가하여 약 세 배 이상 확대되었다. 이 같은 성장세는 대부분 사립유치원에서 주도되었고, 특히 서울 지역에 집중해 설립되었다.

공립유치원의 경우, 일제강점기에 설립된 유치원 일부가 해방 이후에도 존속되었으며, 해방 후 남한에서 최초로 개원한 공립유치원은 1947년 9월 5일에 설립된 청주시립유치원이었다(충청북도교육위원회, 1986). 이 유치원은 청주여자중학교 부속유치원으로 출발하여 유아교사 양성을 위한 실습 기관으로 기능하였고, 3년 후 청주시로 이관되면서 공립유치원으로 전환되었다. 운영 방식은 시에서 전입금을 지원받아 유아들의 수업료를 면제하는 방식이었으며, 학부모들은 교재비와 간식비만 부담하였다. 그러나 1972년부터는 수업료가 부과되었으며, 초등학교에서 파견된 교사들이 담당하던 유아교육은 5·16 군사정변 이후 정부의 교육개혁에 따라 유아교육 전공자로 교체되었다.

2. 공립유치원의 기초 확립 (1969~1975)

왼쪽 표에 제시된 1969년부터 1973년까지 운영된 공립유치원 1곳은 청주시립유치원을 의미하며, 이 유치원은 1973년까지 운영되었다(충청북도교육위원회, 1986). 이후 충청북도에서는 1978년 청주 주성초등학교, 충주 교현초등학교, 옥천 삼양초등학교에 공립병설유치원을 설립하며 공립유치원 교육 체계를 확대했다.

1976년을 기준으로 공립유치원은 서울에 4곳, 부산에 1곳이 운영되고 있었다. 서울특별시에서는 1976년 교육위원회 산하 4개 교육구청 관할 공립초등학교에 병설유치원이 설치되었으며, 학급당 80명의 유아를 대상으로 교육을 제공하였다. 같은 시기 부산에서

김영옥 외, 1995, pp. 19-27

연도	구분	유치원 수
1945	총계	144 (남한 39)
	공립	3
	사립	141
1946-1949 통계자료 없음		
1950	총계	159
	공립	
	사립	
1951	총계	159
	공립	
	사립	
1952	총계	166
	공립	
	사립	
1953	총계	166
	공립	
	사립	
1954	총계	168
	공립	3
	사립	165
1955	총계	192
	공립	3
	사립	189
1956	총계	174
	공립	
	사립	
1957	총계	227
	공립	
	사립	
1958	총계	253
	공립	
	사립	
1959	총계	281
	공립	
	사립	
1960	총계	297
	공립	
	사립	
1961	총계	318
	공립	
	사립	
1962	총계	336
	공립	
	사립	

도 성지초등학교에 병설유치원이 개설되었으나, 개원 초기에는 원아 모집이 원활하지 않았다. 1976년부터 본격적인 원아 모집이 이루어져 57명이 2개 학급에서 교육받았으며, 1977년과 1978년에는 80명의 원아가 등록하여 안정적으로 운영되었다. 그러나 해당 병설유치원은 1982년에 폐쇄되었다(부산시 보육위원회, 1976~1978).

서울특별시의 경우에는, 1976년 교육위원회 산하 4개 교육구청이 관할하는 공립국민학교 내에 각각 병설유치원이 설립되었다. 이들 병설유치원에서는 2개 학급을 운영하며, 학급당 80명의 유아를 대상으로 유치원 교육을 제공하였다. 서울특별시 초기 병설 유치원 연혁(서울시 교육위원회, 1976)을 보면 다음과 같다.

병설 유치원 명	교육구청별	설립년월일
서울 삼선국교 병설	북부	1976. 2. 1.
서울 신용산국교 병설	남부	1976. 3.10.
서울 신천국교 병설	동부	1976. 3.10.
서울 공덕국교 병설	서부	1976. 3.19.

공립초등학교 병설 유치원의 설립은 유아교육의 공교육화를 실현하고 유아교육의 보편화를 이루기 위한 중요한 발걸음이었다. 이에 따라 서울특별시 교육위원회는 유치원의 교육 환경 개선을 위해 적극적인 정책을 시행하였다. 당시 일부 유치원에서는 시설 부족, 부실 운영, 정원 초과 모집, 과도한 교육비 징수 등의 문제가 발생하였고, 이에 대한 대응으로 서울시는 원장 해임, 학급 감축, 유치원 폐쇄 등의 조치를 단행하였다(한국일보, 1970.08.19. 11개 유치원 폐원). 이러한 노력은 서울시의 유아교육 정책이 체계적으로 발전하는 계기가 되었으며, 1972년 「서울특별시 교육발전계획」 수립으로 이어졌다. 이 계획은 취학 전 교육의 확대, 의무교육 연령 조정, 유아교육의 공교육화, 유치원 교육과정 개정, 시범 유아학교 운영 등의 내용을 포함하였다(중앙교육연구소, 1972).

3. 공·사립 유치원의 양적 확대 (1976~)

1970년대 유아교육은 민간 중심에서 정부 주도로 점진적으로 전환되었다. 1979년과 1980년까지만 해도 사립유치원의 수가 공립유치원보다 많았으나, 1981년을 기점으로 공립유치원이 빠르게 증가하면서 시설 수에서 공립이 사립을 초과하게 되었다. 이러한 변화는 정부가 유아교육을 공교육 체계 내에서 정착시키기 위한 노력을 지속한 결과였다.

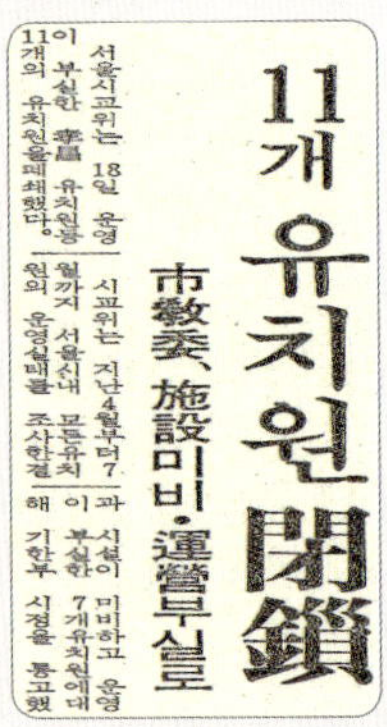
11개 유치원 閉鎖

市敎委, 施設미비·運營부실로

서울시교위는 18일 운영이 부실한 [illegible] 유치원등 11개의 유치원을폐쇄했다。

시교위는 지난4월부터7월까지 서울시내 모든유치원의 운영실태를 조사한결과 시설이 미비하고 운영이 부실한 7개유치원에대해 기한부 시정을 통고했

한국일보. 1970.08.19.
11개 유치원 폐쇄

1963	총계	363
	공립	4
	사립	359
1964	총계	380
	공립	1
	사립	379
1965	총계	423
	공립	4
	사립	419
1966	총계	449
	공립	1
	사립	448
1967	총계	468
	공립	2
	사립	466
1968	총계	470
	공립	2
	사립	468

년도	구분	유치원 수
1979	총계	794
	공립	26
	사립	768
1980	총계	901
	공립	40
	사립	861
1981	총계	2,958
	공립	1,922
	사립	1,036
1982	총계	3,463
	공립	2,328
	사립	1,135
1983	총계	4,276
	공립	2,562
	사립	1,714
1984	총계	5,183
	공립	3,114
	사립	2,069
1985	총계	6,242
	공립	3,767
	사립	2,475
1986	총계	7,233
	공립	4,333
	사립	2,900

공립유치원의 기초확립 1969년부터 1973년까지 운영된 공립유치원은 충북 청주시립유치원(1947년 9월 5일 설립)이 유일하며, 해당 유치원은 1973년까지 존속하였다(충청북도교육위원회, 1986). 이후 1976년 기준으로 서울에는 4개소, 부산에는 1개소의 공립유치원이 운영되었다.

서울시는 유치원 교육의 체계적인 발전을 위해 적극적으로 개혁을 추진하였으며, 이러한 노력은 유아교육의 종합적 발전 계획으로 이어졌다. 1972년 「서울특별시 교육발전계획」(중앙교육연구소, 1972)이 수립되었으며, 이를 통해 취학 전 교육의 보편화, 의무교육 연령의 하향 조정, 유아교육의 공교육화, 유치원 교육과정 개정, 시범 유아학교 설치 및 운영방안 등의 정책이 제안되었다.

즉, 1970년대에는 유아교육이 민간 중심에서 점차 정부 주도형으로 전환되고 있었으며, 이에 따라 1979년과 1980년까지만 해도 사립유치원의 수가 공립유치원보다 많았으나, 1981년 이후에는 공립유치원의 수가 사립을 초과하는 변화를 맞이하게 되었다. 이러한 변화는 유아교육의 공교육화를 실현하기 위한 정책적 기반을 마련하는 중요한 계기가 되었다.

국제적 동향과 유아교육의 발전 1970년은 유네스코가 '세계 교육의 해(International Education Year)'로 선포한 해로, 이를 계기로 유아교육에 대한 국제적 관심이 한국에도 반영되었다(동아일보, 1970.02.05. 올해는 세계 교육의 해, 교육위기 극복 운동). 한국행동과학연구소와 문교부는 유엔아동기금(UNICEF)의 지원으로 유아교육 연구를 공동으로 추진하며, 취학 전 교육의 보편화를 위한 장기 계획을 세웠다. 이와 같은 노력은 1979년 제2차 유치원 교육과정 개정의 기틀을 마련하였다.

한편, 1976년 서울과 부산에 공립유치원이 설립되며 유아교육은 민간 중심에서 정부 주도형으로 점진적으로 전환되었다. 사립유치원이 다수였지만, 정부는 점차 공립유치원 수를 늘리기 시작했다. 그러나 1970년대에는 사립유치원이 수적으로 우세했으며, 유치원 교육은 의무교육으로 자리 잡지 못한 채 비싼 학비가 문제로 지적되었다.

즉, 1970년대에는 유아교육의 양적 성장이 이루어졌지만, 질적 수준의 격차가 문제로 지적되었다. 신문 기사들은 사립유치원의 상업성을 비판하며 유치원의 질적 향상을 유치원 운영자 개인의 책임으로 돌리는 경향을 보였다. 이러한 비판은 유치원의 영리성이나 비전문성을 부각하며, 사립유치원에 대한 부정적 이미지를 형성하기도 했다. 그러나 이러한 논의는 국가가 유아교육의 공교육화를 추진해야 한다는 사회적 담론을 형성하는 계기가 되었다. 이는 공립유치원의 설립과 정부 주도의 유아교육 정책을 확대하는 데 간접적으로 기여했다.

올해는 「世界教育의 해」

教育危機극복運動

多彩로운 國際行事

유네스코側서 적극 參與

特別展示·講演·實驗계획

文化財망치는 날림 단청

조계宗·管理局 合同조사結果

동아일보. 1970.02.05. 올해는 세계 교육의 해. 교육위기 극복 운동

읽을거리 유치원 교육의 필요성과 문제점에 대한 관심 유도

유아교육에 관한 관심이 높아짐에 따라 유치원 교육의 필요성(마산일보. 1964.02.21. 유치원 교육의 필요성) 및 유치원 교육의 문제점(동아일보. 1963.01.14. 해부해본 유치원 제도/동아일보. 1968.06.22. 유치원 교육의 문제점)을 지적하는 신문기사가 다수 나타나기 시작하였다. 예를 들어, 교육과정 부재에 대한 지적, 한국적인 유치원 탄생의 시급함 주장 및 의무교육 포함의 필요성을 주장하고 있다.

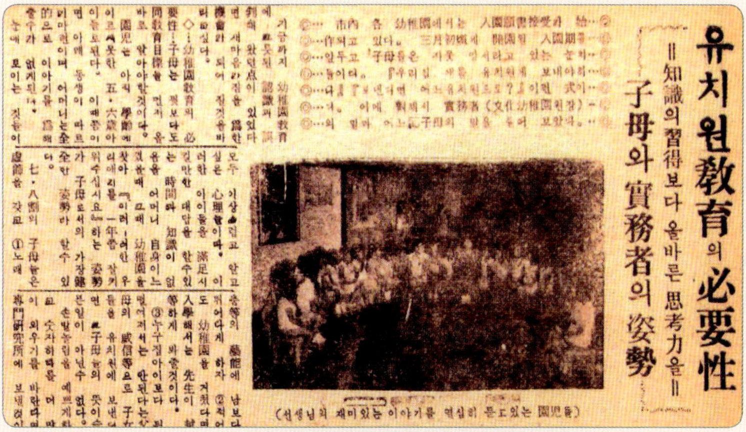
유치원敎育의 必要性

=知識의 習得보다 올바른 思考力을=

子母와 實務者의 姿勢

(선생님의 재미있는 이야기를 열심히 듣고있는 園兒들)

마산일보. 1964.02.21. 유치원 교육의 필요성. 자모와 실무자의 자세

解剖해본幼稚園制度

必要性

習慣敎育시키는 곳

現況

全國에 約三百個所

矛盾點

教科課程이不充實

問題點은『質』

是正點

施設基準의確立도

해거듭돼도 그저그狀態

現行規程의 再檢討필요

解剖(해부)해본幼稚園制度(유치원제도)
必要性(필요성)
習慣敎育(습관교육)시키는곳
發達欲求(발달욕구)채워주기위한機關(기관)
現況(현황)
全國(전국)에 約三百個所(약삼백개소)
數不足(삭부족)滿足(만족)할敎育(교육)안되고
矛盾(모순)
된點(점)
敎科課程(교과과정)이不充實(부충실)
問題點(문제점)은『質(질)』
是正(시정)
할點(점)
施設基準(시설기준)의確立(확입)도
해거듭돼도
그저그狀態(장태)
現行規程(현행규정)의
再檢討(재검토)필요

너댓살된 말썽꾸러기들의 집단교육을 위한 유치원이 2월초순이면 원아 모집을 한다. 만 4세이상 6세미만의 어린이를 맡아주는 유치원은사회생활이나 인격의 기초가 될 여러가지 좋은습관을 길러주는 곳이다. 우리나라에 유치원 교육이 수입된지 반세기가 넘고 유치원 교육목적과 목표가 교육법 제10절 유치원 제146조와제147조에 명시되어 있는대로 유치원교육이 원활히 시행되고 있을까. 아동문학가이며 한국보육학회 대표인 咸處植(함처식)씨는 우리나라 유치원의 현황과 모순을 다음과같이 지적하고 있다.

동아일보. 1963.01.14. 해부해본 유치원제도

유치원敎育(교육)의問題點(문제점)
中大(중대) 제一(일)회保育學(보육학)심포지움
財政貧困支援(재정빈곤지원)해야
유치원·託兒所(탁아소)혼합形態(형태)가 적당

어느교육기관보다도 중요한 유치원교육이 일부계층의 귀족화、사치풍화하여 사회의 눈총을받아온 현실을 벗어나 새로운 길을 모색해보려는 제一(일)회보육학심포지움이 한국유치원교육의 제현황과 문제점이라는 주제로 中央大學校(중앙대학교)에서열렸다。

사전교육으로서의 유치원교육의 필요성이 강조된것은 이미 오래다。 심리학·교육학연구로 유년기교육、경험을 강조하고인간의 대부분 심리적특성、사회적동기는 유년기경험에서의 적절한 자극여하에따라 계발이 가능하다는 증거가 나타난결과 오늘날엔 그교육방법이 크나큰 문제로 등장했다。

...(중략)...

우리사정에 맞게끔 형태와 내용을 뜯어고친다는것、즉 한국적인 유치원의 탄생이 시급함을강조한다。 朱(주)여사가 제시하는 한국적인 유치원이란「지금의 유치원과 탁아소가 결혼하는 형태」라고 밝힌다。 일손에 바쁜어머니들이 아기를 맡겨둘수있는 탁아소、특히시골의 탁아소는 五(오)、六(육)평넓이의 방에 五十(오십)여명의어린이가 들끓는다。 그야말로 애들을 우리에넣고지키는 정도의 효과밖에없는 탁아소가 비일비재한반면 도시의 유치원은시설과 내용이 훌륭하여찬양지차다。 이러한 두가지 내용의 중간쯤이되는또는 혼합된내용의 어떤것이 좋겠다는것이다。

당국은 유아기교육의중대성을 인식하고 또여성의 직장진출로 유아기교육을 맡을 교육기관이요청되는 현실을 바로보고교육의 그늘이 골고루퍼지는 보다 적절한 형태의 교육기관을 마련해주어야할것이다。 유치원교육연령을 의무교육에 포함시키는것도 어린이교육에국가가 적극적인 관여를하는 한방편이될것이다。

동아일보. 1968.06.22. 유치원 교육의 문제점
교육과정 부재에 대한 지적, 한국적인 유치원 탄생의 시급함: 의무교육 포함의 필요성

유아: 유아의 건강한 성장 도모를 위한 사회적 노력 및 과도기적 한계

이 시기의 유아교육은 놀이와 경험을 강조하였으며, 1969년 문교부령 유치원 교육과정 운영 지침서를 통해 유아의 흥미와 창의적 표현 능력을 개발하는 데 중점을 두었다. 유아 건강을 위한 사회적 노력도 강화되어 BCG 접종과 기생충 질환 퇴치, 의료보험제도 도입 등 보건의료 시스템이 개선되었으며, 가정주간 행사를 통해 부모와 자녀 간 유대감을 높이는 활

동이 이루어졌다. 한편, 유아의 인지발달 연구는 부모들에게 조기 교육 열풍을 불러일으켰고, 핵가족화와 상업적 유아교육 산업이 맞물리며 '천재아 선호 증상'이 확산되어 유아기의 놀이 시간이 줄어드는 부작용을 초래했다. 이러한 변화는 유아의 건강과 발달을 위한 긍정적 노력을 보여주면서도 과도기의 한계를 드러냈다.

놀이와 경험 중심의 교육 서울특별시 교육위원회에서 1969년 문교부령 유치원교육과정에 근거하여 발간한 '유치원 교육과정 운영 지침서'를 보면, 연간 단원배정, 주간 단원계획, 유치원교육의 방법 및 평가 등 유치원 교육의 실제를 다루었으며 유아지도자료 등이 포함되었다(이기숙, 2013). 이 지침서에서 다룬 '즐거운 우리 유치원, 즐거운 우리 집, 봄철의 꽃과 나무, 동물원, 곤충, 고마우신 어른들, 병원놀이, 추석놀이, 교통, 계절의 변화, 서로 돕는 이웃, 우리를 도와주는 기관' 등의 단원은 유아가 자연과 사회를 탐구하고 다양한 역할을 경험할 수 있는 기회를 제공하고 있다. 즉, 유아가 일상생활에서의 경험을 중심으로 구성된 단원을 통해 유아의 흥미를 유도하고, 창의적 표현 능력을 기르는 것을 목표로 삼았음을 알 수 있다. 특히 흥미로운 점은 유아들의 작품전시가 유아교육기관 내부에서만 이루어지는 것이 아닌 지역사회 내에서 이루어졌다는 점이다. 예를 들어, 성모유치원 유아들의 작품 전시회가 한성다방에서 열렸다(마산일보, 1964.02.21. 귀여운 솜씨 성모 유치원 꼬마들 한성다방서 작품전). 이는 유아들의 경험을 사회적으로 인정하고 격려하는 분위기가 형성되었음을 의미한다.

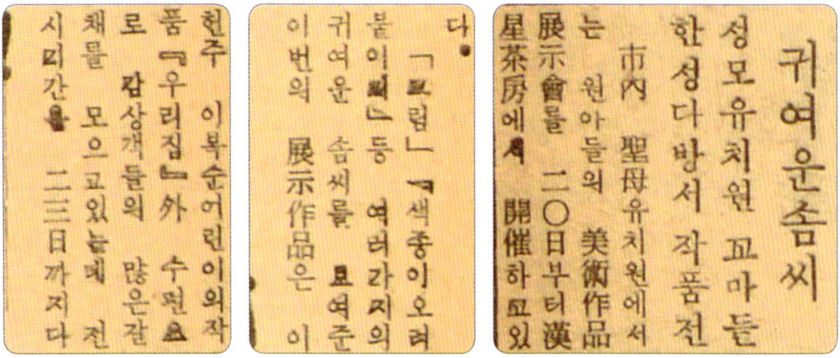
귀여운솜씨
성모유치원 꼬마들
한성다방서 작품전
市內 聖母유치원에서는 원아들의 美術作品展示會를 二〇日부터 漢星茶房에서 開催하고있다.
「그림」「색종이오려붙이기」등 여러가지의 귀여운 솜씨를 보여준 이번의 展示作品은 이
헌주 이복순어린이의 작품『우리집』外 수편으로 감상객들의 많은 갈채를 모으고있는데 전시기간은 二三日까지다

마산일보. 1964.02.21. 귀여운 솜씨 성모유치원 꼬마들 한성다방서 작품전

유아 건강과 사회적 노력 박정희 정부 시기에 이루어진 유아의 건강과 생명 보호를 위한 보건의료 시스템 개선도 주목할 만하다(아동권리보장원, 2022). 1960년대에 들어 미취학 아동을 대상으로 한 예방접종과 결핵 진단사업이 본격적으로 시행되었고, 이를 반영하듯 영국 아동구호재단이 산호동상담소에서 유아들에게 BCG와 각종 예방접종을 시행하며 유아의 건강을 돌보았다(마산일보. 1963.11.30. 유아건강 보살핀다). 기생충 질환 퇴치를 위한 국가적 노력도 진행되었다. 더불어, 의료보험제도의 도입은 유아를 포함하여 전체 국민에게 안정적인 의료 혜택을 제공하는 데 중요한 역할을 하였다.

유아의 행복한 성장을 돕기 위한 다양한 사회적 관심과 노력도 이루어졌다. 예를 들어, 1968년 5월 가정주간 행사에서는 '새싹에 새 꿈을'이라는 주제로 어린이와 부모가 함께하는 다채로운 활동이 펼쳐졌다(동아일보. 1968.05.02. 새 싹에 새 꿈을). "부모의 저녁시간은 어린이와 함께"라는 표어 아래, 부모와 자녀의 유대감 강화를 위한 프로그램이 마련되었고, YWCA는 소아과학회의 후원을 받아 어린이 건강 진단을 강조하는 강연회를 개최하였다. 국제관광공사와 대한여행사는 어린이날 잔치로 군악대 동요연주, 비행기 관람, 노래부르기 대회, 그림그리기 대회 등을 개최하였다. 이러한 움직임은 유아의 신체적 · 정서적 건강에 대한 사회적 관심을 보여준다.

乳兒健康보살펀다

白日咳 BCG等接種

=每日上午九時부터無料診療를實施

英國兒童救護財團 由湖洞相談所서

마산일보. 1963.11.30. [영국아동구호재단 산호동상담소서] 유아건강 보살핀다: BCG 및 기타 예방접종

새 싹에 새 꿈을

家庭週間맞아갖가지行事

古宮·遊園地등 無料入場

어린이날엔 假裝行列

老齡어머니 慰勞會도

새 싹에 새 꿈을

家庭週間(가정주간)맞아갖가지行事(행사)

古宮(고궁)·遊園地(유원지)등 무료入場(입장)

어린이날엔 假裝行列(가장행렬)

老齡(로령)어머니 慰勞會(위노회)도

꿈을 잃어가는 어린이들을 위해 제四十六(사십륙)회 어린이날을 포함한 가정주간을 맞아 각계에서 어린이와어머니들을 즐겁게해주기 위한 갖가지 행사를 갖는다.

「부모의 저녁시간은어린이와함께」란 표어를내건 보사부와 서울市(시)는 六(육)일아침十(십)시 시민회관대강당에서 기념식을갖고 착한어린이十(십)명과 훌륭한 어머니들을 표창하며 五(오)일부터十一(십일)일까지 전국의 고궁및 유치원·학교운동장·아동복리시설·관공서운동장등이어린이놀이터도 개방되고 목욕탕·미장원·이발관등이가정주간을 기념하여이一(일)주동안 할인봉사 된다. 한편 어린이날인五(오)일에는 서울시사회복지사업연합회주최로 창경원에서 각후생시설에수용된 어린이들의 종합운동회가 열린다.

동아일보. 1968.05.02. 새 싹에 새 꿈을

아동권리에 대한 시대적 사고(아동권리보장원, 2022)

전반적으로 박정희 정부 시기부터 시작하여 1990년 이전까지를 '아동권리의 형성기'로 정의할 수 있다. 예를 들어, 1961년 제정된 아동복리법이 1981년 아동복지법으로 발전하고, 1982년 유아교육진흥법이 제정되는 등 유아권리를 위한 법적·제도적 장치가 대거 마련된 시기이기 때문이다. 보건의료 분야도 크게 발전하면서 유아의 생명권 보장 수준은 과거와 비교할 수 없을 정도로 향상되었고, 또한 가정 내에서도 유아의 의견을 존중해야 한다는 의식이 서서히 확산되었다. 하지만 아동권리 측면에서, 여전히 근로기준법의 보호를 받지 못하는 아동 노동 문제가 존재했으며, 많은 아동이 국외로 입양되는 현실도 지속되었다. 즉, 이 시기는 아동 권리의 질적·양적 발전이 이루어진 시기였으나, 유아가 완전히 존중받는 단계에는 이르지 못한 과도기 모습도 함께 담고 있다.

아동 인지발달 연구 결과로 인한 천재아 선호증상 1960년대에 이루어진 유아 인지발달 연구는 유아기가 인간 발달에서 매우 중요한 시기임을 과학적으로 증명하였다. 예를 들어, 헌트(Hunt, J. McV, 1961)는 그의 저서 Intelligence and Experience에서 인간의 지능이 유전적으로 고정된 것이 아니라 8세 이전에 환경적 자극에 따라 빠르게 성장한다고 주장하였다. 또한 블룸(Bloom, B., 1964)은 17세의 지능발달을 기준으로 볼 때 만 4세까지 50%, 만 8세까지 80%가 발달한다고 언급하며 아동기에 적절한 자극의 중요성을 강조하였다. 이러한 연구는 부모가 아동기의 학습 환경에 큰 관심을 기울이게 하는 계기가 되었다(정미라 외, 2006).

또한 핵가족화로 인해 부모들이 조부모의 전통적 양육 지혜를 전수받을 기회가 줄어들게 됨에 따라 전문 서적과 양육 기관에 의존하게 되었다. 산업체들은 부모의 높은 교육 기대를 자극하며, 자녀가 뒤처지지 않도록 조기 교육을 장려하는 문화를 주도해갔다. 이에 유아기부터 학업성취와 특기교육을 지나치게 강조하게 되었으며, 유아가 놀이를 통해 성장할 시간을 잃게 되는 결과를 초래했다. 이는 엘킨드(Elkind, D., 1981)가 언급한 '천재아 선호 증상'을 강화하며 유아기를 본연의 놀이 중심 시기가 아닌 조기 학습과 경쟁의 시기로 변화시켰다.

교사: 유아교육 현장에서의 지도와 교사 역량 강화

이 시기의 교사 양성과 교육 체계는 유아교육의 전문성과 체계화를 위한 중요한 발판이 되었다. 제1차 유치원 교육과정 도입과 민간단체 및 학회 활동은 교사들이 유아 발달에 적합한 교육을 제공할 수 있도록 지원하였으며, 유아교육의 질적 수준을 높이는 데 기여하였다. 이러한 노력은 이후 한국유아교육의 공교육화와 전문화의 기반이 되었으며, 유아교육의 방향성을 제시하는 중요한 역사적 전환점으로 평가된다.

교사의 역할과 교육 실천 1969년 문교부가 제정한 제1차 유치원 교육과정은 한국유아교육의 체계적 발전을 위한 중요한 전환점이었다. 유치원 교사는 유아의 흥미와 발달 수준을 고려한 경험 중심, 놀이 중심 교육을 실천하며, 유아교육의 본질적 가치를 확립하는 데 노력하였다.

문교부는 교육과정 운영 지침서를 발간하여 교사가 주간 단원 계획과 평가를 체계적으로 수행할 수 있도록 지원하였다. 이 지침서는 교사에게 교육 방법과 자료를 구체적으로 제공하며, 현장 교육의 질을 높이는 데 기여하였다. 또한, 교사들은 가정과의 긴밀한 협력을 통해 유아의 전인적 발달을 도모하며, 가정과 유치원이 유기적으로 긴밀히 협력하여, 유아교육의 효과를 극대화하기 위해 노력했다.

교사 양성 체계의 발전 교원 양성 체계는 유치원 교사가 전문적 교육을 통해 유아교육의 이론과 실제를 겸비한 교육자로 거듭날 수 있도록 돕는 기반이 되었다. 제1차 유치원 교육과정은 듀이(Dewey, J.)의 진보주의 교육철학을 반영하여 놀이와 경험을 중심으로 한 학습을 강조하였으며, 이를 통해 유아 발달을 지원하는 교사의 역할이 더욱 부각되었다. 이러한 변화는 유치원 교육의 질적 향상뿐 아니라 교사의 사회적 위상에도 긍정적인 영향을 미쳤다(방인옥, 1994).

민간 교원 단체의 활성화[4] 1965년 창립된 한국유아교육협회(조선일보, 1971.10.20. 유치원 교육진흥 사진전)는 유아교육 전문가와 교사를 대상으로 연수회, 강습회, 학술대회 등을 활발히 개최하며 교사의 전문성 향상에 기여했다. 1967년에는 한국기독교유아교육협회가 발족되어, 동남아시아의 기독교 유아교육협회와 협력하며 국제적 동향을 반영한 교육을 도입하였다(이은화 외, 2001).

민간단체들은 교사에게 최신 유아교육 정보를 제공하고, 새로운 교육 방

4) 74쪽 '한국유아교육학회 창립 이전 유아교육 관련 단체의 발전' 참조

법론을 소개하며, 교사 재교육의 중요한 장을 형성하였다. 이들은 또한, 유아교육의 공교육화를 위한 여론을 형성하고, 교사의 사회적 지위와 경제적 조건을 개선하기 위한 노력을 기울였다.

읽을거리

유치원 교육진흥 写真展
幼児교육협회 新世界화랑서
헨리8세와女人들 극단 산울림 공연
6回月灘文学賞 詩人金洞成씨에
文化短信
◇가을靜物 (朴瑛東 개인전)

조선일보 1971.10.20. 유치원 교육진흥 사진전: 유아교육협회 신세계 화랑서, 한국유아교육협회(회장 김옥련)는 유치원 교육진흥을 위해 특별전시회를 연다.

어린이 어머니날 푸짐한 잔치
家庭
꿈의 잔치「假裝行列대회」
텀블링妙技·스카이다이빙등 곁들여
亞州藝術大會엔 千여어린이

동아일보. 1971.05.04. 어린이 어머니날 푸짐한 잔치: 한국어린이교육협회 4일 오후 2시부터 YMCA강당에서 어른들을 위한 공개강연 마련. '놀이에 관하여'(이화여대 이상금 교수), '식품에 관하여' (연세대 권숙표 교수)의 두 차례 강연과 장난감 및 어린이용품 전시회 마련

부모와 가족: 산업화와 여성 취업 확대로 인한 부모 역할의 새로운 정의

이 시기는 산업화와 사회변화 속에서 부모 역할이 전통적인 보호자 뿐만 아니라 교육자로 확장된 시기였다. 자녀의 인격 형성과 정서적 안정, 창의성 개발 등이 강조되었으며, 가정교육은 단순한 지식 전달을 넘어 인격 형성의 핵심 공간으로 자리 잡았다. 즉, 가정교육의 중요성이 계속 부각되며, 부모가 자녀의 발달과 교육에서 갖는 책임과 역할이 더욱 체계적으로 논의되는 시점이었다. 이러한 논의는 이후 유아교육의 보편화와 전문화를 위한 초석을 마련하였다고 볼 수 있다.

유아교육에 대한 부모의 관심 증가 1960년대 후반에서 1970년대는 대도시로의 인구 이동과 여성의 사회진출 확대, 경제개발 정책으로 인한 유치원과 탁아시설에 대한 수요가 급격히 증가한 시기였다. 이 시기 부모들은 자녀의 조기교육과 발달에 높은 관심을 가지기 시작했으며, 신문과 같은 매체를 통해 유아교육의 중요성과 효과적인 양육방식을 학습하였다. 특히, 부모교육을 다룬 기사들은 자녀 양육에 있어 먹이고, 입히고, 재우는 수준 등의 단순 보호를 넘어 교육적 책임을 강조하며, 가정과 사회가 함께 자녀의 성장을 도와야 한다는 메시지를 전달하였다(정미라 외, 2006).

부모역할에 대한 새로운 정의 신문 기사들은 부모의 양육 태도와 역할에 대한 지침을 제공하며 민주적이고 자율적인 양육방식을 강조하였다. 즉, 자녀를 독립적 개체로 존중하는 양육 태도를 촉구한 것이다. 예를 들어, 부모가 자녀의 개성과 특성을 존중해야 하며, 자녀를 부모의 소유물이 아닌 독립적인 인격체로 대우해야 한다(조선일보, 1971.3.12. 아동관)고 보도했다. 또한

어린이와 家庭敎育

어머니의 虛榮이 망쳐

곱게 입히는것만이 愛情아니다

지나친꾸밈은 귀여움을 잃게해

조선일보, 1962.12.1. 어린이와 가정교육-어머니 허영이 망쳐: 어린이를 인형으로 아는 어머니, 곱게 입히는 것만이 애정 아니다. 지나친 꾸밈은 귀여움을 잃게 해

一事一言

□兒童觀□

金善陽

<誠信女師大교수>

조선일보. 1971.3.12. 아동관: 우리는 아이들에게 있을 곳을 마련해주고, 먹을 것을 주고, 옷을 입히고 또 가르칠 의무가 있다. 그러나 그들의 사고까지 지배하려는 생각은 당치도 않다.

지나친 간섭이나 과잉보호를 경계하며, 자녀의 자율성을 길러주는 민주적 양육 태도의 중요성을 강조했다. 그러나 부모의 과잉보호와 지나친 간섭, 학업 중심 교육 열풍은 문제점으로 지적되었으며, 이러한 잘못된 양육방식이 자녀의 정서적 불안과 사회적 부적응으로 이어질 수 있다는 비판이 이어졌다(조선일보, 1962.12.1. 어린이와 가정교육-어머니 허영이 망쳐).

여성 취업과 양육 방식의 변화 여성 취업의 증가는 부모의 양육방식을 새롭게 재조명하는 계기가 되었다. 초기에는 여성의 취업이 자녀 양육에 부정적 영향을 미친다는 우려가 지배적이었으나, 1970년대 후반부터는 취업 여성의 자녀교육에서 '시간의 양보다 질'이 중요하다는 기사가 늘어났다(한국일보, 1972.4.27. 직업여성의 자녀교육). 이와 함께 취업모가 자녀를 위해 가정에서 보내는 시간을 최대한 활용하고, 적절한 대리 양육자를 선택하는 방안 등 새로운 양육방식이 제시되었다.

職業女性의 子女교육

BPW 서울클럽 세미나

과잉保護·無關心 금물

엄마代理人 選定에 신중을

접촉方法넓혀 對話도 유지

한국일보, 1972.4.27. 직업여성의 자녀교육: 직업여성은 집에 있는 시간을 자녀교육을 위해 최대로 활용해야 하며 아기의 요구를 무의식적으로 거부하지 않도록 노력해야 한다.

현대적 육아법의 도입 이 시기 신문에서는 미국의 스포크(Spock, B) 박사와 브레즐톤(Brazelton, T. B.) 박사의 육아 이론 등 외국 학자들의 이론을 번역 소개하며, 현대적이고 과학적인 육아 방법을 강조하였다(조선일보, 1968.09.26. 어린이와 즐기는 스포크 박사). 외국 사례를 소개하는 데 그치지 않고, 한국 사회의 가족 구조와 가치관에 맞춘 양육방식을 제안하기도 하였다. 부모는 자녀의 행동을 지도할 때 일관성 있는 양육 태도를 유지하며, 자녀를 존중하는 민주적 대화법을 통해 건강한 부모-자녀 관계를 형성해야 한다는 점을 강조하는 것과 같은 내용이다(한국일보, 1978.5.27. 자녀와의 대화에도 테크닉이 필요하다).

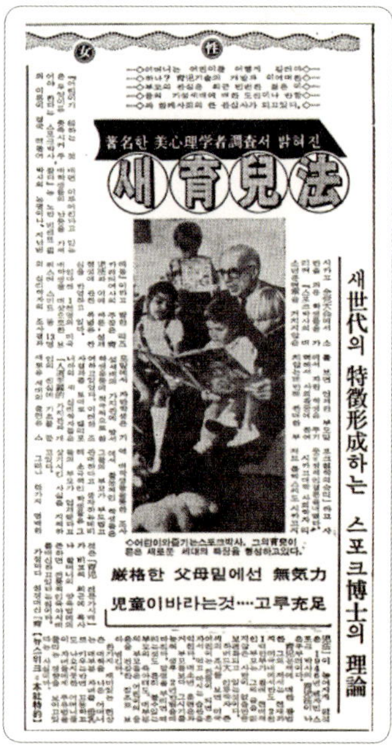

著名한 美心理學者調査서 밝혀진

새育見法

새世代의 特徵形成하는 스포크博士의 理論

嚴格한 父母밑에선 無氣力

兒童이바라는것…고루充足

조선일보, 1968.09.26. 어린이와 즐기는 스포크 박사

부모의 자녀 양육과 교육의 책임 강조 1960~1970년대는 자녀 양육과 교육에서 부모의 책임과 의무를 강조하는 내용이 많았다. 예를 들어, 어머니들에게 유아의 건강을 위한 인공영양과 영양 보충제의 중요성을 알리며(마산일보. 1964.03.05. 어머니노트: 인공영양의 상식), 유아기 영양 관리에 대한 부모의 실천적 역할을 강조했다. 또 계절 변화로 인한 영아 사망 원인으로 탈수와 전해질 균형 상실을 지적하며, 적절한 물 공급과 영양 섭취를 통한 예방책을 제안했다(마산일보. 1964.07.06. 계절과 보건 가정의학). 이는 부모가 자녀의 건강을 위해 체계적인 보건 및 영양 관리를 실천해야 함을 부각하는 것으로, 자녀 교육과 훈육의 책임이 부모에게 있다는 전통적인 인식과 밀접하게 연관된다고 볼 수 있다.

안전교육 역시 중요한 부모의 책임으로 다루어졌다. 예를 들어, 길거리 방치로 인한 유아 사고를 방지하기 위해 보호자를 입건하는 강경책을 소개(마산일보. 1965.09.08. 노상유아 보호자 입건한다)하며, "길거리에 꼬마들이 제 마음대로 돌아다닐 때 그의 보호자를 입건하는 강경책을 쓰기로 했다."는 등으로 부모의 안전 책임을 강조했다. 또한 "유치원 보내기 전 알아둘 일" 기사(동아일보. 1967.01.24. 귀여운 자녀 지도 가이드)를 통해 부모가 유치원 선택과 교육목표를 이해해야 함을 지적하며, 교육적 판단에서 부모의 역할을 강조했다. 이러한 기사는 부모가 자녀의 건강과 교육 전반에 걸쳐 적극적이고 책임 있는 태도를 가져야 한다는 사회적 요구를 반영하며, 유아기 부모 역할의 중요성을 구체화한 사례로 볼 수 있다.

人工營養의 常識
乳兒健康爲한 營養補充
어머니 노트
會長에 朴鍾和氏
藝總第三回定期總會

마산일보. 1964.03.05. [어머니노트] 인공영양의 상식: 유아 건강을 위한 영양 보충제

유치원원아 모집이 시작되었다. 금년은 사립국민학교 처럼 테스트없이 제비뽑기로받는것이특징. 어머니들은 이름난 유치원을 찾느라 통원거리를 무시하면서 분주히 다닌다. 원서를접수시키기전 유치원교육의 목적이 무엇인가를 따져본후 가부를 결정하는것이 어떨까. 유치원은반드시보내야할 의무교육과정은 아니니까.

유치원은 4세이상6세이하의 어린이가 가는 곳이다. 그곳에는넓은운동장과 놀이실등이있고 그림책·인형·공·소꿉놀이용구등이 싫을만큼 많다. 이 속에어린이를 놀게해서 어떤 효과가 있다는 것인가.

梨大(리대)부속유치원 원장李順一(리순일)씨는 유치원이란자기중심적이고 이기적인 상태의 어린이가사회적인 동물로 만들어지기위해 거쳐가야할중립지대라고 본다.

...(중략)...

유치원은 이 세가지욕구를 충족시켜주는곳이라고 말한다. 친구를만들어주기가 환경상어렵거나 전신을 움직이며 놀 수 있는 곳이없는 사정이라면. 더욱어머니나 누구가 그많은 어린이의 질문에알맞는 답을 줄 수 없다면 유치원의 필요성은당연한것이라하겠다.

그러면 우리나라유치원교육의 현황은 어떤가. 지역적으로 시설에자이는 있을망정 현재시설미달의 유치원은거의없다.

그러나 유치원교육은교사의 질이 문제되고있다는것이다.

어떤 전문가는 말한다. 대학·대학원을 나와도 복잡하고 미묘한어린이의 심리를 이해하기는 어려운것 이라고. 그런데 4년전 문교부는 그때까지 유치원에 관여해온 사람에게 2백시간의 특수강습만 시켜서 자격증을내주었다는 것이다.

이런 소홀은 유치원교육의 전문가가 문교부에 없기때문이라고지적하는 이도있다. 담당장학사 하나없이 초등교육에 기대어있는 현실로는 유치원교육의원만한 효과를 기대하기는 어렵다고. 또한가지우리나라에는 어린이교육을 연구하는 학자가적다는점도 지적된다.

아직 불충분하기는하나 식견을 넓혀주고발육을 도와주는 면에서열심인 유치원에 대해자모는 일단 그필요성을 알아서 보내야할것이다. 뚜렷한 교육목적을 이해못한다면 어머니는 『국민학교 입학에필요한 멘탈 테스트는왜 안하느냐』는 넌센스에 가까운 요구를하게될 것이다.

동아일보. 1967.01.24. 귀여운 자녀 지도 가이드: 유치원 보내기 전 알아둘 일: 담당 장학사 하나 없이 초등교육에 기대어 있는 현실로는 유치원 교육의 원만한 효과를 기대하기 어려움

PART 2

한국유아교육학회, 창립과 발전의 여정

한국유아교육학회의 창립은 한국유아교육이 독립적인 학문으로 자리 잡는 데 중요한 전환점이 되었다. 한국유아교육학회는 유아교육의 이론적 기반을 마련하는 동시에, 실천적 개선을 위한 연구와 정책 개발의 중심지로 자리매김했다. 또한, 학문적 정체성을 확립하고 국제적 네트워크를 구축하며, 유아교육의 질적 향상과 제도적 발전을 주도해왔다. 창립 초기부터 현재까지, 학회는 변화하는 사회적 요구와 시대적 흐름에 맞춰 다양한 사업을 수행하며 한국유아교육의 발전에 중추적인 역할을 해왔다.

이 장에서는 한국유아교육학회의 발전과정을 시기별로 조망한다. 먼저, 학회의 창립과 초기 비전이 형성된 시기(1975년-1992년)를 살펴보고, 이후 학회가 유아교육 제도의 정착과 국제화를 선도하며 학문적 기반을 확립한 과정(1993년-2012년)을 제시하고자 한다. 나아가, 학회가 미래지향적 혁신과 통합을 도모하며 유아교육의 발전 방향을 모색한 시기(2013년-2024년)를 조명한다.

마지막으로, 이러한 과정을 종합하여 한국유아교육학회의 학문적 발자취를 정리함으로써 학회의 역사적 의의와 학문적 성과를 체계적으로 조망하고, 앞으로의 발전 방향을 탐색하려 한다. 이러한 노력은 학회가 걸어온 길을 되짚어보고, 한국유아교육의 지속적인 성장을 위한 새로운 가능성을 모색하는 계기를 마련하려는 것이다.

⁂ 한국유아교육학회의 창립과 초기 비전: 1975년-1992년

⁂ 학회의 정착 · 국제화 선도 및 한국유아교육 제도 정착 노력: 1993년-2012년

⁂ 미래지향적 유아교육을 위한 혁신과 통합 도모: 2013년-2024년

⁂ 한국유아교육학회의 학문적 발자취

CHAPTER 4

한국유아교육학회의 창립과 초기 비전:

1975년–1992년

한국유아교육학회의 창립은 한국유아교육이 독자적 학문으로 자리 잡는 데 중요한 전환점이 되었다. 학회는 유아교육의 이론적 기반을 마련하고, 정책을 제안하며, 현장과의 연계를 위한 다양한 노력을 기울였다. 이와 같은 노정에서 학회는 유아교육의 공교육화를 앞당기고, 교사 양성과 교육과정 개발의 체계를 확립하며 유아교육의 질적 성장을 이끌었다. 한국유아교육학회는 여러 유관 단체와 상호 교류하는 가운데 유아교육의 독자성을 수립해갔다. 특히 학회지 발간과 학술대회 개최를 통해 유아교육 연구의 학술적 기반을 확장하였으며, 유아교육계 내 담론 형성과 실천적 지향의 균형을 모색해 왔다. 이러한 축적된 노력은 유아교육의 학문적 정체성과 사회적 책무성을 동시에 심화시키는 토대가 되었다.

한국유아교육학회 창립 이전 유아교육 관련 단체의 발전

1930년대 유아교육 관련 단체로 가장 오래된 전통을 가진 대한유치원교육협회는 1931년 7월 '조선보육협회'로 시작되어, 1954년 10월 대한유치원교육협회로 개칭되었으며, 1970년 대한교육연합회에 가입하였다. 이 단체는 유치원 경영자와 교사들이 결집해 설립했으며, '조선 아동 보육의 이론을 수립하고 보육자의 친목을 도모'하는 것을 목적으로 하였다.

읽을거리 조선보육협회

- 1931년 보모 상호 간 정보교환과 자질 향상을 위하여 조직된 일제강점기를 대표하는 유치원 교사 단체였으나 이에 대한 연구가 거의 이루어지지 않음
- 회장 차사백은 유치원 교육의 내실화 방안을 다음과 같이 밝힘
  - 유치원: 어린아이의 몸과 마음의 자연적 발달을 보호하며 자라나게 하는 곳으로 사람의 삶의 기틀을 마련하는 학습장임
  - 담화, 창가, 율동, 유희, 수공, 관찰 등을 중심으로 하는 교육과정이 필요함
- 강습회를 통해 500여 보모 등의 재교육을 실시하여 유치원 교육의 이론적인 통일을 모색함(동아일보사 학예부 후원)
  - 제1회 강습회: 1932년 경성제일고등여학교(현 경기여자고등학교)
  - 주요 회원: 차사백, 박봉애, 이영보, 서은숙, 최신도 등

출처: 김형목(2010), pp. 321–355.

1940~1950년대 1940년대에는 UNICEF(유니세프) 한국위원회, 대한가정학회, 한국어린이교육협회, 한국복지재단이 설립되며 유아교육의 기반을 확대하였다. 특히, 1948년에 발족한 한국어린이교육협회는 국제어린이교육협회(ACEI: Association for Childhood Education International)의 지부로 창설되어, 아동의 교육과 복지 환경을 개선하고 교사의 질적 향상을 도모하는 다양한 활동을 펼쳤다. 1950년대에는 한국사회복지협의회, 홀트아동복지회, 한국사회복지학회, 한국여성단체협의회 등이 설립되며 유아교육과 아동복지의 연계가 강화되었다.

1960년대 1960년대에는 한국가족계획협회, 한국영유아보육시설연합회, 한국기독교유아교육연합회, 한국유아교육협회, 한국행동과학연구소 등 유아교육 전문화와 연구를 위해 다양한 단체가 설립되었다. 1965년에 창립된 한국유아교육협회는 교육환경을 개선하고, 자유로운 학문적 연구에 기초한 유아교육의 발전을 목표로 하였다. 또한, 유아교육 현장의 교사와 교수를 위한 연수회와 세미나를 개최해 실질적인 도움을 제공하였다. 같은 시기에 한국기독교유아교육협회와 한국행동과학연구소가 설립되며 유아교육의 학문적 토대와 기독교 유아교육의 발전을 위해 노력하였다. 1968년에 설립된 한국행동과학연구소는 행동과학 전반에 걸친 이론적, 실제적 연구를 기반으로 인간 능력을 개발하고, 신체 각 기관의 능력 향상을 도모하여 국가 발전을 이루고자 한 비영리기관이다. 유아교육 관련 중요연구로는 유니세프 지원 유치원 및 어린이집 교육과정 개발연구와 한국 아동의 종단적 연구가 있다(김영옥 외, 1995).

1970년대 1970년대에는 동방아동복지회, 한국교육개발원, 한국유아교육학회,[5] 전문대학 유아교육과 교수협의회, 한국가족학회, 한국아동학회 등의 단체가 설립되었다. 특히, 한국유아교육학회는 1975년 창립 후, 유아교육의 이론과 실제를 연구하며 학문적 발전에 공헌하였다. 1977년에 이르러 한국유아교육학회는 인접 학문 분야와의 학제적 연구 활동을 위해 한국교육학회 분과회인 유아교육연구회로 가입하여 활동하였다(조선일보,

5) 한국유아교육학회의 명칭과 창립 연도는 자료에 따라 조금씩 다르게 인용되고 있다. 예를 들어, 유아교육백서(한국유아교육학회, 1996)는 한국교육학회 유아교육연구회가 1976년에 발족했다고 기술하고 있으나, 그 외의 자료(예: 김영옥 외, 1995)에서는 한국유아교육학회가 1975년에 창립되었다고 밝히고 있다. 이에 본 책에서는 학회 발행 소식지 및 '한국유아교육학회'의 명칭을 사용한 신문 및 학술자료에 기초해 다음과 같이 제시하였다: 한국유아교육학회는 1975년에 창립된 후, 1977년 4월 한국교육학회 유아교육연구회로 활동하다, 1992년 11월 총회를 통해 한국유아교육학회로 개칭하였다.

* 본 책에서 인용한 동아일보(1975.10.16.)는 '한국유아교육학회' 명칭을 사용하고 있으며, 조선일보(1981.01.27.)는 '한국교육학회' 명칭을 사용하고 있다.

國校교사 유치원에 活用

「教育學會」세미나

한국교육학회는 지난 23일과 24일 전경련회관에서「유치원 교육과정 개발을 위한 이론적 모형의 재정비」란 주제로 유아교육에 관한 세미나를 가졌다. 유아교육 확충에 따른 여러 가지 문제점들을 다룬 이번 세미나에서는 앞으로 늘어날 공립유치원이 국민학교부설이라는 점과 국민학교 교사들로 하여금 유치원 교사를 겸하게 하는 것에 관심이 집중되었다. 유아교육은 고도의 전문성과 특수성을 가진 교육 분야이기 때문에 교육환경이나 교사의 자질은 매우 중요한 문제가 아닐 수 없다는 것.

김옥련(金玉蓮)교수(중앙대(中央大))는 유치원 교사와 초등학교 교사는 양성과정부터가 다르므로 유치원교육과 국민학교 저학년 교육의 내용 방법이 연계성(連繫性)을 갖도록 재조정되어야 할 것이라고 말했다.

이원영(李元寧) 교수(중앙대(中央大))는 현재 우리나라에서는 11개의 4년제 대학과 25개의 전문학교에서 매년 3천명에 가까운 유아교육 전문교사들이 쏟아져나오고 있는데, 이들을 소외시킨 유아교육의 확대는 불합리하다고 지적했다.

또 이상금(李相琴) 교수(이화여대(梨花女大))는 아동발달 및 학습이론에 근거하여 유아교육 대상 아동의 폭을 넓힐 것 등을 주장했다.

한편 이연섭(李延燮) 박사(한국교육개발원)는 우리나라의 유아교육도 저소득층 빈민층의 유아를 대상으로 파고들어야 할 것이라고 말했다.

우리나라의 경우 유치원 교육은 더욱 확충되어야 한다고 강조한 이(李) 박사는 그중에서도 특히 「조기발견 조기치료」가 절대적으로 중요한 심신장애 특수 아동을 위한 원아 교육은 시급하고도 절실한 과제라고 주장했다.

조선일보. 1981.01.27. 국교교사 유치원에 활용: 교육학회 세미나

1981.01.27. 국교교사 유치원에 활용: 교육학회 세미나). 이후 90년대에 이르러 회원 수가 500여 명에 이르고 거주지역이 확대되어 지회 설치의 요구가 높아짐에 따라 1992년 11월에 회칙을 개정하여, 한국교육학회 유아교육연구회에서 한국유아교육학회로 환원하기로 결의하였다(참고: 한국유아교육학회 발행 소식지 1호, 1993). 이후 지회 활동을 활성화하여, 학술 발표회 · 연차 대회 · 학회지 발간 등을 통해 유아교육 연구자와 현장 교사 간의 학문적 교류를 촉진하였다. 1977년에 전문대학 유아교육과 교수협의회도 설립되었으며, 이후 매년 세미나를 개최하며 유아교육 학문과 현장의 연결을 도모하였다.

이들 단체와 학회의 활동은 유아교육의 전문성과 질적 향상을 이끄는 데

"한국유아교육학회로 개칭하며"

1992년 11월 21일, 임시총회에서는 그간의 한국교육학회 유아교육연구회에서 한국유아교육학회로 개칭할 것을 결의하였다.

돌이켜보면, 유아교육이 독자적인 학문의 영역으로 연구활동을 시작한 것은 20년도 채 못된다. 1975년 발족한 한국유아교육학회를 통해서 한국의 유아교육연구가 활성화되었다고 할 수 있다.

한국유아교육학회가 발족하게 된 필연성을 낳은 1970년대는 세계적인 유아교육 개혁의 물결, 우리나라 각급 학교 교육과정의 방향전환, 유아교육학자들의 연구물 발표의 기회 및 토론의 장 요구 등의 시대적 상황이 있었다. 이런 상황에서 학회 창립의 요구가 결집되었으며 1975년 10월 8일 회원 20명의 발기로 한국유아교육학회가 창립되었다.

대학원수준 이상의 유아교육 및 인접 학문분야 교수들을 회원으로 발족하게 된 학회의 초대 회장은 이상금 교수(이화여대)였다. 애당초 독립된 학회로 출범한 한국유아교육학회는 「유아교육연구」 창간호(1976)를 1976년부터 출판하기 시작하였다. 이듬해엔 1년에 3회 정도의 연구발표회를 개최하는 등 학회 연구활동을 활발히 하기 시작하였다. 이듬 해인 1977년 4월에는 인접 학문분야와의 학제적 연구활동을 통한 학회발전을 도모하고자 한국교육학회 분과회인 유아교육연구회로 가입하여 활동하여 왔다. 90년대 이르러 회원수가 500여 명에 이르고 거주지역이 확산되어 있어 지회 설치의 요구가 높아짐에 따라, 1992년 11월 21일, 회칙을 개정하여 한국교육학회 유아교육연구회에서 한국유아교육학회로 다시 환원하기로 결의하고, 지회 활동을 활성화하도록 하였다.

역대 회장의 명단과 임기는 다음과 같다.

이상금 교수(이화여대) 1975년 10월 8일~1979년 11월 28일

이은화 교수(이화여대) 1979년 11월 28일~1986년 3월 29일

이영자 교수(덕성여대) 1986년 3월 29일~1990년 3월 31일

이원영 교수(중 앙 대) 1990년 3월 31일~1993년 3월 20일

이원영 교수(중 앙 대) 1993년 3월 20일~

한국교육학회 유아교육연구회에서 한국유아교육학회로 개칭됨에 따라 개정된 회칙에 의거하여 구성된 임원진은 다음과 같다.

자문위원 이상금 교수(이화여대 유아교육학과)
이은화 교수(이화여대 유아교육학과)
회　　장 이원영(중앙대 유아교육학과)
부 회 장 임재택(부산대 유아교육학과)
상임이사 이기숙(이화여대 유아교육학과)
선임이사 김영옥(전남대 유아교육학과, 연구부장)
박찬옥(중앙대 유아교육학과, 출판부장)
단현국(한국교원대 유아교육학과)
이경우(이화여대 유아교육학과)
이숙재(성균관대 아동학과)
이영자(덕성여대 유아교육학과)
정문자(연세대 아동학과)
정미라(경원대 아동학과)
주영희(인천교대 유아교육학과)
감　　사 이성진 교수(서울대 교육학과)
이병진 교수(한국교원대 교육학과)

한국유아교육학회 소식지 1호(1999.05.)

중요한 역할을 하였으며, 유아교육의 체계적 발전과 대중적 인식 확대에 기여하였다.

한국유아교육학회의 창립

1970년대에도 유아교육의 전문화와 체계화를 위한 노력은 꾸준히 이어졌다. 그중 가장 주목할 만한 사례는 1975년 10월에 창립된 한국유아교육학회의 발족이다(동아일보. 1975.10.16. 동아포우스트: 한국유아교육학회 창립기념강연 18일 오후 2시 이화여대 진관회의실). 한국유아교육학회는 설립 이후 미국의 헤드스타트

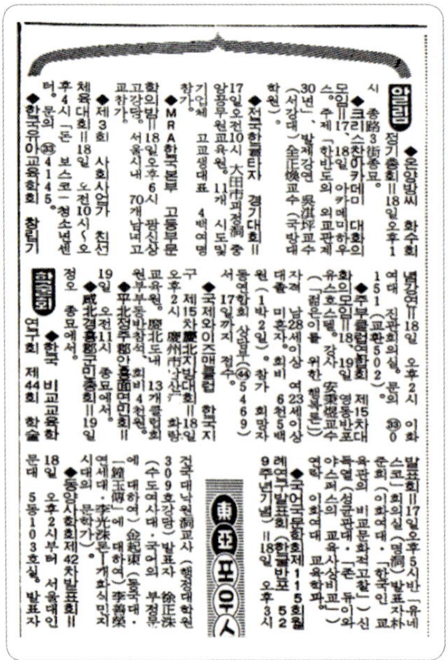

동아일보. 1975.10.16. 동아포우스트: 한국유아교육학회 창립기념강연 18일 오후2시 이화여대 진관회의실

(Head Start) 프로그램을 비롯한 세계 유아교육의 최신 동향을 국내에 소개하며, 유아교육의 학문적 연구와 논의의 장을 제공하였다. 이를 통해 아동의 인지발달에 기반한 다양한 유아교육 프로그램이 국내에 도입되었으며, 학회의 활동은 유아교육의 질적 발전과 전문성 강화에 크게 기여했다(이은화 외, 2001). 학회 창립 초기에는 회원이 20명에 불과하였으나, 1980년대 이후 전국으로 활동을 확장하였다(이상금, 1995).

한국유아교육학회는 1976년에 학술지 『유아교육연구』를 창간하며, 유아교육 이론과 실제를 연결하는 학술 활동을 본격화하였다. 학회는 이후 연차학술대회와 세미나를 통해 국내외 유아교육 연구자들과의 학문적 교류를 활성화하며, 한국유아교육의 전문성과 국제적 위상을 높이는 데 기여하였다. 주요 내용은 한국유아교육학회 초대 회장을 역임한 이상금 교수의 기조 강연 자료(1995)를 출처로 하였다.

한국유아교육학회의 창립 배경과 사회적 계기 한국유아교육학회는 1975년 창립되었으며, 이는 한국유아교육의 학문적 발전과 제도적 정착을 위한 중요한 전환점으로 평가된다. 학회의 설립은 단순한 우연이 아닌, 당시 유아교육의 사회적 · 학문적 필요성을 결집한 결과였다.

첫째, 해외 유아교육 운동의 정보 유입이 중요한 역할을 했다. 1960년대는 미국의 헤드스타트 운동, 영국의 프라우덴 보고서, 독일의 유치원 개혁 등 세계적으로 유아교육의 르네상스 시기로 불렸다. 이 같은 글로벌 유아교육 동향은 한국 내 유아교육의 낙후성을 인식하게 했고, 이를 개선하기 위한 필요를 자극하였다.

둘째, 국내 교육과정 개정이 영향을 미쳤다. 1973년에 개정된 초 · 중등학교 교육과정은 브루너의 학문 중심 교육철학에 근거하여 개정되었지만, 유치원 교육과정은 1969년에 공고된 상태로, 일본 유치원 교육 요령을 모방한 수준에 머물러 있었다. 이로 인해 유아교육의 독자성과 전문성을 위한 개혁의 필요성이 제기되었다.

셋째, 유아교육 연구와 발표의 장(場) 부재도 학회 설립의 계기가 되었다. 1970년대 초, 유아교육을 전공한 대학원 졸업생과 유학을 다녀온 연구자가 증가했으나, 연구 결과를 발표하고 토론할 학문적 장이 부족했다. 당시 발표가 가능했던 기존 단체들은 유아교육을 학문적으로 중요하게 다루지 않았으며, 이는 유아교육 학자들에게 학회 설립의 필요성을 강력히 인식하게 했다.

학회 탄생에 기여한 주요 인물과 창립 과정 1975년 초, 유아교육 학자들과 전문가들은 학회 창립 논의를 본격화하였다. 학회 회원 자격과 범위에 대해 논의한 결과, 대학원 수준 이상의 유아교육 및 관련 학문 분야 전문가로 회원을 한정하기로 정하였다. 이러한 창립 과정에서 김애마(이화여자대학교 사범대학장), 최이순(연세대학교 가정대학장), 오천석(교육학자) 등 여러 원로 학자의 조언과 격려가 큰 영향을 미쳤다. 특히 오천석 박사는 "유아기 교육은 인간교육의 기초이며 한국인 교육의 초석이 되어야 한다."라는 말로 학회의 설립 취지를 강조하였다. 그는 또한 첫 논문집에 사용될 제목 '유아교육

연구'의 글자를 직접 만들었으며, 이는 오늘날까지 학회지의 상징으로 소중히 사용되고 있다(김영옥 외, 1995).

1975년 10월 18일, 이화여자대학교 진관에서 열린 창립총회에는 20명의 발기인을 포함하여 많은 축하객이 참석해 성황을 이뤘다. 총회에서는 한국교육학회 김영식 회장의 격려사가 있었고, 동국대학교 한명희 교수가 '유아교육의 가치와 철학적 과제'라는 주제로 발표하였다. 발기인으로 참여한 주요 인물로는 이상금(이화여대), 김은산(홍익대), 김정환(이화여대), 박준희(이화여대), 이선희(계명대), 이정환(이화여대), 한기언(서울대), 홍웅선(연세대) 등이 있었으며, 이들은 학회의 운영과 발전에 중요한 역할을 하였다. 창립총회에서 초대 회장으로 이상금이 선출되어 학회의 방향성을 제시하는 중요한 역할을 맡게 되었다.

한국유아교육학회의 존재는 유아교육이 사회 전반에 걸쳐 더욱 공고히 자리 잡을 수 있는 토대를 다지는 데 중요한 역할을 하였다. 즉 단순한 학술단체의 창립이 아니라, 유아교육의 체계적 발전과 교육의 가치를 확립하기 위한 실천적 움직임의 시작으로 볼 수 있다. 또한, 한국유아교육학회의 회칙이 이 시점에 작성되어 1975년 10월 18일부터 시행되었다. 이 회칙은 총 18조로 구성되어 있으며, 학회의 명칭, 목적, 위치, 사업, 회원의 권리와 의무, 임원 선출과 관련된 내용을 포함하고 있다.

한국유아교육학회 창립 후 초기 학회 구성원들이 유아교육의 고유한 학문적 정체성을 알리고, 원활한 학회 운영을 위해 여러 노력을 기울였으나, 유아교육의 독자성에 대한 합의가 제대로 이루어지지 않은 당시 학계 상황으로 인해 학회 운영에 여러 어려움이 있었다. 이에 당시 활발하게 운영되던 교육학회에 가입하여 유아교육을 알리는 것이 독자성 확보에 더 효과적일 것으로 판단하여 교육학회 가입을 결정하고, 1977년 4월에 한국교육학회 유아교육연구회로 공식 가입승인을 받아 창립 당시 "한국유아교육학회"에서 "한국교육학회 유아교육연구회"로 개칭이 이루어졌다.[6] 한국교육학회 분과회의 가입승인은 교육 분야에서 유아교육을 독립된 학문 분야로 인정한 것을 의미하는 것으로 평가된다. 이후 한동안 한국유아교육학회는 분과회로 활동하며 교육학 분야 내에서 유아교육의 위치를 공고히 하기 위해 노력했다.

학회지 발간 1976년 학술지 『유아교육연구』를 창간하여 유아교육 연구의 시작이 이루어졌다. 첫 학회지에는 총 5편의 논문이 게재되었으며, 유아교육의 철학적 · 사회적 과제, 아동의 도덕적 발달, 기억에서 위치정보의 역할, 모성 상호작용이 아동 인지에 미치는 영향, 그리고 인지 지향적 교육과정에 대한 기초 연구가 다루어졌다. 이러한 논문들은 유아교육의 이론적 기초를 강화하고, 학문적 연구에 기초해 교육 현장의 실질적인 개선을 이루는 데 중요한 역할을 하였다. 학술지는 연 1회 발행에서 점차 발행횟수를 확대하며, 유아교육 이론과 실천의 연결고리로 기능하였다.

초기 활동

- 공립유치원 설립 기여: 1976년 서울특별시 교육위원회는 공립 국민학교 병설 유치원을 설립하였다. 이는 공교육 체계 내 유아교육을 확립하려는 중요한 시도로, 학회는 공교육 확대를 위한 학문적 근거와 실천적 방향을 제시하며 이 과정에 간접적으로 참여하였다.

6) 한국유아교육학회를 창립한 이후, 한국교육학회 유아교육연구회로 분과 가입한 시기에 대해서는 자료에 따라 조금씩 다르게 인용되고 있다. 예를 들어, 한국유아교육학회에서 발행한 이상금(1995)의 〈한국유아교육의 회고와 발전 방향〉, 김영옥 외(1995)의 〈한국현대 유아교육사〉, 한국교육학회가 발간한 〈한국교육학회 40년사〉(1993)에서는 '1977년 4월 한국교육학회 유아교육연구회가 되었다'고 기술하고 있으나, 한국교육학회 웹페이지 연혁에는 '1976년 10월 21일~23일 유아교육학회 분과연구회로 가입'으로 밝히고 있다. 이에 본 책에서는 학회 발행 소식지 및 다수 학술자료에 기초해 다음과 같이 제시한다: "한국유아교육학회는 1975년 창립 후 한국유아교육학회로 활동을 하다가, 1977년 4월 한국교육학회 유아교육연구회로 명칭을 변경하고 활동을 해왔으며, 1992년 11월에 임시총회를 개최하여 한국유아교육학회로 명칭을 개칭하였다."

- 국제적 교류와 학문적 정체성 수립 노력: 유아교육과 인접 학문 분야 간의 학제적 연구를 촉진하고, 국제 유아교육 동향을 국내에 소개하였다. 특히, 피아제(Piaget, J.)의 인지발달 이론, 몬테소리(Montessori, M.) 교육, 브루너(Bruner, J. S.)의 레디네스 개념 등 다양한 프로그램을 도입하여 한국유아교육 발전에 영향을 미쳤다.

한국유아교육학회의 초석 마련

유아교육정책 구현의 중심 역할 수행 1980년대에 들어 「유아교육진흥법」 제정 등 국가 차원의 법적 지원이 본격화되었으며, 유아교육은 양적 확대뿐만 아니라 질적 발전을 목표로 삼게 되었다. 특히, 유엔아동권리협약의 채택은 아동의 인권 보호와 복지에 대한 국제적 관심을 고조시켰으며, 한국도 이를 비준한 국가로서 아동 인권의 가치를 법률적, 제도적으로 명시하고 사회 전반에 반영하고자 하였다.

조선일보 西紀 1981年 1月 27日

幼兒교육 확충의 現場을 본다

'코흘리개' 교육에 住民들 "너도 나도"

전국市·郡·區에 「公立유아원」 한곳씩

研修교육 받은 資格교사 고정배치

기존시설 없는 지역… 公共건물 이용

「코흘리개」교육에; 주민(住民)들"너도 나도"; 전국 시(市)—군(郡)—구(區)에「공립(公立)유아원」 한곳씩; 연수(硏修)교육 받은 자격(資格)교사 고정배치; 기존 시설 없는 지역··공공(公共)건물 이용

올해부터 유아교육이 대폭 확충된다. 문교부가 오는 3월부터 현재 63학급밖에 안되는 공립유치원을 1천7백72학급으로 늘릴 방침인가 하면, 내무부는 오는 3월부터 전국에 2백28개의 새마을협동유아원을 설치해 주로 도시영세민지역과 농어촌지역 어린이를 대상으로 보호와 교육기능을 하게 된다. 기존 9백19개 외 유치원과 6백14개의 어린이집에 새로 생기는 시설까지 합치면 유아교육은 대대적인 양적 팽창을 맞게 되는 것. 누누이 그 중요성이 강조되어왔으나 이제까지 소외되어왔던 유아교육이 새로운 발전의 전기를 맞고 있는 것인데, 이렇게 확대되는 유아교육에는 내부적으로 상당한 문제점들이 도사리고 있어 요즘 각계에서는 유아교육에 대한 논의가 그 어느 때보다도 활발하다. 한국여성유권자연맹이 지난 21일 정부 및 관계요로에 유아교육 확충에 따른 건의안을 냈는가 하면, 교육학회는 지난 23일과 24일 유아교육세미나를 열어 유아교육의 팽창에 따른 문제점을 분석했다.

오는 3월부터 내무부가 지방재정 3억7천6백만원을 들여 전국 각 시(市)-군(郡)-구(區)에 1개소씩 시범적으로 운영할 새마을협동유아원은 유아에 대한 보호기능과 교육기능을 병행한 시설로 우선 도시영세민지역과 농어촌지역의 미취학 어린이를 대상으로 열린다. 차츰 공장 지역, 아파트 지역으로 확산시킬 이 협동유아원은 아이들에게 질서, 협동, 바른말 사용, 정서 등 사회성교육에 중점을 두어 보육할 예정. 주로 마을단위의 새마을부녀회와 새마을청소년회의 자원(自願)활동으로 운영되어질 이 유아원에는 한곳에 아동 50~1백명을 두 사람의 교사가 맡게 된다.

교사는 2월 중에 연수교육을 받고 임용될 예정인데, 자격요건은 가급적 새마을부녀회와 청소년회 임원중 ①2년제 보육학과 졸업자 ②고졸(高卒) 이상의 학력을 갖고 2년 이상 유치원이나 어린이집에서 일한 경험이 있는 사람 ③최소한 오르간은 자유롭게 탈 수 있는 사람이다. 오는 28일부터 2월 15일까지로 잡은 연수교육에는 4백23명의 협동유아원 교사후보생이 연수교육을 받게 되는데 그중 반 정도는 보모 교사자격증이나 유치원 교사자격증을 갖춘 사람이라고 한다. ... (중략)... 지난 해 12월부터 여성의 사회참여 확대 방안의 하나로 탁아소에 대한 연구조사를 시작한 여성유권자연맹은 내무부의 새마을협동유아원 설치에 관해 건의문을 냈다. 정부가 유아교육에 힘을 기울이는 것은 기쁘고 고무적이나 현행 어린이집은 보사부 산하, 유치원은 문교부 산하로 유아대상 기관이 정부에서 분리관할되어 일으키는 문제점도 않은데 내무부까지 유아교육을 담당한다면 더욱 문제가 심화될 가능성이 있으므로 관계부서가 하루빨리 통합되어 전문부서에서 관장할 것을 바란다는 것이다.

또한 동(同)연맹은 유아교육의 효율화를 위해 유치원과 유아원은 물론 초등학교 어린이들도 방과 후 이용할 수 있는 여러가지 시설을 갖춘 어린이종합센터를 동(洞) 단위당 1개소씩 설치해줄 것을 제안했다. 이 센터에서는 3세부터 학령 전 어린이를 위한 시간제 종일제 보호와 교육, 국민학생의 방과 후 시간활용을 함께 도모하자는 것. 아울러 3세 이하의 어린이는 가정 분위기에서 자랄 수 있도록 일정한 수준의 교육을 마친 사람에게 자격증을 주어 가정탁아를 할 수 있게 하자고 제안했다.

조선일보. 1981.01.27. 유아교육 확충의 현장을 본다

CHAPTER 5

학회의 정착 · 국제화 선도 및 한국유아교육 제도 정착 노력:

1993년–2012년

1990년대는 경제성장과 국제화가 빠르게 진행되며 교육의 중요성이 크게 강조되는 시기였다. 유아 시기의 교육이 평생 학습과 인성 형성의 기초라는 인식이 확산되며, 유아교육의 질적 향상과 제도적 정착에 대한 요구가 증가했다. 이에 한국유아교육학회는 유아교육의 발전 방향을 제시하고 국제적 기준에 맞는 교육 체계 구축을 목표로 여러 방면에서 활발히 활동을 전개했다. 특히 1993년부터 2012년까지 20여 년에 걸쳐 유아교육의 제도적 정착과 공교육화를 위해 다양한 연구와 정책 활동을 펼쳐왔다. 학회의 노력은 한국유아교육의 법적, 제도적 기반을 마련하고, 국제적 위상 강화와 학문적 발전에 중요한 기틀을 다지는 데 크게 기여했다.

학회의 정착·국제화 선도

한국유아교육학회의 발전 방향 재정립과 지회 설립 1992년 11월 21일 임시총회에서 학회는 한국교육학회 분과 가입 시에 일시 변경했던 명칭을 '한국유아교육학회'로 개칭하여 한국유아교육학회의 발전방향 재정립을 모색하고, 1993년 10월에 '21세기를 대비한 한국유아교육의 발전 방향'을 주제로 첫 연차학술대회를 개최하였다. 그리고 광주전남지회(5월 26일) 개설을 시작으로, 부산 · 울산 · 경남지회(5월 31일), 대구 · 경북지회(6월 11일), 전북지회(6월 24일), 충청지회(7월 16일)의 총 5개 지회를 설립하였다. 이후 2003년 제주지회, 2004년 강원지회가 추가 설립되어, 2025년 현재 전국 총 7개 지회가 활발히 활동하고 있다. 1994년 5월에는 도덕성 기초 확립을 위한 유아교육을 주제로 제2회 학술대회를 개최하여 유아기의 도덕성 형성에 대한 교육적 접근을 심도 있게 논의했다. 이는 한국유아교육학회의 외연 확장과 재도약을 위한 다각적인 시도였다.

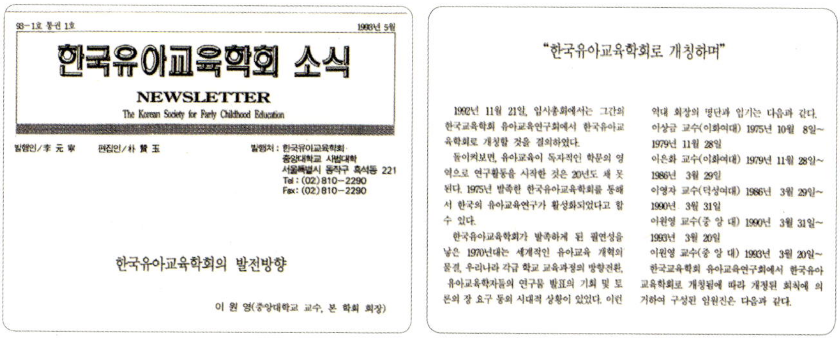

93-1호 통권 1호 1993년 5월

한국유아교육학회 소식

NEWSLETTER

The Korean Society for Early Childhood Education

발행인/李 元 寧 편집인/朴 贊 玉

발행처 : 한국유아교육학회
중앙대학교 사범대학
서울특별시 동작구 흑석동 221
Tel : (02)810-2290
Fax : (02)810-2290

한국유아교육학회의 발전방향

이 원 영(중앙대학교 교수, 본 학회 회장)

"한국유아교육학회로 개칭하며"

1992년 11월 21일, 임시총회에서는 그간의 한국교육학회 유아교육연구회에서 한국유아교육학회로 개칭할 것을 결의하였다.

돌이켜보면, 유아교육이 독자적인 학문의 영역으로 연구활동을 시작한 것은 20년도 채 못된다. 1975년 발족한 한국유아교육학회를 통해서 한국의 유아교육연구가 활성화되었다고 할 수 있다.

한국유아교육학회가 발족하게 된 필연성을 낳은 1970년대는 세계적인 유아교육 개혁의 물결, 우리나라 각급 학교 교육과정의 방향전환, 유아교육학자들의 연구물 발표의 기회 및 토론의 장 요구 등의 시대적 상황이 있었다. 이런 역대 회장의 명단과 임기는 다음과 같다.

이상금 교수(이화여대) 1975년 10월 8일~1979년 11월 28일

이은화 교수(이화여대) 1979년 11월 28일~1986년 3월 29일

이영자 교수(덕성여대) 1986년 3월 29일~1990년 3월 31일

이원영 교수(중 앙 대) 1990년 3월 31일~1993년 3월 20일

이원영 교수(중 앙 대) 1993년 3월 20일~

한국교육학회 유아교육연구회에서 한국유아교육학회로 개칭됨에 따라 개정된 회칙에 의거하여 구성된 임원진은 다음과 같다.

한국유아교육학회 소식지(1993년 5월, 93–1호 통권 1호)

1995년에는 유아교육의 개혁을 뒷받침하기 위한 정책이 발표되었다. 문민정부 출범 이후 구성된 교육개혁위원회는 '5.31 교육개혁방안'을 제시하여, 교육개혁을 통해 교육의 질을 높이고자 했다. 한국교육개발원은 「한국

교육 비전 2020」 연구를 통해 한국교육의 장기적 성장과 발전을 위한 비전을 탐색했다. 이는 정치, 경제, 사회적 변화를 분석하여 밀레니엄 시대의 유아교육 발전 방향을 전망하는 중요한 자료가 되었다. 이 과정에서 한국유아교육학회는 다양한 연구를 진행하고, 1995년 11월 4일 어린이육영회 대강당에서 “2, 3세 영유아를 위한 종일제 프로그램 워크숍”을 실시하여 유아교육현장의 질적 수준을 강화하고자 하였다.

국제적 교류를 통한 한국유아교육학회 외연 확장 1996년은 한국유아교육학회의 국제화가 본격적으로 이루어진 해이다. 같은 해 10월 11일 학회는 카츠(Katz, L.) 박사를 초청하여 ‘프로젝트 접근법의 이론과 실제’ 워크숍을 개최하였으며, 동시에 영문 국제학술지를 창간하였다. 학술지 창간을 통해 국내외 유아교육 연구자들이 글로벌 유아교육 흐름에 참여하고, 국제적 학문 교류의 장을 마련했다. 초대 편집위원으로는 지성애 전남대학교 교수와 일리노이 대학 스포덱(Spodek, B.) 박사가 참여했으며, 창간호에는 국내외 연구자들이 기고한 9편의 논문이 수록되었다. 영문 국제학술지 창간은 한국유아교육 연구의 국제적 위상 위상을 높이는 중요한 전환점이 되었다.

한국유아교육학회 제1회 국제학술대회 ‘21세기 유아교육의 방향’

2000년 11월, 한국유아교육학회는 '21세기 유아교육의 방향'을 주제로 제1회 국제학술대회를 개최하였으며, 이와 함께 창립 25주년을 기념하는 행사를 진행하였다. 이어 2002년에는 'Quality Environments for Young Children: DAP, Professionals, and Families'를 주제로 제2회 국제학술대회를 개최하여, 유아교육의 질적 환경과 가족 및 전문가의 역할에 대한 국제적 논의를 확장하였다. 이 대회에는 NAEYC 회장인 손버그(Thornburg, K. R.)가 발표자로 참여하여 유아교육의 질적 향상을 위한 글로벌 관점을 공유했다.

정민사(2003.03)

한국유아교육의 역할과 방향 재탐구 21세기에 들어서며 한국유아교육학회는 변화하는 시대적 요구에 부응하는 유아교육의 역할과 방향을 보다 구체적으로 제시하였다. 학회는 유아교육이 단순한 지식의 전달을 넘어, 유아의 전인적 발달과 자율적 성장에 기여해야 한다는 입장을 일관되게 견지해 왔다. 아울러, 유아가 다양한 사회적 경험과 환경에서 스스로 탐구하고 사고하며 문제를 해결하는 역량을 기르는 것이 중요함을 강조했다. 이러한 맥락에서 유아교육은 지식 중심 교육을 넘어서, 유아의 흥미와 능력을 존중하고 자발적인 학습을 촉진하는 방향으로 이루어져야 함을 주장하였다.

또한, 21세기 유아교육이 인지발달뿐 아니라, 정서 · 사회 발달을 포괄하는 전인적 교육이어야 한다는 입장을 밝혔다. 이에 따라 유아가 공감 능력, 타인에 대한 존중, 협동과 같은 사회적 기술을 자연스럽게 배울 수 있는 안전하고 따뜻한 교육환경이 되었으며, 이는 학술대회, 연구 발표, 정책 건의에서 일관되게 제시된 핵심 가치로 자리매김하였다. 이러한 가치 지향은 21세기 유아교육이 추구해야 할 바람직한 방향으로 인식되었다.

한국유아교육의 제도적 정착을 위한 다각적 시도

유치원 교육과정 개정 참여 한국유아교육학회는 유치원 교육과정의 개정 및 정책 개발에 있어 지속적으로 중심적인 역할을 수행해 왔다. 1992년, 제5차 유치원 교육과정이 고시되었으며, 이는 한국유아교육학회가 개정 연구를 위탁받아 개발한 것이다. 특히 이 교육과정은 우리나라 교육과정 사상 처음으로 중앙집권형 체제에서 지방분권형 체제로의 전환을 시도함으로써 유아교육 역사에서 중대한 전환점을 마련하였다. 1993년에는 교육부로부터 유치원 공교육화 정책 연구(참여연구원: 이상금, 이영성, 이기숙, 박찬옥)를 위탁 수행하였으며, 이를 통해 유아교육의 제도적 기반 마련과 공공성 강화를 위한 학술적 기초가 제공되었다. 이후 1997년에는 학회가 제6차 유치원 교육과정 개정을 주관하여 핵심적인 역할을 하였다. 개정 작업은 1년에 걸쳐 진행되었으며, 현장의 요구와 학계의 연구 성과를 반영하여 유아교육의 질적 향상과 체계적 발전을 도모하였다. 그 결과, 제6차 유치원 교육과정은 1998년에 고시되었고, 시대적 요청과 유아교육현장의 요구를 반영한 체계적 교육과정으로 자리매김하였다. 2007년 12월 19일 고시된 2007년 개정 유치원교육과정은 교육인적자원부의 위탁을 받은 한국교육과정평가원이 주관하고, 한국유아교육학회가 협력하여 개발하였다. 학회는 교육과정의 해설서와 지도자료집의 발간을 주도하며 현장 적용을 위한 실질적 지원에도 적극적으로 참여하였다.

2011년에는 학회의 지속적인 노력과 참여로 '5세 누리과정'이 제정되었다. 누리과정은 만 5세 유아를 대상으로 유아교육과 보육을 통합한 공통 과정으로, 모든 아동이 동일한 교육 혜택을 받을 수 있도록 설계되었다. 학회는 누리과정의 방향성을 설정하는 과정에서 교육과 보육의 균형 있는 접목을 강조하고, 유아의 전인적 발달을 지원하는 내용 중심의 교육과정을 제안하였다. 아울러, 교수-학습 방법과 평가 체계에 있어 유아교육의 특성과 현장의 의견을 적극 반영함으로써, 누리과정의 효과적인 현장 적용을 위한 기반을 마련하였다.

유아교육의 공교육화를 위한 정책 활동 학회는 유아교육의 공교육화 정착을 위한 정책 활동에도 적극 참여해 왔다. 1993년 11월에는 교육부의 위탁을 받아 유치원 공교육화의 정착을 위한 정책과제를 수행하였다(참여연구원: 이상금, 이영석, 이기숙, 박찬옥). 이어 1999년에는 교육부 「교원자격검정령 시행규칙」 개정안에 대해 한국유아교육학회의 공식 의견을 제출하였고, 해당 의견은 최종 시행 규칙에 반영되었다. 주요 내용은 유치원 2급 정교사 취득과 관련하여, 대학의 관련학과(전공학과) 및 기본 이수과목 또는 분야에 대한 개정안을 수정, 보완할 것을 건의한 것이었다.

교육부의 개정안과 본 학회의 수정안

	교육부의 개정안	학회의 수정안
유치원(2급) 정교사 관련 대학의 관련 학부	유아교육학과, 아동학과, 가정교육과 및 관련 대학의 관련 관련되는 학부(전공, 학과)	유아교육학과, 아동학과 및 관련되는 학부(전공, 학과)
유치원(2급) 정교사 관련 기본이수과목 또는 분야	아동발달, 아동행동연구, 유아언어생활, 유아사회교육, 유아음악 및 율동, 유아과학 및 수학교육, 아동미술교육, 아동상담, 부모교육, 유아교육기관 운영관리, 아동 복지, 아동놀이지도, 유아생활지도	유아교육론, 유아교육과정, 영유아 발달과 교육, 유아놀이지도, 유아관찰 및 실습, 유아사회교육, 유아언어교육, 유아과학교육, 유아수학교육, 유아동작교육, 유아음악교육, 유아미술교육, 부모교육, 유아교육기관 운영관리, 아동복지, 유아교육 연구방법

2000년 6월 15일에는 교육부의 「교직발전종합방안(시안)」과 관련하여, 학회 집행부가 교육부 교원정책과를 방문하여 유치원 교사 자격제도의 발전 방향에 대한 학회 입장을 전달하고 의견서를 제출하였다. 이를 통해 한국유아교육학회는 유아교사 전문성 제고와 자격 제도 개선을 위한 정책 논의에 실질적으로 기여하였다.

다음은 교육부의 「교직발전종합방안(시안)」 과 관련하여 2000년도에 한국유아교육학회가 교육인적자원부 장관과 교원대책 전문가 협의회를 통해 공식적으로 밝혔던 의견입니다. 회원 여러분께서는 참고하시기 바랍니다.

> 유치원과 초등학교 저학년을 전담하는 학교급간 연계 자격증 제도는 초등교육과 유아교육간의 차이 및 특성을 무시한 처사로서 기존의 초등학교 교육의 폐해를 유치원 교육에까지 하향 확대시키는 결과를 초래할 것이 분명하다. 따라서 유치원 교사의 자격 부여는 현재 선진 복지국가들이 추구하고 잇는 바대로 유아교육의 전문성을 살리기 위해 초등교사 자격증 제도와는 별도로 독립시켜 시행해야 한다.

「교직발전종합방안(시안)」관련 학회의 입장

유아교육법 제정 및 학제 개편 반대 등 유아교육체제 구축을 위한 노력

2003년, 한국유아교육학회는 국회에 「유아교육법」 제정의 필요성을 적극 제안하고, 다양한 연대 활동을 통해 유아교육의 법적 기반 마련을 위해 노력하였다. 이러한 노력의 결실로 2004년 1월 「유아교육법」이 국회를 통과하였고, 같은 해 「유아교육법」이 법률 제7120호로 공포되며 유아교육은 공교육 체제 내에서 제도적 위상을 확립하게 되었다.

2005년부터는 유아교육의 공교육화가 본격적으로 추진되는 가운데, 학회는 '유아교육 발전을 위한 대표자 연대'에 참여하고 공교육화를 촉구하는 범국민대회에도 동참하였다. 동시에 학회는 학제 개편 방안에 대한 학술토론회와 세미나를 주관하여, 유아교육 학제에 대한 학문적 토대를 마련하는 데 기여하였다. 2007년에는 한국교원교육학회와 공동으로 교원정책 발전을 위한 토론회를 개최하여 유아교사 전문성 제고와 정책 개선 방향을 모색하였으며, 2008년에는 유치원 지도 자료개발 및 유아교육비 전자카드 도입과 같은 실질적 지원 방안을 논의함으로써 정책 현장에 학술적 기여를 확대하고자 하였다.

특히 2009년, 미래기획위원회가 '초등학교 취학연령 1년 단축 추진 방안'을 발표하자, 한국유아교육학회는 이에 대한 대응으로 학술토론회 "초등학교 만5세 입학안 : 누구를 위한 대책인가?"를 개최하여, 유아기에 적합한 교육에 대한 필요성에 대한 사회적 공감대를 형성하고 공론화를 이끌어냈다. 이어 2010년 1월에는 유치원 교육과정 개편 TF 회의 및 취학연령 및 유아교육체제 개편 TF팀 정책연구진 회의에 당시 이연승 17대 회장이 참석하는 등, 학회는 유아교육 정책논의의 중심에서 적극적인 역할을 수행하였다.

유아교육 백서 및 기초 연구자료 발간 한국유아교육학회는 유아교육의 정체성을 확립하고 향후 발전 방향을 모색하기 위해 관련 자료를 집대성하는 작업에도 힘써 왔다. 그 일환으로 1995년 창립 20주년을 기념하여 처음 발간된 『유아교육 백서』는 유아교육 발전 상황을 종합 정리한 자료집으로, 이후 5년 주기로 발간되었다. 초판에서는 유아교육기관의 설립 및 운영 현황, 교육과정의 방향성, 교사 양성 체계, 유아교육 재정 및 행정 체계, 법규와 같은 주제를 중심으로 당시 유아교육의 현황을 종합적으로 정리하고 분석하였다. 이는 유아교육 현장의 문제점과 개선 방향을 파악하고, 미래 발전을 위한 기초자료로서 중요한 역할을 하였다.

이후 발간된 백서들은 초기의 틀을 기반으로 하여, 유아교육의 최신 흐름과 학문적 · 정책적 변화를 반영하였다. 특히 부모교육, 가족지원, 연구동향 등 시대적 요구에 따라 새롭게 대두된 주제들을 포함하면서, 유아교육의 변화상을 보다 입체적으로 조망하였다. 또한 백서에는 유아교육 데이터베이스와 통계 자료에 기반한 정밀한 분석이 포함되어, 정책결정자와 연구자들이 실증적 근거로 활용할 수 있는 실용적 가치도 더해졌다. 이와 같이 『유아교육 백서』는 유아교육의 학문적 기반을 정립하고, 정책 수립과 현장 개선에 기여하는 귀중한 참고자료로 자리매김하였다.

이와 함께 학회는 1997년에 『유아교육자료사전』을 출간하여 유아교육 연구의 기초 자료를 제공하고자 하였다. 이 자료는 유아교육의 주요 개념과 학문적 방향을 체계적으로 정리한 것으로, 현장 교사는 물론 예비 유아교사들이 유아교육을 탐구하고 다양한 실천을 성찰하는 데 있어 중요한 참고 자료로 활용되었다.

또한 한국유아교육학회는 『유아교육 백서』 외에도 유아교육 분야의 핵심 주제에 기초한 다양한 연구와 간행물을 발간함으로써 연구자 및 현장교원, 부모 등 다양한 대상에게 유아교육의 본질과 핵심 가치를 알리고자 지속적으로 노력해 왔다.

학회 주체로 발간한 학술 출간자료

CHAPTER 6

미래지향적 유아교육을 위한 혁신과 통합 도모:

2013년–2024년

2013년 이후부터 현재까지 한국유아교육학회는 유아교육의 질적 향상과 지속가능한 체계 구축을 위한 혁신적인 노력을 지속해 왔다. 학회는 누리과정 개발과 교사용 지도서 제작에 참여하여 유아교육과 보육의 통합적 기반을 마련하고, 놀이 중심 교육과 융합 인재 양성을 강조하며 유아의 전인적 발달을 지원하였다. 또한 사단법인 전환을 통해 학회의 공적 기능을 강화하며, 유아교육 정책 개발과 실행 과정에서 중요한 역할을 하였다.

이 시기 학회는 유아교육 현장과의 연계를 강화하며, 교사 역량 강화 및 현장의 요구를 반영하는 데 주력했다. 동시에 국제학술지 발간과 해외 학회와의 협력을 통해 학문적 성과를 공유하고, 글로벌 유아교육의 발전을 선도하였다. 이러한 노력은 유아교육의 학문적 기틀을 강화하는 동시에,

정책적 실천과 현장 적용을 아우르는 통합적 접근을 가능하게 하였다.

유아교육제도 및 정책 발굴을 위한 참여와 협력

누리과정 및 교사용 지도서 개발 참여 2011년, 교육과학기술부와 보건복지부는 유치원 교육과정과 어린이집 표준보육과정을 통합한 '5세 누리과정'을 고시하였으며, 2012년에는 이를 확대하여 '3-5세 연령별 누리과정'을 고시하였다. 한국유아교육학회는 누리과정 지침서와 해설서를 개발하는데 협력 · 참여하였으며, 누리과정에 대한 교사의 이해와 실행을 지원하는 5세 누리과정 교사용 지도서와 3-4세 교사용 지도서 개발을 총괄하며, 통합교육과정인 누리과정의 현장 적용과 안착에 크게 기여하였다.

2013년 3월에는 이정욱 회장과 이경옥 국내편집이사, 최일선 홍보이사가 3-4세 누리과정 유아평가 도구 개발을 위한 자문회의에 참석하였으며, 같은 해 6월부터 11월까지는 한국교육정책연구소의 위탁을 받아 정정희 책임연구원 주도로 '유치원 운영실태 분석 및 교육프로그램 평가모형 개발 연구'를 수행하였다(공동연구원: 서현, 홍혜경, 고영란).

또한 2014년 3월부터 3개월간은 육아정책연구소의 위탁을 받아 지성애 교수를 책임연구원으로 한 '제2차년 누리과정 발전포럼 소규모 연구'를 수행하는 등, 누리과정 관련 정책 개발과 연구 활동에 지속적으로 참여하였다. 이러한 노력은 이후에도 지속되어, 학회는 누리과정 이후의 유아교육 · 보육 통합과정 발전을 위한 정책 및 연구 활동에 적극 참여하였다.

3세 누리과정 교사용 지도서 2

총론 · 유치원/어린이집과 친구

연구진

총괄책임 이정욱 한국유아교육학회, 덕성여자대학교

[총론]

책임집필자 이정욱 덕성여자대학교

공동집필진 박찬옥 중앙대학교
이연승 경성대학교
김영옥 전남대학교
조부경 한국교원대학교
정미라 가천대학교
홍혜경 전남대학교
지성애 중앙대학교
문미옥 서울여자대학교
이기숙 이화여자대학교
장명림 육아정책연구소
최일선 경인교육대학교

심 의 진 이명자 진안마이꿈유치원
어용화 대전가람유치원
이혜옥 울산삼성어린이집

총괄간사 김정란 덕성여자대학교
이소정 덕성여자대학교

연구보조원 김정신 이화여자대학교

연구협력관 안정은 교육과학기술부
장윤정 교육과학기술부
박영례 대전광역시교육청

[유치원/어린이집과 친구]

책임집필자 박찬옥 중앙대학교
김정원 한국성서대학교

공동집필진 서혜정 제주한라대학교
곽현주 배화여자대학교
안인환 송광유치원
전문숙 밝은빛유치원
김애란 소망유치원
김선월 세아유치원
유혜자 서울국악유치원
김정미 GS건설역전타워어린이집
안미희 한국성서대학교어린이집
오정순 행전어린이집
김화영 구립상계5동보듬이나눔이어린이집
조유진 중앙대학교사범대학부속유치원

심 의 진 남경희 안동꿈터유치원
한복연 명천유치원
오애순 하나푸르니산길어린이집

협력기관 중앙대학교사범대학부속유치원
한국성서대학교어린이집

총괄간사 김정란 덕성여자대학교
이소정 덕성여자대학교

연구보조원 이예숙 중앙대학교
최순덕 중앙대학교

신옥수 보건복지부
박성원 보건복지부

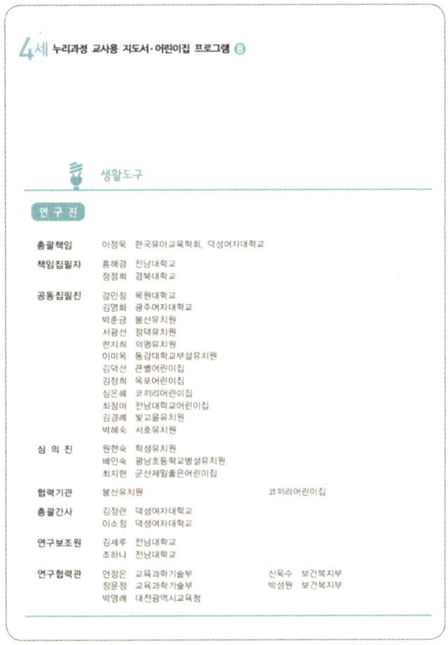

4세 누리과정 교사용 지도서 · 어린이집 프로그램 8

생활도구

연구진

총괄책임 이정욱 한국유아교육학회, 덕성여자대학교

책임집필자 홍혜경 전남대학교
정정희 경북대학교

공동집필진 강민정 목원대학교
김명화 광주여자대학교
박춘금 봉산유치원
서광선 정덕유치원
한지희 의명유치원
이미옥 동강대학교부설유치원
김덕선 큰별어린이집
김정희 옥포어린이집
심은혜 코끼리어린이집
최정미 전남대학교어린이집
김경례 빛고을유치원
박혜숙 서호유치원

심 의 진 원현숙 학성유치원
배인숙 광남초등학교병설유치원
최지현 군산채일좋은어린이집

협력기관 봉산유치원 코끼리어린이집

총괄간사 김정란 덕성여자대학교
이소정 덕성여자대학교

연구보조원 김세루 전남대학교
조하나 전남대학교

연구협력관 안정은 교육과학기술부
장윤정 교육과학기술부
박영례 대전광역시교육청
신옥수 보건복지부
박성원 보건복지부

3세 누리과정 교사용 지도서(교육부, 보건복지부, 2013)

제4차 KICCE 동아시아 육아정책 세미나
(https://kizmom.hankyung.com/news/view.html?aid=201908284457o)

2022년에는 「경제 · 인문사회연구회 협동연구사업」의 일환으로 육아정책연구소에서 위탁받은 "미래형 영유아 교육 · 보육과정 설계 및 체제구축 방안(I): 미래형 영유아 교육 · 보육과정 설계방안 탐색" 연구에 참여하여 2024년까지 수행하였다. 또한, 2024년 5월에는 육아정책연구소와 함께

"0~2세 교육과정 개발 정책연구"에 공동연구기관으로 참여함으로써 유아기 전 연령대를 포괄하는 교육과정 개발에 기여하였다.

유아교육현장 및 다양한 공동체와 연계 강화 한국유아교육학회는 유아교육 현장과 다양한 공동체와의 연계를 강화하고, 현장의 실천 역량을 높이기 위한 노력을 지속해 왔다. 2013년 11월, 학회는 "융합인재양성을 위한 유아 STEAM(Science-Technology-Engineering-Art-Mathematics) 교육방향과 실제: 음률, 미술, 극놀이"라는 주제로 첫 워크숍을 개최하여, 과학(Science), 기술(Technology), 공학(Engineering), 예술(Art), 수학(Mathematics)을 통합한 융합 교육의 실제를 소개하고 현장 교사의 교육 역량 강화를 도모하였다. 이어 2014년에는 "융합형 인재양성을 위한 유아 수학교육의 방향과 실제: 스토리 텔링, 유아기관 일과, 게임"이라는 주제로 한 워크숍을 통해 수학교육의 창의적 접근과 놀이 중심 실천을 지원하였다. 이러한 연계 활동은 이후에도 지속되었으며, 2018년 9월에는 유아 놀이 중심 교육문화 조성을 주제로 UCC 공모전을 개최하여 유아교육에 대한 대중의 관심을 확산시켰다. 이어 11월에는 사립유치원의 공공성과 질적 향상을 위한 사립유치원 공공성 제고를 위한 정책토론회를 열어, 사립유치원의 사회적 역할과 공공성 강화 방안을 중심으로 실천적 논의를 이끌어냈다.

2018년 12월 19일, 학회는 한반도교류위원회 특별세미나를 개최하여 남북한 유아교육의 교류와 협력 가능성을 모색하였고, 2019년 7월 10일에는 육아정책연구소와 공동으로 제3차 육아정책 심포지엄 "아이 행복, 육아 행복 실현을 위한 생애주기별 육아정책의 방향과 과제"를 개최하였다. 이 심포지엄에서는 '유아의 놀이권'을 중심 주제로 설정하여, 유아의 행복과 부모의 안심을 위한 육아정책 과제를 심도 있게 논의하였으며, 유아교육에서 놀이권 보장의 중요성과 부모의 역할을 재조명하는 계기가 되었다.

또한 같은 해 8월 27일, 학회는 육아정책연구소와 공동으로 '한일 국가 수준 유아교육과정의 동향과 이슈'를 주제로 제4차 KICCE 동아시아 육아 정책 세미나를 개최함으로써 국제적 관점에서 유아교육 정책의 비교와 협력을 도모하였다.

2020년 코로나 19 팬데믹이 세계적으로 기승하자, 학회는 학술 활동의 연속성과 다양한 구성원의 참여를 도모하기 위해 2020년 7월 처음으로 춘계학술대회를 온라인으로 개최하였다. 이후 2022년 춘계학술대회까지 온라인 학술대회를 운영하였으며, 2022년 추계학술대회부터는 온라인과 오프라인을 병행하는 하이브리드 방식으로 전환하였다. 이를 통해 지역적 제약을 넘어 국내외 다양한 지역의 연구자와 실천가들이 학술대회에 참여할 수 있는 기회를 확대하고 있다.

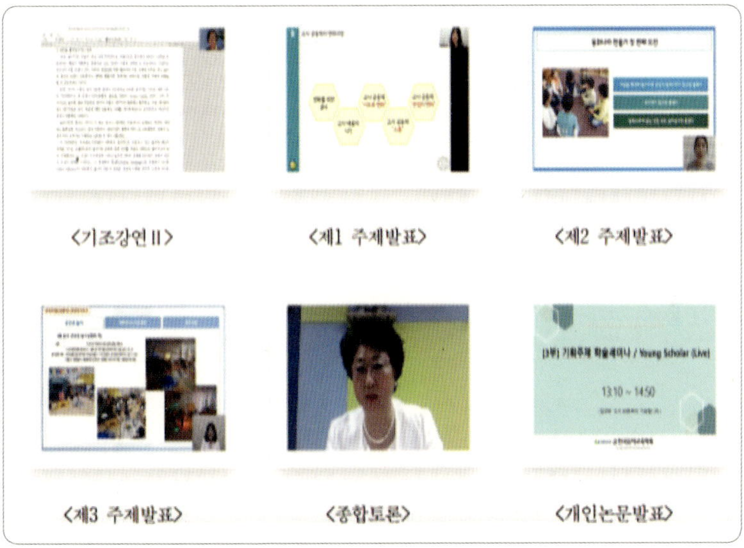

온라인 학술대회장

학술연구 및 성과 공유 노력 한국유아교육학회는 학술연구의 성과를 체계적으로 정리하고 이를 현장에 환류하기 위한 노력의 일환으로, 2019년 5월 『디딤돌 시리즈 1』 발간을 시작하였다. 〈디딤돌 시리즈〉는 다양한 유아교육 분야의 연구와 학문적 성과를 종합하여, 유아교육 현장에서의 실천적 적용을 지원하고자 기획된 주제 중심 백서이다. 이는 기존 『유아교육백서』를 시대적 변화와 사회적 요구에 맞게 재구조화하려는 취지에서 출발하였다. 2021년 8월까지 10권의 『디딤돌 시리즈 1』이 발간되었으며, 2022년부터는 유아교육 『디딤돌 시리즈 2』를 시작해 현재까지 5권이 발간되었다. 학회는 이를 통해 유아교육의 다양한 영역에 걸친 이론적 탐구와 실천적 과제를 연결하는 중요한 자료를 지속적으로 제공하고 있다.

발간된 디딤돌 시리즈 1, 2

공적 기능 강화를 위한 학회의 사단법인 전환 한국유아교육학회는 2013년 12월 26일, "사단법인 한국유아교육학회"로 정식 법인화되며 학회의 공적 기능을 한층 강화하였다. 법인화 과정은 같은 해 6월 제78차 이사회에서 법인화 추진 안건이 만장일치로 통과되며 본격화되었다. 이후 서울시교육청과의 협의를 거쳐 11월 9일 개최된 비영리 사단법인 창립총회에서 최종 의결되었다. 11월 22일에는 관련 서류를 서울시교육청에 제출하고, 12월 3일 현장 실사, 12월 6일 '법인 설립 허가서' 수령을 거쳐, 12월 26일 중앙 기국에 사단법인 학술단체로 정식 등록되었다. 이어 세무서로부터 비영리법인 고유번호를 부여 받아 법적 절차를 마무리하였다. 이후 2014년 4월에는 법인 운영의 안정성과 학회 행정의 효율성을 높이기 위해 법인사무실을 마련하고(2015년 9월 리모델링), 조직 운영의 기반을 체계화하였다.

시기	학회명	비고
1975년 10월	한국유아교육학회	창립
1977년 02월	한국교육학회 유아교육연구회	한국교육학회 분과회 가입
1992년 11월	한국유아교육학회	1992년 11월 임시총회 결의
2014년 12월	사단법인 한국유아교육학회	서울시교육청 사단법인 학술단체 등록

제1장 총 칙

제1조(목적) 이 법인은 민법 제32조 및 교육부소관비영리법인의설립및감독에관한규칙에 따라 유아교육의 이론과 실제에 관한 제반 연구 및 관련 학술 활동을 통하여 유아교육의 전문성 향상을 기하고 한국유아교육의 학문적 발전에 공헌함을 목적으로 한다.

제2조(명칭) 이 법인은 "사단법인 한국유아교육학회 (The Korean Society for Early Childhood Education)"라 한다.

제3조(사무소의 소재지) 이 법인의 사무소는 서울특별시에 둔다.

제4조(사업) 이 법인은 제1조의 목적을 달성하기 위하여 다음의 목적사업을 행한다.

1. 유아교육 발전을 위한 연차 학술 및 정책 발표회 개최
2. 학회지 및 기타 출판물 발간
3. 국내·외의 유아교육학 및 인접학문단체와 학술 제휴 및 교류
4. 유아교육의 연구 활동 지원
5. 영유아 교육 관련 정책 개발 및 연구 수행
6. 유아교육 관련 연구과제 개발 및 공동연구 지원
7. 유아교육 현장 개선을 위한 활동 지원

유아교육의 국제화와 한국유아교육학회의 선도적 역할

국제학술지의 위상 증대를 위한 노력 한국유아교육학회는 유아교육의 국제화를 선도하고 국내 학문 성과의 세계화를 추진하기 위해 지속적인 노력을 기울여 왔다. 2005년에는 학회의 국제학술지 IJECE(International Journal of Early Childhood Education)가 한국학술진흥재단의 등재 학술지로 선정되면서, 국내 유아교육의 학문적 성과를 해외와 공유할 수 있는 기반을 마련하였다. 해당 학술지는 연 2회 발간되며, 2022년 이후에는 SCOPUS 등재를 목표로 전담 TF팀을 구성하여 국제 학술 플랫폼 등재를 위한 체계적인 준비와 전략 수립에 박차를 가하고 있다. 이러한 노력은 한국유아교육의 학문적 위상을 국제적으로 확장하고, 글로벌 학술 네트워크 속에서의 활발한 교류를 촉진하는 계기가 되고 있다.

국제협력 강화 한국유아교육학회는 학문적 교류를 넘어, 국제 협력의 일환으로 다른 국가의 유아교육 단체들과의 협력도 활발히 추진해 왔다. 2006년에는 일본보육학회와 MOU(양해각서)를 체결하여 양국 간 학술 교류와 협력의 기반을 마련하였으며, 이후 2019년과 2022년에 MOU를 갱신함으로써 학문적 교류를 더욱 공고히 하였다. 이 협력 관계는 지속적으로 유지되고 있으며, 2025년 9월에도 MOU 갱신이 예정되어 있다.

CHAPTER 7

한국유아교육학회의 학문적 발자취

한국유아교육학회는 유아교육의 학문적 발전과 실천적 기여를 위해 국내외에서 지속적인 성과를 이루어 왔다. 국내 학술대회는 유아교육의 본질과 방향을 논의하고 시대적 요구를 반영한 학문적 담론을 형성하는 장으로 기능해 왔으며, 국제 학술대회는 세계적 학자들과의 교류를 통해 유아교육의 글로벌 동향과 혁신을 공유하는 중요한 기회를 제공해 왔다. 또한 학회에서 발행하는 국내 학술지 『유아교육연구』는 유아교육 분야의 핵심 연구 성과를 체계적으로 확산하는 데 기여하였고, 국제학술지 『International Journal of Early Childhood Education』은 학문적 네트워크를 확장하고 한국유아교육의 국제적 위상을 제고하는 데 중요한 역할을 해 왔다. 본 장에서는 이와 같은 다양한 학술적 활동을 통해 축적된 한국유아교육학회의 성과를 종합적으로 조망하고자 한다.

국내 학술적 성과

| 국내학술대회[7] |

한국유아교육학회는 1981년의 첫 학술대회를 시작으로, 유아교육의 학문적 기반을 강화하고 현장의 실천적 문제를 해결하기 위한 목적으로 다양한 주제를 다룬 학술대회를 꾸준히 개최해 왔다. 학술대회의 주제는 유아교육의 핵심쟁점과 시대적 요구를 반영하며, 유아교육의 본질과 방향성을 탐구하는데 초점을 맞추어 왔다. 나아가, 사회 변화와 학문적 요구에 부응하여 학술대회의 주제 역시 점차 확장되어 왔다. 2000년대 이후에는 유아교육의 학문적 심화와 실천적 발전을 위한 논의가 활발히 전개되었으며, 최근에는 디지털 전환 시대와 빅데이터 활용 등 현대 사회의 핵심 이슈를 반영하여 유아교육의 변화와 혁신 방향을 탐색하고 있다. 특히 2020년 코로나19 팬데믹 상황을 고려해 온라인으로 학술대회를 전환하였으며, 이후에는 온라인과 오프라인을 병행하는 하이브리드 방식으로 운영하여 학술대회의 접근성과 참여 기회를 확대하였다. 이처럼 오랜 시간 동안 이어져 온 학술대회를 통해 한국유아교육학회는 학문적 논의의 장을 공고히 하고, 유아교육의 정책적 · 실천적 방향성을 제시함으로써 국내 유아교육의 지속적인 발전에 기여해 오고 있다.

유아교육의 방향 탐구 1981년부터 1989년까지 이어진 학술대회는 유아교육과정 체계화를 위한 이론적 토대를 마련하는 근거가 되었다. 이 시기 유아교육 학계에서는 유아를 위한 교육과정 정립과 유아교육의 질적 향상을 위한 이론적 모형의 재구성이 핵심 과제로 인식되었다. 또한 한국유아교육의 기원과 초기 발전 과정을 분석하는 역사적 연구 활발히 이루어졌으

7) 아래 제시한 학술대회는 학술대회 개최 당시 사용한 학술대회명을 그대로 제시하여, 학술대회, 연차학술대회, 춘계 학술대회, 추계 학술대회라는 명칭이 혼용되어 있음

며, 이를 통해 한국유아교육의 정체성과 방향성을 모색하는 학문적 전환점이 형성되었다. 이 시기의 학술적 논의는 유아교육의 본질과 사회적 역할에 대한 인식을 심화시키고, 향후 유아교육의 체계적 발전을 위한 전략을 제시한 점에서 중요한 기여로 평가된다.

| 학술대회 |

- 1981년 1월 제1회 학술대회 『유치원 교육과정 개발을 위한 이론적 모형의 재정비』
- 1987년 11월 제3회 학술대회 『해방전 한국 유치원에 관한 연구—그 성립과 전개』
- 1989년 3월 제4회 학술대회 『유아교육의 본질과 방향』

가정과의 연계 및 아동권리에 대한 논의 확장 1980년대 후반부터 1990년대에 이르기까지, 유아교육의 이론적 기반 정립과 함께 유아교육의 주요 과제로 가정과의 연계 및 아동 권리에 대한 논의가 점차 부각되기 시작하였다. 특히 가정 연계와 아동 권리는 단순한 주변 주제가 아닌, 유아교육의 본질적 과제로 인식되었으며, 이를 바탕으로 다양한 연구와 교육프로그램이 제안되었다. 이 시기에는 부모의 교육적 역할에 관한 관심이 높아지며, 유아의 발달 과정에서 부모의 역할을 안내해줄 수 있는 교육프로그램 개발의 필요성이 대두되었다. 이러한 흐름은 유아 발달과 교육을 효과적으로 지원하기 위해 유아교육기관과 가정 간의 긴밀한 협력이 필수적이라는 사회적 인식을 확산시키는 계기가 되었다. 또한, 이 시기는 유엔아동권리협약(UNCRC)이 국제적으로 주목받던 시기이기도 하여, 국내 유아교육계에서도 아동의 권리를 보호하고 증진할 수 있는 교육적 접근과 실천 방안에 대한 논의가 활발히 전개되었다.

| 학술대회 |

- 1985년 5월 한국교육학회 유아교육연구회 창립 10주년 세미나
- 제2회 학술대회 『부모교육 프로그램 개발을 위한 방향 모색』
- 1989년 10월 제5회 학술대회 『아동의 권리–가정 · 교육 · 탁아』

1985년은 학회 창립 10주년을 맞이하는 뜻깊은 해로, 이를 기념하여 5월 24일(금)-25일(토) 이틀간 특별세미나가 개최되었다. '부모교육 프로그램 개발을 위한 방향 모색'을 주제로 열린 세미나에서는 전통사회와 현대사회에서의 부모 역할 변화를 심도 있게 조명하고, 이를 바탕으로 부모교육 프로그램의 발전 방향을 탐색하였다. 이 세미나는 유아교육의 질적 향상에 있어 부모교육의 중요성을 재확인하고, 시대 변화에 부합하는 교육 프로그램 개발의 필요성에 대한 공감대를 형성하는 계기가 되었다. 또한 지난 10년간의 학회 활동을 되돌아보고, 유아교육 분야의 학자와 실무자가 함께 경험과 지식을 나누며 향후 연구와 실천 방향을 설정하는 데 중요한 이정표가 되었다.

한국유아교육학회 10주년 기념 세미나

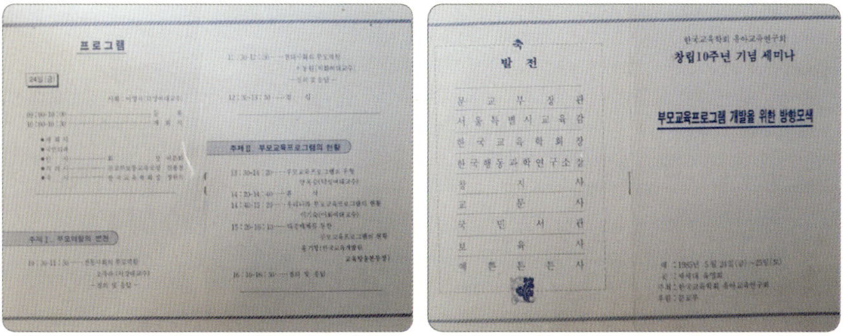

창립 10주년 기념 세미나를 위한 리플렛

교육개혁과 유아교육의 과제 1990년대부터는 유아교육의 질적 향상과 함께 교육개혁, 유아의 권리 보장 등 유아교육의 과제를 다각적으로 조명하는 논의가 확대되었다. 특히, 1993년부터 학술대회가 연차학술대회 형식으로 전환되면서, 유아교육의 본질적 가치를 탐구하고, 한국유아교육의 과제를 분석하며 향후 발전 방향을 설정하기 위한 보다 체계적인 연구가 본격화되었다. 같은 해 10월, 중앙대학교에서 개최된 첫 연차학술대회에서는 "21세기를 대비한 한국유아교육의 발전 방향"을 주제로 유아교육의 미래를 조망하는 다양한 논의가 이루어졌으며, 특히 글로벌 시대에 부합하는 교육 방향의 모색이 강조되었다.

이후, 1995년부터 개최된 학술대회들은 유아교육의 질적 수준 제고와 발전 방향을 주요 의제로 삼았고, 이 자리에서 한국유아교육의 정체성 확립과 방향을 정립하는 심도 있는 논의가 이어졌다. 이 시기의 학술 활동은 초기 유아교육의 기초를 다졌던 이전 시기의 연구를 바탕으로, 21세기를 맞이한 한국 사회에서 유아교육이 나아가야 할 방향과 변화에 대한 성찰을 심화시키는 계기가 되었다. 나아가 유아교육의 본질과 정체성을 공고히 하고, 향후 발전을 위한 전략을 제시하는 데 중요한 학문적 기여를 한 시기로 평가된다.

| 학술대회 |

- 1993년 10월 제1회 연차학술대회 『21세기를 대비한 한국유아교육의 발전 방향』
- 1994년 5월 제2회 연차학술대회 『도덕성 기초확립을 위한 유아교육: 어떻게 할 것인가?』
- 1995년 10월 제6회 연차학술대회 『한국유아교육의 과제와 전망』
- 1996년 10월 제7회 연차학술대회 『교육개혁과 유아교육의 질적 향상』
- 1998년 10월 제9회 연차학술대회 『유아교육에서의 질적 연구』
- 1999년 6월 춘계학술대회 『유아교육의 기회확대와 질적 수준 제고』
- 1999년 10월 제10회 연차학술대회 『한국유아교육의 발전 방향』
- 2001년 3월 정기학술대회 『한국유아교육의 과제』
- 2001년 10월 연차학술대회 『유아의 인권과 교육 정책』
- 2002년 3월 정기학술대회 『유아교육 과정의 방향 정립』
- 2003년 3월 정기 총회 및 학술대회 『21세기 우리나라 교육의 방향』
- 2003년 10월 추계정기학술대회 『유아교육의 정체성 확립을 위한 대화의 토대』
- 2004년 3월 정기 총회 및 정기학술대회 『한국유아교육 현장의 정체성 확립을 위한 노력』

들여다보기

오늘날처럼 PPT와 빔프로젝터가 보편화되기 전, 1990년대 학술 발표장에서는 OHP 기계에 투명 필름을 차례로 넘기며 발표하는 풍경이 일상이었다.

교사의 전문성과 교사교육 1990년대 중반 이후, 유아교육의 정체성과 발전 방향에 대한 논의가 심화됨에 따라, 유아교육의 질적 기반을 구성하는 핵심 요소로서 교사의 전문성과 교사 교육에 대한 관심도 함께 고조되었다. 이 시기에는 교사의 전문성 향상과 교사 교육을 주제로 한 연구가 활

발히 이루어졌으며, 유아교육의 질적 환경을 구성하는 전문가와 가족의 역할에 대한 논의도 다양한 측면에서 전개되었다. 특히, 학술대회에서는 국제적 시각에서 유아교육의 방향성을 모색하려는 시도가 활발히 이루어졌고, 유아를 둘러싼 환경으로서 교사와 가정의 역할이 중요한 주제로 부각되었다. 이는 세계적 흐름에 발맞춰, 체계적인 부모교육과 교원양성과정의 개선에 대한 사회적 요구가 높아졌던 시대적 배경을 반영한 것이기도 하다.

| 학술대회 |

• 2001년 5월 춘계 학술대회(공동 주최: 부산, 울산, 경남지회) 『유아 교사의 전문성 신장을 위한 다각적 접근』

교육과 보육의 통합적 접근과 현장 실천 2005년부터 2012년까지는 한국유아교육에서 통합적 접근과 협력의 중요성이 부각된 전환기였다. 이 시기에는 유아교육과 보육의 통합을 위한 다양한 논의가 활발히 이루어졌으며, 변화하는 사회적 요구에 부응하는 교육적 방향을 모색하려는 움직임이 두드러졌다. 특히 유아교육의 본질적 가치를 재조명하고, 학문적, 정책적 방향을 재정립하려는 시도들이 다양한 연구와 실천을 통해 전개되었다.

유아교육과 보육의 통합에 대한 논의는 어린이의 삶의 질을 향상시키고, 교육과 돌봄을 통합적 시각에서 바라보는 정책과 실천의 기반을 마련하는 데 기여하였다. 이와 함께 유아교육 및 보육의 공교육화를 공고히 하기 위한 실증적 자료 생산과 정책적 제안도 활발히 이루어졌다. 특히 2005년 창립 30주년 기념 학술대회와 2007년 학술대회는 한국유아교육과 보육의 현재 위치를 성찰하고, 향후 나아가야 할 방향을 모색하는 데 중요한 전환점이 되었다.

| 학술대회 |

- 2005년 3월 정기총회 및 학술대회 『한국유아교육의 미래를 위한 새로운 지평』
- 2005년 10월 창립 30주년 기념식 및 학술대회 『한국유아교육과 보육의 자리매김』
- 2006년 3월 정기학술대회 『어린이 삶의 관점에서 본 유아교육 보육의 자리매김』
- 2007년 3월 정기총회 및 정기학술대회 『한국유아교육 보육 자리매김의 미래전망』
- 2007년 10월 정기학술대회 『유아교육현장 · 학문 · 정책 간 협력: 그 의미와 실천』
- 2008년 3월 정기 총회 및 정기학술대회 『유아교육에서 통합: 그 의미와 실천』

특히 이 시기에는 유아교육과 보육을 이원적으로 구분해오던 기존의 관점에서 벗어나, 영유아의 전체 삶을 포괄하는 통합적 관점에서의 교육 실천이 강조되었다. 학문과 현장이 협력하여 유아교육의 방향을 함께 설정하려는 시도가 활발히 전개되었으며, 이에 따라 유아교육의 본질적 가치에 대한 학문 · 정책 · 실천 간의 긴밀한 연계와 협력의 필요성을 강조하는 학술대회도 다수 개최되었다.

| 학술대회 |

- 2008년 10월 제5회 국제학술대회 『유아교육의 학습 공동체 구축을 위한 현장, 학문, 정책 간 경험공유와 담론의 장』
- 2009년 3월 정기총회 및 정기학술대회 『유아교육의 본질과 가치: 학문 · 정책 · 실천 간 협력의 지향점』

학제 간 협력 통합적 접근과 협력에 대한 관심이 확산되면서, 유아교육에서는 다학제 간 협력의 중요성이 더욱 강조되었다. 학제 간 접근을 통해 변화하는 사회적 요구에 유연하게 대응하고자 하는 정책적 논의도 활발히 이루어졌다. 특히, 2009년 11월 정기학술대회에서는 '유아교육의 다양한 목소리'라는 주제로, 유아교육을 다양한 관점에서 재조명하며 교육의 다원성과 통합가능성을 탐색하였다. 이와 함께, 초등학교 만 5세 입학 안에 대한 사회적 논의를 촉발하는 중요한 학술토론회도 개최하였다.

이후 2010년과 2011년에는 유아교육의 학제 간 접근을 넘어 학문 간 융합과 통섭에 기초한 유아교육의 실천적 방향성을 중심으로 논의가 전개되었으며, 변화하는 사회 속에서 유아교육의 역할과 대응 방안을 모색하는 다양한 학술대회가 이어졌다. 2012년에는 국제학술대회를 통해 유아교육의 질적 향상을 위한 연구 방향에 대한 국제적 담론을 확장해 나갔다.

| 학술대회 |

- 2009년 11월 정기학술대회 『유아교육의 다양한 목소리』
- 2009년 12월 학술토론회 『초등학교 만 5세 입학 안: 누구를 위한 대책인가?』
- 2010년 3월 정기총회 및 정기학술대회 『유아교육의 학제 간 접근』
- 2010년 10월 제6회 국제학술대회 『유아교육 정책에 대한 다양한 관점들』
- 2011년 3월 정기총회 및 정기학술대회 『다양성과 통섭을 향한 한국유아교육의 실천』
- 2011년 10월 정기학술대회 『변화하는 사회 속의 유아교육』

창의적 융합인재 양성 2013년부터 2015년까지는 유아교육에서 창의적 융합인재 양성이 중요한 화두로 부상한 시기였다. 유보통합 논의를 토대로 유아에게 일관된 교육 경험을 제공하고자 하는 정책적 접근이 본격화되었고, 동시에 창의적 사고와 융합적 인재 양성을 위한 유아교육과정의 재조망이 필요하다는 주장이 제기되었다. 이는 미래사회가 요구하는 핵심역량 기반의 융합인재 양성이 유아기부터 시작되어야 한다는 인식이 확산되었음을 의미하며, 이에 따라 유아교육과정의 설계와 실행 방안에 대한 활발한 논의가 이어졌다.

| 학술대회 |

- 2013년 3월 정기학술대회 『미래지향적인 유아교육 정책의 방향』
- 2013년 11월 추계정기학술대회 및 사단법인 창립총회 『유보통합 추진과 창의적 융합인재 교육의 방향과 과제』
- 2014년 3월 정기학술대회 『행복한 유아를 위한 유 · 보 통합 기반다지기의 과제와 전망』
- 2015년 4월 정기학술대회 『융합인재 양성을 위한 유아교육과정의 재조망』

미래사회에 대한 전문과 한국유아교육의 과제 2016년부터 2018년까지는 급변하는 미래사회에 유아교육이 어떻게 적응하고 대응할 것인가에 대한 연구와 논의가 활발히 전개된 시기였다. 이 시기 학술대회에서는 특히 빅데이터와 같은 기술적 변화를 반영하여 유아교육의 새로운 도전과 과제를 탐색하는 다양한 논의가 이루어졌다. 빅데이터는 유아교육에서의 데이터 기반 의사결정을 강화하고, 교육 정책의 효과성을 분석하는 데 중요한 도구로 사용되기 시작하였다. 또한, 기술 발전이 인간 생활에 미치는 영향을 고려하여, 유아교육이 인간 중심적 접근에서 벗어나 미래사회에 적합한 교육 체계를 구축해야 한다는 필요성도 강조되었다. 더불어, 예측 불가능한 사회적 변화 속에서 유아교육과정의 재설계가 다시 중요한 주제로 부상하였으며, 교육과정은 더욱 유연하고 적응력 있게 변화해야 한다는 인식이 학계 전반에 걸쳐 확산되었다.

| 학술대회 |

- 2015년 11월 임시총회 및 정기학술대회 『한국유아교육 연구와 정책의 변화와 향후 전망』
- 2016년 4월 정기학술대회 『통합의 시대를 향한 한국유아교육의 비전과 전망』
- 2016년 9월 정기학술대회 『빅데이터 시대, 한국유아교육학의 도전과 과제』
- 2017년 4월 정기학술대회 『유아교육에서 빅데이터 활용 방향과 과제』
- 2018년 4월 정기학술대회 『예측 불가능한 미래사회와 유아교육과정 재설계 I 』
- 2018년 11월 정기학술대회 『예측 불가능한 미래사회와 유아교육과정 재설계 II 』

놀이중심 교육과정 2019년부터 2023년까지 유아교육 연구에서는 놀이중심 교육과정이 핵심 주제로 부상하였다. 특히, 놀이가 유아의 학습과 발달에 미치는 긍정적인 영향을 강조하며, 학술대회에서는 놀이 중심의 교수법과 놀이를 평가하고 실천하는 구체적인 방안을 모색하는 데 중점을 두었다. 이와 함께, 놀이 중심 교육과정 속에서 교사의 역할에 대한 논의도 심화되었으며, 교사의 놀이 지원 방식과 교육환경 구성에 관한 다양한 연구와 실천적 논의가 활발히 이루어졌다.

| 학술대회 |

- 2019년 3월 정기학술대회 『유아, 놀이, 유아교육을 위한 평가의 미래』
- 2020년 7월 정기학술대회 『인문학적 사유와 실천을 통한 유아교육하기: 놀이 기반 배움에 대한 탐색과 실천』
- 2020년 9월 정기학술대회 『삶과 배움이 어우러진 교육 현장: 교육환경 혁신을 위한 유아, 놀이, 환경 새롭게 바라보기』

미래사회에 대비한 유아와 교사의 역량 디지털 전환 시대에 접어들며, 유아의 미래 역량을 탐색하고 디지털 기술이 유아교육에 미치는 영향을 성찰하려는 연구가 활발히 전개되었다. 특히 포스트휴먼 시대에 부합하는 새로운 교육적 접근과 교사 전문성의 재정립에 대한 논의가 확산되었으며, 오늘날 사회에서 유아를 어떻게 인식하고 어떤 방식으로 교육적 실천을 수행할 것인가에 대한 근본적인 질문과 성찰이 이루어졌다. 이 시기에는 교사의 전문성 또한 단편적인 기술 중심 역량을 넘어서, 유아의 미래 역량을 중심으로 한 다층적 접근의 필요성이 강조되었다. 교육과 돌봄이 통합적으로 이루어지는 학교 현장에서, 교육공동체 간 협력과 공유를 기반으로 미래지향적 역량을 함양하는 교육과정 실천 방안이 활발히 논의되었다. 이를 바탕으로, 학회는 창립 50주년이라는 역사적 전환점과 유보통합이라는 정책 변화 속에서 유아교육의 본질과 정체성을 더욱 확고히 하고, 한 단계 더 도약하기 위한 방향을 심도 있게 모색하였다. 나아가, 우리나라 0~5세 모든 아동이 동등하게 질 높은 교육과 돌봄을 받을 수 있도록 유보통합 정책의 바람직한 방향에 대해 다양한 목소리를 경청하며 균형 잡힌 대안을 제안하였다.

| 학술대회 |

- 2021년 3월 춘계정기학술대회 『어린이 다시 보기: 포스트휴먼 어린이에 대한 이해와 실천』
- 2022년 4월 정기학술대회 『디지털 전환의 시대: 함께 준비하는 유아교육의 미래』
- 2022년 9월 정기학술대회 『디지털 전환 시대 유아교육의 방향과 과제: 유아 미래 역량과 유보통합』
- 2023년 3월 정기학술대회 『디지털 전환 시대 유아교육의 방향과 과제: 교사 미래 역량』
- 2024년 4월 춘계정기학술대회 『새로운 50년 도약, 유아교육을 다시 생각하다: 유아교육의 본질 탐색과 실천 Ⅰ – 교육, 돌봄 그리고 학교』
- 2024년 9월 추계정기학술대회 『새로운 50년 도약, 유아교육을 다시 생각하다: 유아교육의 본질 탐색과 실천 Ⅱ – 영유아교육과정과 역량』
- 2025년 4월 춘계정기학술대회 『새로운 50년 도약, 유아교육을 다시 생각하다: 유아교육의 본질 탐색과 실천 Ⅲ – 유아교육공동체 협력과 실천』

그동안의 학술대회에서 축적된 담론과 성찰은 한국유아교육의 학문적 토대를 정립하고, 실천적 지향을 형성하는 데 결정적인 역할을 해왔다. 이러한 축적은 한국유아교육이 변화하는 시대의 흐름 속에서도 정체성을 유지하면서 미래지향적인 발전을 지속해 온 과정을 잘 보여주며, 앞으로의 도약을 위한 중요한 기반이 될 것이다.

| 학술지 '유아교육연구' |

『유아교육연구』는 1976년 한국유아교육학회가 창간한 이래, 한국유아교육의 학문적 성과를 축적하고 확산하는 중심적 학술지로 자리매김해 왔다. 창간 초기에는 연 1회 발간으로 시작되었으며, 국내 유아교육 분야의 기초 이론 정립과 실천적 논의의 장으로 기능하며 연구 기반을 다지는 데 기여하였다.

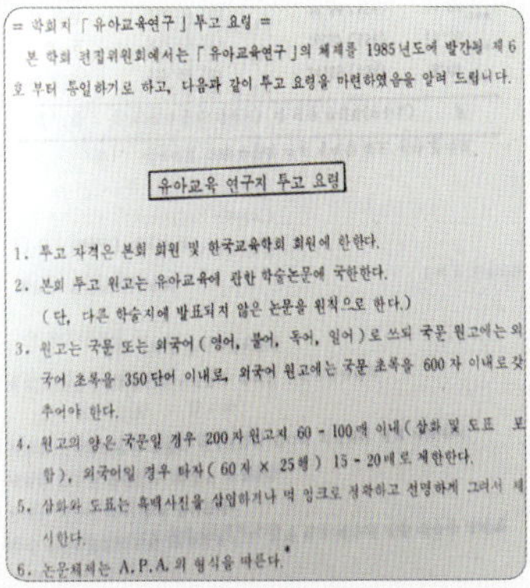
= 학회지 「유아교육연구」 투고 요령 =
본 학회 편집위원회에서는 「유아교육연구」의 체제를 1985년도에 발간될 제6호 부터 통일하기로 하고, 다음과 같이 투고 요령을 마련하였음을 알려 드립니다.

유아교육 연구지 투고 요령

1. 투고 자격은 본회 회원 및 한국교육학회 회원에 한한다.
2. 본회 투고 원고는 유아교육에 관한 학술논문에 국한한다.
(단, 다른 학술지에 발표되지 않은 논문을 원칙으로 한다.)
3. 원고는 국문 또는 외국어(영어, 불어, 독어, 일어)로 쓰되 국문 원고에는 외국어 초록을 350단어 이내로, 외국어 원고에는 국문 초록을 600자 이내로 갖추어야 한다.
4. 원고의 양은 국문일 경우 200자 원고지 60 - 100매 이내(삽화 및 도표 포함), 외국어일 경우 타자(60자 × 25행) 15 - 20매로 제한한다.
5. 삽화와 도표는 흑백사진을 삽입하거나 먹 잉크로 정확하고 선명하게 그려서 제시한다.
6. 논문체제는 A.P.A.의 형식을 따른다.

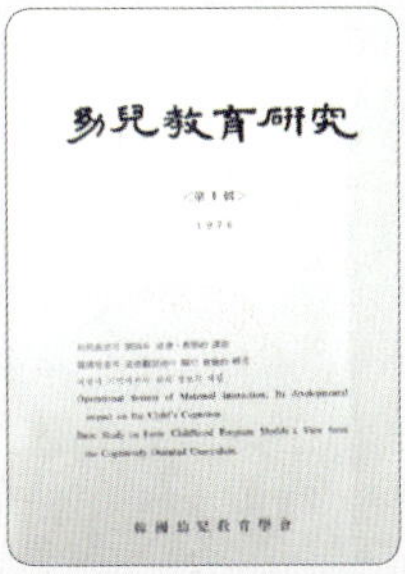

- 유아교육의 가치와 사회, 철학적 과제
- 한국 아동의 도덕관 발달에 관한 실험적 연구
- 어린이 기억에서의 위치정보의 역할
- 모성 상호작용의 운영체제; 아동 인지 발달에 미치는 영향
- 인지 지향 교육과정의 관점에서 본 유아교육 프로그램 모델에 대한 기초 연구

유아교육연구 제 1 집

1989년, 발간 주기를 연 2회로 확대하면서 학문적 담론의 범위를 확장하였고, 2000년에는 유아교육에 대한 사회적 관심과 연구 수요의 증가에 발맞추어 연 4회로 증간하였다. 이러한 변화는 단순한 간행 횟수의 증가를 넘어, 유아교육 연구 생태계의 성장과 다양화에 대한 대응이자, 더 넓은 연구자 공동체와의 소통을 위한 학술적 전략이었다. 2001년, 『유아교육연구』는 한국연구재단 등재 학술지로 선정되며 유아교육을 전공으로 한 최초의 등재 저널로서, 국내 유아교육 연구의 학문적 정체성과 위상을 제도적으로 인정받는 계기를 마련하였다.

• 2000년도 「유아교육연구」 20권 1, 2, 3, 4호 발행 및 투고안내

이미 알려드린 바와 같이 2000년부터 유아교육학회지인 「유아교육연구」를 연 4회로 증회 발행하게 되었습니다. 조정된 논문 발행일, 논문 투고 마감일과 보내실 주소는 아래와 같습니다. 논문을 보내실 때는 원본 3부와 디스켓, 연락처를 함께 보내주시기 바랍니다. 많은 회원님들의 적극적인 요청에 따라 증회되었으므로 많은 투고를 바랍니다.

	20권 1호	20권 2호	20권 3호	20권 4호
논문 발행일	2000년 3월 31일	2000년 6월 30일	2000년 9월 30일	2000년 12월 31일
논문 투고 마감일	1999년 12월 31일	2000년 2월 29일	2000년 5월 31일	2000년 8월 31일

✉ 보내실 주소: (110-745) 서울시 종로구 명륜동 3가 53 성균관대 아동학과 현은자교수연구실(한국유아교육학회 출판부). Tel : 760-0529 Fax : 760-0525.

연 4회 발간 안내문

이후 투고 수의 증가와 연구 분야의 확장에 따라, 2004년부터는 연 6회 발간 체제를 도입하여 연구 발표의 장을 더욱 활발히 열어갔다. 2015년에는 온라인 논문투고 · 심사 시스템을 도입함으로써 투고부터 심사, 편집의 전 과정의 효율성과 공정성을 높였고, 연구자 간의 학술적 소통이 보다 체계적으로 이루어질 수 있는 기반을 마련하였다.

『유아교육연구』는 유아교육의 이론적 탐구와 실천적 현안, 그리고 정책적 대응을 유기적으로 연결하는 플랫폼으로 기능하며, 연구자뿐 아니라 교육 실천가, 정책 입안자에게도 통찰력 있는 담론을 제공해 왔다. 특히 변화하는 사회 · 문화적 환경 속에서 유아교육의 방향성을 모색하고, 학문과 현장의 가교 역할을 수행하는 데 핵심적인 기여를 해왔다.

현재까지 연 6회 발간을 이어오고 있는 『유아교육연구』는 한국유아교육학회의 학문적 정체성을 대표하는 간행물로서, 향후 유아교육의 미래를 선도할 담론 형성의 중심축이자, 학문 · 정책 · 현장을 잇는 핵심적 매체로 그 역할을 지속해 나갈 것이다.

들여다보기

학회지 발간 초기에는 전산화된 시스템이나 컴퓨터가 보편화되지 않아, 논문심사와 관련된 서류는 타자기로 작성하여 직접 작성한 서신을 주고받는 형태로 이루어졌다.

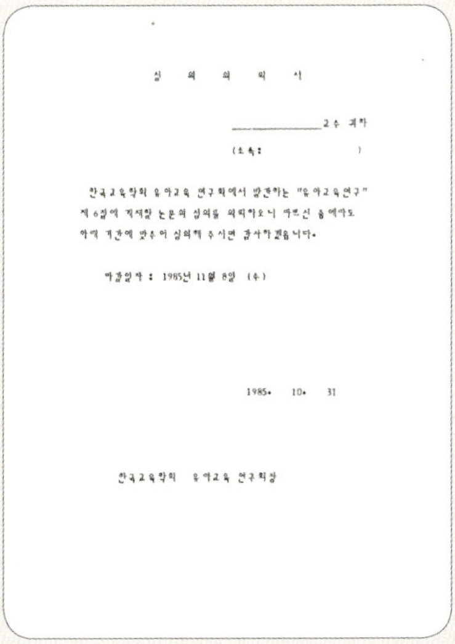

심 의 의 뢰 서

______ 교수 귀하

(소속:)

한국교육학회 유아교육 연구회에서 발간하는 "유아교육연구" 제 6집에 게재할 논문의 심의를 의뢰하오니 바쁘신 중에라도 아래 기간에 맞추어 심의해 주시면 감사하겠읍니다.

마감일자 : 1985년 11월 8일 (수)

1985. 10. 31

한국교육학회 유아교육 연구회장

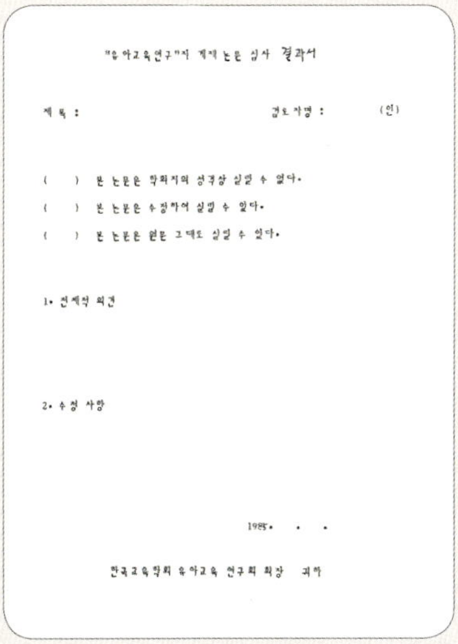

"유아교육연구"지 게재 논문 심사 결과서

제 목 : 검토자명 : (인)

( ) 본 논문은 학회지의 성격상 실릴 수 없다.

( ) 본 논문은 수정하여 실릴 수 있다.

( ) 본 논문은 원문 그대로 실릴 수 있다.

1. 전체적 의견

2. 수정 사항

1985. . .

한국교육학회 유아교육 연구회 회장 귀하

1980년대 사용되었던 논문심의 의뢰서와 게재논문심사결과서 양식

『유아교육연구』는 창간 이후 오랜 시간 동안 한국유아교육의 이론과 실천을 이끄는 중심 학술지로 자리해 왔다. 이 장에서는 『유아교육연구』에 실린 논문들을 시기별로 나누어, 주요 주제들이 어떤 흐름 속에서 형성되고 변화해 왔는지를 네트워크 분석을 통해 살펴보고자 한다. 시기별 연구 경향을 시각화함으로써 유아교육 연구가 어떤 질문을 중심에 두고 발전해 왔는지, 또 시대적 요구와 어떻게 맞물려 왔는지를 보다 입체적으로 조망할 수 있을 것이다. 이러한 분석은 유아교육 연구의 흐름을 정리하는 데 그치지 않고, 앞으로 우리가 어떤 방향에서 새로운 논의를 이어가야 할지에 대한 실마리를 제공해 줄 것이다.

시기별 동향: 1976년-1992년 『유아교육연구』의 초기 시기에는 유아교육의 기초를 다지고 정체성을 확립하려는 학문적 시도가 중심이 되었다. 이 시기(1976년~1989년)에는 총 84편의 연구물이 발표되었으며, 주요 연구 내용은 다음과 같다.

당시 연구들은 한국유아교육의 이론적 기반을 구축하는 데 중점을 두었을 뿐만 아니라, 부모교육과 아동의 권리에 대한 논의까지 아우르며 유아교육을 둘러싼 담론의 외연을 확장하였다. 네트워크 분석 결과, '유아', '교육', '발달', '부모', '프로그램' 등의 키워드가 높은 연결 중심성을 보이며, 연구자들이 유아의 발달과 교육은 물론 부모의 역할에 대해 깊은 관심을 가지고 접근하고 있었음을 보여준다.

- 한국유아교육의 이론적 기초 확립: 국내외 유아교육 비교 연구, 이론적 근거를 확립하는 연구가 활발했다. 이 시기는 한국교육의 역사적 고찰과 함께 한국의 사회·문화적 맥락을 고려하며 국외 교육과 비교하는 연구가 활발히 진행되었다. 이를 통해 한국유아교육의 이론적 기초를 공고히 하고, 세계적 흐름에 맞춰 조화를 이루려는 논의가 이루어졌다.
- 부모역할 인식 변화와 부모교육 프로그램 개발: 부모, 특히 어머니의 교육 인식이 유아교육에 미치는 영향을 분석하는 연구가 활발했고, 유아교육의 질을 높이기 위해 부모교육 프로그램 개발이 주요 과제로 대두되었다. 이에 유아의 발달 및 교육을 위한 부모교육 프로그램 연구와 부모-유치원 협력의 필요성을 강조하였다.

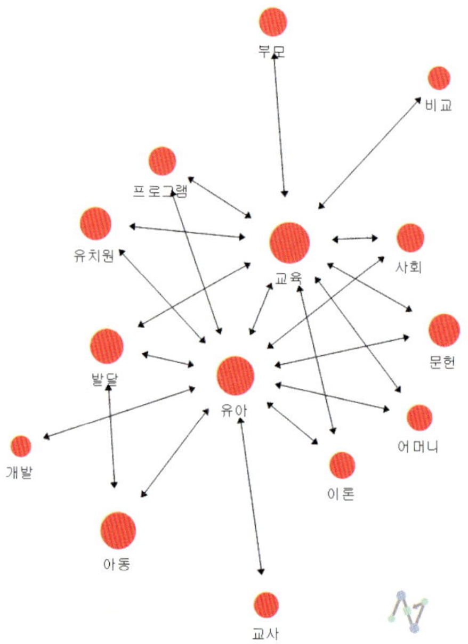

1976년~1992년 주요 연구 내용(84편)

시기별 동향: 1993년-2004년 1993년부터 2004년까지는 한국유아교육의 질적 수준을 높이고, 미래 유아교육의 근본 방향을 재정립하려는 노력이 활발히 전개된 시기였다. 총 348편의 연구물이 발표되었으며, 이는 학회의 지속적인 활동과 연구자들의 적극적인 참여에 힘입은 성과였다. 이 시기에는 유아교육의 질 향상과 더불어, 교사 교육에 대한 논의가 두드러졌다. 특히, 교사의 전문성이 유아의 발달과 학습에 미치는 영향이 강조되며, 교사 교육 프로그램의 개선과 지원 방안에 관한 연구가 활발히 이루어졌다. 이러한 흐름은 유아교육 현장의 전반적인 질적 향상을 이끄는 데 기여하였다. 또한 「유아교육법」의 제정은 유아교육이 국가적 차원에서 중요하게 다루어지게 된 계기가 되었고, 이를 통해 유아교육의 지속 가능한 발

- 교사 전문성 강화: 교사 역량에 기초해, 교사의 전문성 개발과 교육 방법 연구가 활발히 이루어졌다. 예를 들어, 교사의 교수 전략, 수업 평가, 교사 교육 프로그램 개발 등이 주요 연구 주제로 다루어졌다.
- 예비교사 교육: 미래 유아교사를 양성하는 교육과정과 인식에 관한 연구가 많이 진행되었다. 이는 유아교육의 지속적인 발전을 위해 예비교사의 역량 강화가 필수적이라는 판단에서 비롯된 것이다.
- 유아교육기관의 역할과 통합: 유아교육기관(유치원과 어린이집)의 역할과 통합에 대한 논의가 심화되었다. 특히, 유아교육기관 간 연계와 협력으로 유아교육의 질을 높이는 방안이 모색되었다.
- 질적 연구방법론의 대두: 질적연구가 부각되었다. 질적연구는 유아교육 현장에서의 실제 경험과 맥락을 심층적으로 이해하기 위한 연구 방법으로, 수치화된 데이터보다 관찰, 인터뷰, 사례 연구를 통해 깊이 있는 정보를 얻는다.

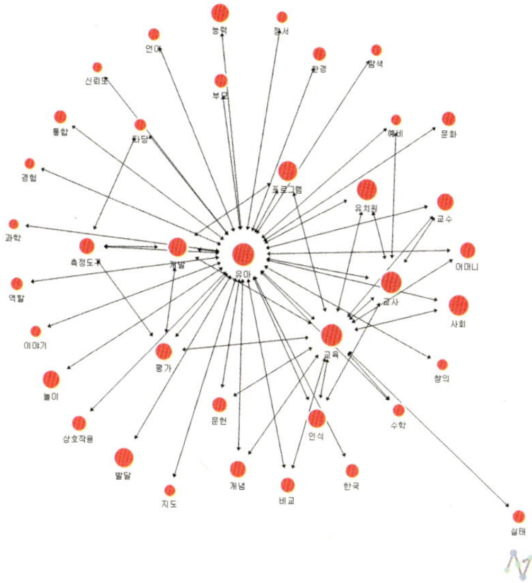

1993년~2004년 주요 연구 내용(348편)

전을 위한 기반이 마련되었다. 또한, 교사 교육과 유아교육기관의 역할에 관한 연구는 유아교육 현장의 질적 향상을 이끌었다. 교사의 전문성이 유아의 발달과 학습에 미치는 영향이 강조되며, 교사 교육프로그램의 개선과 지원이 중요해졌다. 이 시기 유아교육 연구에서는 '교사', '교수', '인식'과 같은 단어가 높은 연결 중심성을 보여 유아교육의 질과 교사 교육이 중요한 연구 주제였음을 알 수 있다.

시기별 동향: 2005년-2012년 2005년부터 2012년 사이는 한국유아교육에서 통합적 접근과 학제 간 협력에 주의를 기울이게 된 중요한 전환기였다. 이 시기에 총 517편의 연구물이 발표되었는데, 유아교육과 보육의

- 유아교육과 보육의 통합: '보육', '영아', '어린이집'이라는 단어가 높은 연결 중심성을 보이며 등장했다. 이는 유보통합에 대한 사회적 · 정책적 관심의 증가와 맞물리며 유아교육학계에서 보육에 관한 관심이 급격히 증가했음을 나타낸다. 또한, 영아 교육의 필요성이 강조되면서, 유아교육의 확장된 역할에 관한 연구가 활발히 진행되었다.
- 유아교육의 다양성 및 학제간 협력 '교사', '인식', '프로그램'과 같은 단어가 높은 연결 중심성을 나타내며, 유아교육의 질을 높이기 위한 담론이 계속 확장되었다. 특히 변화하는 사회 속에서 유아교육의 역할과 대응 방안을 모색하며, 유아교육의 다양성과 프로그램 개발, 학제 간 및 정책적 협력에 관한 연구가 주를 이루었다. 이는 다양한 정책적 접근을 통해 유아교육의 질적 향상을 추구하려는 움직임을 보여준다.

2005년~2012년 주요 연구 내용(517편)

통합을 위한 논의가 활발하였고, 변화하는 사회적 요구에 부응하는 교육적 방향을 모색하고자 하였다. 특히 유아교육의 본질적 가치를 재조명하여, 유아교육의 학문적, 정책적 방향을 설정하는 역할을 하였다.

즉 이 시기에는 유아교육의 질적 향상, 영아 대상의 교육적 접근, 그리고 다문화적 접근을 주제로 한 연구가 활발히 이루어졌다. 이전과 달리, '보육', '영아', '어린이집'이라는 단어가 등장하여 보육에 관한 관심이 높아짐을 알 수 있고, 교사의 '인식'과 '다문화', '프로그램'의 단어가 높은 연결 중심성을 보여 변화하는 사회적 요구에 대응한 유아교육의 다양성이 중요한 연구 주제였음을 알 수 있다. 이를 통해 유아교육의 지속 가능한 발전과 미래 교육환경에 대한 대비가 이루어졌으며, 유아교육이 포괄적이고 질적으로 강화된 교육체제로 자리 잡을 수 있는 기반이 마련되었다.

시기별 동향: 2013년-2018년 2013년부터 2018년까지는 창의적 융합 인재 양성이 중요한 화두로 떠올랐다. 유보통합을 통해 유치원과 어린이집을 통합하는 과정에서, 유아에게 일관된 교육 경험을 제공하고자 하는 정책적 논의도 본격적으로 이루어졌다. 창의적 사고와 융합적 인재 양성을 논의하는 과정에서 유아교육과정에 관한 재조망이 필요하다는 주장이 제기되었다. 2013년부터 2018년까지 발표된 논문은 총 611편이었다.

주로 '사회', '정서', '능력', '탐구', '과학'과 같은 단어가 높은 연결 중심성을 보이며, 미래사회에 필요한 다양한 능력을 겸비한 창의적이고 문제해결 능력을 갖춘 융합인재를 육성하기 위한 교육적 접근이 학계에서 활발히 논의되었다. 또한 빅데이터와 통계적 분석 방법이 유아교육 연구에 도입되었는데, 빅데이터와 통계적 분석 방법을 통해 유아교육 연구가 점점 더 정량적이고 체계적인 방식으로 진행되었음을 나타낸다. 즉 유아교육의 질적 향상을 목표로 데이터를 기반으로 한 정책 결정과 교육 방법 개선이 활발히 이루어졌음을 의미한다. 또한, 행복감, 효능감과 같은 정서적 측면에 관한 연구도 많아져, 유아의 정서적 발달과 삶의 질 향상에 기여하는 교육적 접근이 주목받은 시기이기도 하다.

- 융합인재 양성: 4시기의 유아교육 연구에서는 '사회', '정서', '능력', '탐구', '실행', '과학', '창의'와 같은 단어들이 높은 연결중심성을 보였다. 이는 미래사회의 인재로서 융합인재 양성에 대한 관심이 반영된 결과로, 이러한 능력을 갖춘 인재를 키우기 위한 다양한 교육적 접근이 논의되었다. 특히, 창의적 사고와 문제 해결 능력을 겸비한 융합인재로 성장시키기 위한 교육과정 개발과 실천적 연구가 활발히 진행되었다.
- 양적 연구의 부각: 4시기부터 미래사회의 변화에 맞춰 빅데이터와 통계 분석 등의 양적 연구가 본격적으로 주목받기 시작했다. 특히, '매개효과', '구조분석'과 같은 단어들이 높은 연결중심성을 나타내며, 양적 연구방법을 통한 유아교육의 효과성 분석과 정책 개발에 대한 연구가 증가했다. 이러한 연구는 유아교육에서 데이터를 기반으로 한 의사결정과 교육 방법 개선을 도모하는 중요한 도구로 활용되었다.
- 정서발달 연구: 이전 시기와 차별화되는 중요한 키워드로 '행복감'과 '효능감'이 등장했다. 이는 유아교육에서 유아 및 교사의 정서적 발달과 삶의 질에 대한 관심이 증가했음을 시사하며, 이러한 정서적 요인이 유아교육에서 더욱 중요하게 다루어져야 하는 변인임을 나타낸 것이라 할 수 있다.

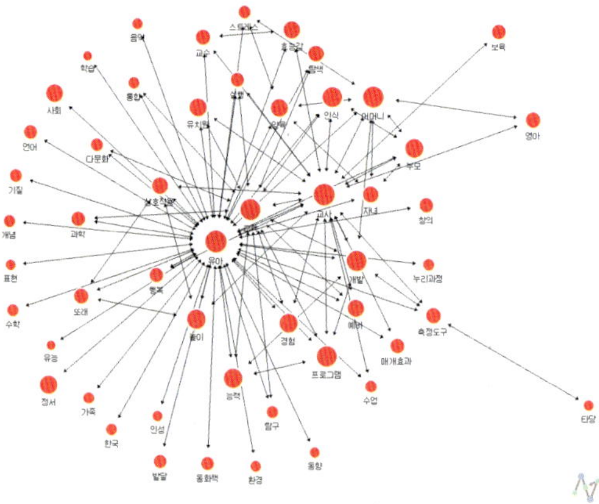

2013년~2018년 주요 연구 내용(611편)

시기별 동향: 2019년-2023년 2019년부터 2023년까지의 유아교육 연구에서는 놀이중심 교육과정이 주요 연구 주제로 떠올랐다. 또한 미래사회에 대비한 유아와 교사의 역량 연구가 본격적으로 이루어졌다. 특히, 디지털 전환 시대에 적합한 유아의 미래 역량을 기르기 위한 교육과 교사의 역량 강화에 대한 논의가 활발하게 진행되었다. 이 시기에는 총 462편의 연구물이 발표되었다.

- 놀이중심 교육과정 강화: 5시기에는 놀이, 누리과정, 놀이중심과 같은 단어들이 등장하였다. 이는 2019 개정 누리과정과 놀이중심 교육과정의 도입이 유아교육에 큰 영향을 미쳤음을 의미하며, 학계에서 놀이중심 교육의 중요성이 지속적으로 논의되고 있음을 시사한다. 교육과정의 변화로 놀이중심 교육은 유아교육 현장에서 중요한 교육적 접근으로 자리잡게 된 것을 알 수 있다.
- 유아와 교사의 역량 강화: 미래사회에서 요구되는 유아와 교사의 역량에 대한 연구가 활발히 진행되었다. 역량이라는 키워드가 높은 연결중심성을 보이며, 유아가 미래 사회에서 필요로 하는 다양한 능력들을 기르기 위한 교육적 접근과, 이러한 교육을 이끌어 갈 교사의 역량 강화에 대한 관심이 크게 높아졌다. 이는 유아와 교사 모두가 미래사회에서 필요한 인재로 성장하고, 역량을 발휘할 수 있도록 지원하는 방향으로 유아교육이 발전하고 있음을 시사한다.
- 양적 연구의 지속적 관심: 5시기에도 양적분석에 대한 연구가 여전히 활발히 이루어졌다. 이는 유아교육에서 데이터 기반의 연구와 분석을 통해 보다 체계적이고 객관적인 결과를 도출하려는 경향이 이어지고 있음을 시사한다. 특히 양적 분석은 교육의 효과성을 평가하고, 정책을 개선하는 데 중요한 도구로 사용되었다.

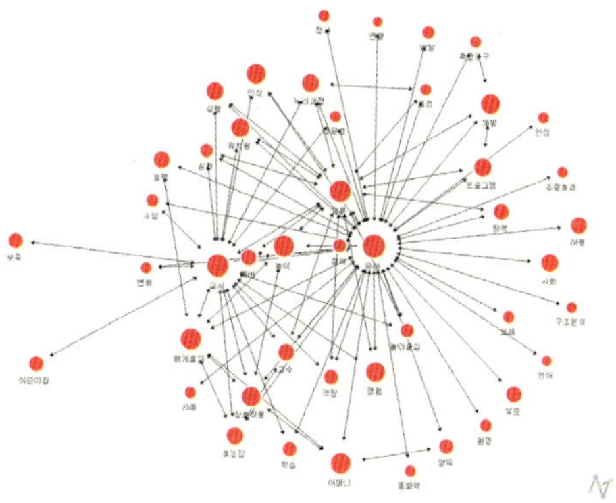

2019년~2023년 주요 연구 내용(462편)

이 시기는 '놀이', '매개효과', '사회', '역량'과 같은 단어가 높은 연결 중심성을 보여 유아교육에서 놀이중심 교육과 미래사회를 대비한 역량교육이 중요한 연구 주제였음을 알 수 있다. 특히, 2019 개정 누리과정에서 놀이중심 교육의 중요성이 강조되며, 놀이를 통한 교육 및 교수 · 학습방법 연구가 활발히 진행된 것을 알 수 있다. 또한, 미래사회에서 요구되는 유아와 교사의 역량 강화가 주요 연구 주제로 떠오르며, 창의적 문제 해결 능력과 적응력을 기르는 교육 방향이 강조되었다. 이와 함께 양적 연구를 통한 데이터 기반 교육 정책 분석이 계속 이루어지며 유아교육에 관해 체계적 분석을 시도한 것에 의미가 있다.

| 세미나(워크숍) |

한국유아교육학회는 2018년 8월 하계 연구방법론 세미나를 시작으로 2024년 11월 현재까지 총 19회의 세미나를 정기적으로 개최하여 회원의 연구 역량 강화를 꾸준히 지원해 왔다. 초기 세미나는 양적 연구를 중심으로 통계 이론과 실습에 중점을 두었으나, 시간이 흐르며 질적 연구에 대한 관심이 확대됨에 따라 내러티브 탐구, 실행연구, 현상학적 연구 등 다양한 질적 연구 방법을 심도 있게 다루기 시작하였다. 최근에는 메타분석과 Process Macro의 활용, 포토보이스를 비롯하여 디지털 영상 등을 활용한 시각화 방법 등 융합적이고 실천적인 연구기법을 포함한 세미나가 진행되고 있다. 이와 같이 한국유아교육학회는 변화하는 연구 환경에 능동적으로 대응하며, 최신 연구 방법론에 대한 이해를 높이고 실제 연구에 적용할 수 있도록 돕는 실질적인 기회를 지속적으로 제공해오고 있다.

	시기	주제	강사	장소
1	2018년 08월	2018년 한국유아교육학회 하계 통계 워크숍	유진은	서울교대
2	2019년 02월	2018년 한국유아교육학회 동계 연구방법론 워크숍	유진은	가천대
3	2019년 07월	2019년 한국유아교육학회 하계 연구방법론 워크숍 개최–'질적연구의 이해와 실천'	한유리	가천대
4	2020년 08월	2020년 하계 질적연구 세미나	전가일	온라인
5	2021년 01월	2021년 동계 질적연구 세미나	전가일	온라인
6	2021년 01월	2021년 동계 질적연구 세미나 금요강좌 추가 개설	전가일	온라인
7	2021년 02월	2021년 동계 양적연구 세미나	나종민	온라인
8	2021년 07월	2021년 하계 질적연구 세미나 '내러티브 탐구'	염지숙	온라인
9	2021년 09월	2021년 추계 연구방법론 '질적연구 실행연구'	전가일	온라인
10	2021년 12월	2021년 동계 질적연구 방법론 '질적연구: 근거이론'	김미애	온라인
11	2022년 06월	2022년 춘계 질적연구 세미나 '현상학적 질적연구의 논리와 실제'	유혜령	온라인
12	2022년 08월	2022년 하계 양적연구 세미나 '메타분석의 이론과 실제'	황성동	온라인
13	2022년 11월	2022년 동계 질적연구 세미나	염지숙	온라인
14	2023년 02월	2023년 동계 양적 연구세미나 'Process Macro를 활용한 매개효과, 조절효과, 조절된 매개효과 이론과 실제'	임정하	온라인
15	2023년 07월	2023년 하계 질적연구 세미나 '질적연구자들과의 만남: 후기질적연구, 포스트코딩, Visual Metodology'	이진희, 이연선, 임민정, 동풀잎	온라인
19	2024년 07월	2024년 하계 질적연구방법 세미나 '뉴미디어를 활용한 최신 질적연구 탐구하기: 포토보이스부터 디지털 영상, 예술까지'	동풀잎	온라인

국외 확산을 위한 성과

| 국제학술대회 'International Conference of the Korean Society for Early Childhood Education' |

한국유아교육학회 국제학술대회는 유아교육의 학문적 깊이와 글로벌 시각을 넓히기 위해 개최되어 온 중요한 학술적 플랫폼이다. 2000년 제1회 국제학술대회에서는 "21세기 유아교육의 비전"을 통해 새천년을 맞아 유아교육의 방향성을 재정립하고 새로운 교육 패러다임을 모색하는 논의의 장을 열었다. 이로부터 이후 2~3년 주기로 국제학술대회를 개최하며, 국내외 유아교육 전문가가 함께 모여 학문적 담론과 실천적 지혜를 나누고, 글로벌 교육 트렌드를 반영하는 중요한 담론을 형성해 왔다.

	시기	주제	비고
1	2000년 11월	제1회 국제학술대회 '21세기 유아교육의 비전'	
2	2002년 10월	제2회 국제학술대회 '유아를 위한 질적 환경: DAP, 교원 그리고 가족'	
3	2004년 10월	제3회 국제학술대회 'International Efforts to Improve Policies, Curriculum and Parent Education in Early Childhood Education'	
4	2006년 10월	제4회 추계 국제학술대회 '현대 유아교육의 다양성, 문화, 홍보 및 기타 이슈들'	세계유아교육기구 협력주최
5	2008년 10월	제5차 국제학술대회 '유아교육의 학습 공동체 구축을 위한 현장, 학문, 정책 간 경험 공유와 담론의 장 Sharing experiences to build a learning community among research, practice, and policy'	
6	2009년 06월	WHO 국제학술대회 'Safe Environment and Healthy Life for Young Children in Korea'	WHO 국제학술대회
7	2010년 10월	제6차 국제학술대회 'Multiple Perspectives in Making Early Childhood Educational Policy'	
8	2012년 09월	제7차 국제학술대회 'Establishing the Future Research Agenda for Quality Early Childhood Education'	

	시기	주제	비고
9	2014년 08월	제8차 국제학술대회 'Building a Respectful Early Childhood Classroom Comminity'	
10	2017년 12월	제9차 국제학술대회 '포스트휴먼 시대 유아교육 재편성하기'	
11	2019년 09월	제10차 국제학술대회 'Building a Better Curriculum for Young Children: Lessons from Each Other's Experiments and Move-ments'	
12	2021년 10월	제11차 국제학술대회 'Envisioning Professionalism in Early Childhood Education: The Role of Teachers in a Play-based Curriculum'	온라인
13	2023년 09월	제12차 국제학술대회 '유아교육의 과거, 현재 그리고 미래 이어 가기: 그 너머를 생각하다(Bridging Past Present, and Future of Early Childhood Education)'	
14	2025년 09월	제13차 국제학술대회 '현재의 유아교육에서 미래로 나아가기 (Moving Forward from Current Early Childhood Education to the Future)'	

초기의 다양한 주제 접근 2002년 제2회 국제학술대회에서는 "유아를 위한 질적 환경"이라는 주제로, 발달에 적합한 교육(DAP), 교원 역량, 가족의 역할 등의 환경적 요인이 유아 발달에 미치는 영향을 심층적으로 탐구했다. 이어 2004년 제3회 대회에서는 교육과정, 정책, 부모교육에 있어 국가 간 상호 학습과 국제적 개선 방안을 모색했으며, 이를 통해 유아교육의 정책적 발전과 교육과정 개선에 기여했다. 2006년 제4회 국제학술대회는 세계유아교육기구와 협력하여 "현대 유아교육의 다양성, 문화, 홍보 및 기타 이슈들"을 주제로 진행했으며, 다양한 문화적 배경과 교육적 가치를 반영하는 유아교육의 다층적 역할을 다루었다. 2008년 제5차 국제학술대회는 '유아교육의 학습공동체 구축을 위한 현장, 학문, 정책 간 경험 공유와 담론의 장'을 주제로, 유아교육과 보육의 질을 높이기 위한 학습공동체 구축방안을 모색하였다. 2009년에는 WHO와 협업하여 "한국 영유아를 위한

안전한 환경과 건강한 삶"을 주제로 보건과 안전이 유아교육 및 발달에 미치는 영향을 깊이 있게 다루고, 이를 통해 한국유아교육의 보건과 환경 개선에 대한 중요성을 환기했다.

2008년 제5차 국제학술대회

2009년 WHO 국제학술대회

2010년 이후 유아교육의 질 향상 도모 2010년대에 접어들면서 학술대회는 유아교육의 정책적 발전과 학문적 질 향상에 주목했다. 2010년 제6차 대회에서는 "다양한 관점에서 본 유아교육 정책"을, 2012년 제7차 대회에서는 "유아교육의 질적연구를 위한 미래 연구 의제 설정"을 주제로 심도 있는 논의를 이어갔다. 이러한 논의는 유아교육의 본질을 학문적, 정책적, 실천적 측면에서 다각적으로 조망하며 유아교육의 질적 수준을 향상하는 기틀을 마련했다.

2017년에 개최된 제9차 국제학술대회는 "포스트휴먼 시대 유아교육 재편성하기"라는 미래지향적 주제로, 기술과 인간관계가 재편되는 미래사회에서 유아교육의 본질적 가치를 재조명하는 기회를 제공했다. 2021년에는 "놀이 기반 교육과정에서 교사의 역할과 유아교육의 전문성 비전"을 주제로 온라인 학술대회를 개최하여 변화하는 교육환경에서 교사의 역할과 유아교육의 전문성 재고를 탐구했다.

2012년 제7차 국제학술대회(환영리셉션)

2021년 제9차 국제학술대회

2023년 제12회 국제학술대회에서는 "유아교육의 과거, 현재 그리고 미래 이어가기: 그 너머를 생각하다"를 주제로, 유아교육의 연속성과 변화를 반영하며 과거와 현재의 교훈을 미래 교육 방향성에 적용하는 방법을 논의했다. 이처럼 한국유아교육학회 국제학술대회는 국내외 연구자와 실천가가 공동으로 참여하여 유아교육의 지속 가능성과 질적 향상을 도모하는 지식의 장으로서, 한국유아교육의 학문적 정체성과 글로벌 연계성을 심화하는 데 이바지해오고 있다.

| 학술지 'International Journal of Early Childhood Education' (IJECE) |

1996년은 한국유아교육학회에 중요한 전환점이 된 해였다. 이 해에는 국제 학술지인 International Journal of Early Childhood Education(IJECE)의 창간호를 발간하여 학회가 한국유아교육 연구 성과를 세계에 널리 알리는 첫걸음을 내디뎠다. IJECE는 국내외 유아교육 연구자들의 협업과 학문적 교류를 통해 다양한 유아교육 주제를 다루며, 유아교육 분야에서 새로운 지식과 관점을 제시하여 국제적 학술 교류의 견고한 기반을 마련하였다.

시기	주요 내용	비고
1996년 08월	International Journal of Early Childhood Education Vol.1 발간	
1997년	International Journal of Early Childhood Education Vol.2 발간	
1998년	International Journal of Early Childhood Education Vol.3 발간	
1999년	International Journal of Early Childhood Education Vol.4 발간	
2000년	International Journal of Early Childhood Education Vol.5, Vol.6 발간	
2001년	International Journal of Early Childhood Education Vol.7 발간	
2002년	International Journal of Early Childhood Education Vol.8(1), 8(2) 발간	연 2회 증간
2003년 01월	한국연구재단 등재후보학술지 선정	
2004년 01월	한국연구재단 등재후보 1차 PASS	
2005년 01월	한국연구재단 등재학술지 선정	
2018년	International Journal of Early Childhood Education Vol.24(Special), 24(1), 24(2) 발간	Special Issue 포함 3회 발간
2006년~현재	한국연구재단 등재학술지 유지	
2022년~현재	SCOPUS 등재를 위한 정책 TF팀 운영	

국제학술지 IJECE의 등재학술지 선정 2005년 12월, IJECE는 한국학술진흥재단(현 한국연구재단)의 등재 학술지로 선정되었다. 이는 한국유아교육학회가 추구해온 학문적 발전과 연구 성과의 질적 수준을 인정받은 중요한 성과로, 한국유아교육 연구의 국제적 위상을 강화하는 기틀이 되었다. IJECE는 2018년부터 특별호를 포함해 연간 세 차례 발간하는 체제로 확장하며 다양한 연구를 다루고, 한국의 유아교육 연구자가 국제적 감각을 유지하며 학술연구에 참여하도록 지원하고 있다. 이러한 국제화 노력은 한국유아교육학회의 학문적 권위를 확립하는 데 중요한 역할을 했으며, 한국유아교육의 지속적 성장을 위한 학문적 토대를 확고히 다지는 계기가 되었다.

SCOPUS 등재를 위한 노력 2019년 이후, 한국유아교육학회는 IJECE의 SCOPUS 등재를 목표로 본격적인 준비를 시작하였다. 이를 위해 2021년부터 투고료, 심사료, 게재료를 전면 무료화하여 국내외 연구자들의 접근성을 높였고, 영문 홈페이지를 구축함으로써 국제 연구자들의 투고를 활성화하고 학술지의 홍보를 강화하였다. 2022년에는 SCOPUS 등재를 위한 준비를 구체화하기 위해 학회 부회장, 국제 및 국내 편집부 이사, 간사 등으로 구성된 TF팀을 조직하였다. 같은 해, 상반기와 하반기에 걸쳐 총 7차례의 TF위원회를 운영하며 SCOPUS 평가 항목을 점검하고 학술지의 전반적인 현황을 진단하였으며, Special Issue 운영을 위한 사전 준비도 병행하였다. 이 과정에서 학술지의 국제적 위상 강화를 위해 Quorum의 컨설팅을 받는 등 다각적인 전략을 모색하였다. 2023년에는 해외 연구자를 대상으로 학술지 소개 및 투고 안내 이메일을 발송하여 국제 투고율을 크게 제고하였고, 홈페이지 개편을 통해 접근성과 가독성도 개선하였다 또한, 2026년 KCI 학술지 평가를 대비하여 평가지표 관리에 집중하며 SCOPUS 등재와 함께 국내외 연구자에게 신뢰받는 학술지로의 정착을 위한 체계적 기반을 마련하고 있다.

2024년, 한국유아교육학회는 IJECE의 SCOPUS 등재를 위한 기반을 보다 공고히 하고자 TF팀의 위원 구성을 개편하고, 상 · 하반기에 총 4차례의 TF위원회를 개최하였다. 해당 회의에서는 SCOPUS 평가 항목 전반을 점검하고, 이에 부합하는 정책을 수립하여 학회 홈페이지에 반영하였다. 또한 국제 학술지로서의 인지도를 높이기 위해 IJECE 홍보 리플렛을 제작하고, 미국교육학회(AERA) Early Education/Child Development SIG와의 연계를 통해 학회지 홍보를 지속적으로 추진하였다. 더불어 EBSCO 및 Directory of Open Access Journals(DOAJ) 등재를 신청하며 학술지의 글로벌 접근성과 확산 가능성을 한층 확대하였다. TF 위원들은 한국과학학술지편집인협의회가 주최한 워크숍에 참석하여 SCOPUS 등재 절차 및 주요 사례를 학습하고, 이를 바탕으로 실행 전략을 내부적으로 논의하는 등 국외 연구자의 투고 활성화를 위한 실질적인 기반을 마련하였다.

2025년에는 미국교육학회(AERA)와의 협력을 바탕으로 Special Issue 발간을 추진하고 있으며, 현재 Early Education/Child Development SIG와의 논의를 통해 주제를 조율 중이다. 이러한 일련의 노력은 한국유아교육 연구의 국제적 확산과 학문적 연계성을 강화하는 동시에, 2026년 KCI 학술지 평가와 SCOPUS 등재라는 두 가지 목표 달성을 위한 중요한 실천으로 이어지고 있다.

학회는 IJECE의 SCOPUS 등재라는 목표를 넘어, IJECE의 국제적 성장을 기반으로 한국유아교육 연구자들이 국제무대에서 활발히 활동하며, 학술지의 국제적 영향력을 확대해 가는 것을 목적으로 한다. 지금까지의 이러한 노력은 학회의 학문적 성과가 한국을 넘어 전 세계적으로 인정받을 수 있도록 하는 중요한 발판이 되었으며, 이를 바탕으로 한국유아교육의 국제화는 한국유아교육학회의 지속적인 학술 교류와 협력, 그리고 연구 성과 확산을 통해 더욱 가속화되고 있다.

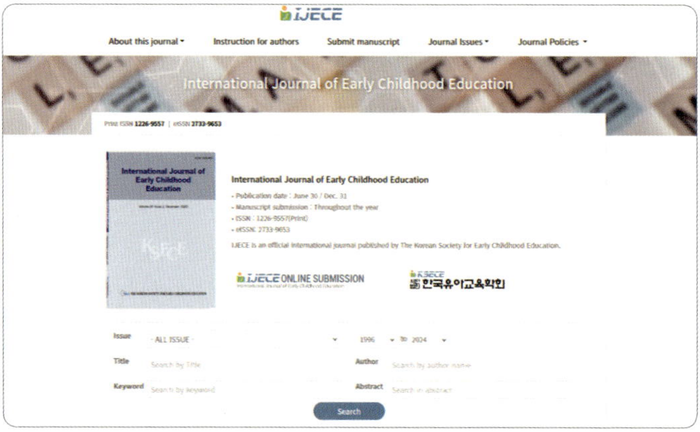

「International Journal of Early Childhood Education」저널 Open Access 및 투고를 위한 전용 홈페이지 개설

| 국제 협력 강화와 글로벌 학문 교류 |

학술단체 간 국제 교류 확대 한국유아교육학회는 국제 학술 교류뿐만 아니라 타국 유아교육 단체와의 협력에도 지속적으로 힘써 왔다. 2008년에는 싱가포르 유아교육학회와 일본보육학회와 학술교류협정을 맺고 양 학회와의 공동심포지움을 개최하였다. 특히 2013년에는 일본보육학회와의 MOU(양해각서)를 체결하여 양국 간 학술 교류의 기반을 마련하였으며, 이후에도 긴밀한 협력 관계를 이어갔다. 2019년 2월 25일에는 일본보육학회와의 협의를 통해 국제학술대회에서 일본보육학회 회장의 강연을 성사시켰고, 2014년에 체결한 MOU 문건의 수정 및 재체결 요청을 반영하여 협약을 갱신하였다. 이후에도 2019년 9월과 2022년 MOU를 잇달아 갱신함으로써 학회 간 협력의 지속성과 안정성을 확보하였다.

이를 바탕으로 양국은 유아교육 정책과 연구 동향에 대한 공동 논의를 활발히 전개하고 있으며, 상호 학문적 성장을 도모하고자 지속적인 교류를 이어가고 있다. 이러한 국제적 협력은 한국유아교육학회의 학문적 위상을 높이고, 동아시아 유아교육 담론의 발전에 기여하는 중요한 초석이 되고 있다.

일본보육학회와의 MOU 체결 갱신(2019.02.25.)

일본보육학회와의 MOU 체결 갱신(2022.11.26.)

글로벌 학문 교류의 장(場) 마련 한국유아교육학회는 2019년 8월 27일, 육아정책연구소와 공동으로 '한일 국가수준 유아교육과정 정책의 동향과 이슈'를 주제로 한 제4차 동아시아 육아정책 세미나를 개최하였다.

이 세미나는 한일 양국의 유아교육과정 정책 동향을 비교 · 분석하고, 공통된 과제와 이슈를 중심으로 정책적 대응 및 협력 방안을 모색하는 중요한 국제 학술 교류의 장으로 자리매김하였다. 특히 동아시아 지역 내 유아교육 정책의 흐름과 방향성을 공유하고, 실질적인 공동 협력의 가능성을 탐색하였다는 점에서 그 의의가 크다.

이와 같은 한국유아교육학회의 국제화 활동은 단순히 국내 연구 성과를 세계에 알리는 것에 그치지 않고, 국제적 학문 교류와 협력 관계를 통해 한국유아교육 연구의 수준을 높이고 세계 유아교육의 발전에도 기여하고자 하는 적극적인 실천으로 이어졌다. 국제 학술지 창간, 학술지 등재, MOU 체결 등 다양한 활동을 한국유아교육학회는 학문적 위상을 점차 확장해왔으며, 앞으로도 이러한 노력은 계속 이어질 것이다.

PART 3

한국유아교육학회, 걸어온 길과 나아갈 길

지난 50년 동안 한국유아교육학회는 연구와 실천, 정책과 교육 현장을 연결하며 한국유아교육의 발전을 주도해 왔다. 학회의 발자취는 단순한 과거의 기록이 아니라, 유아교육이 걸어온 길을 반영하는 중요한 역사적 흐름이며, 앞으로 나아가야 할 방향을 가늠하는 이정표가 된다.

이 장에서는 사람과 이슈를 통해 한국유아교육학회의 지난 시간을 정리하고, 앞으로 나아갈 길을 제시해보려고 한다. 먼저, 제8장 '사람, 그리고 이슈로 보는 한국유아교육학회'에서는 학회의 성장 과정 속에서 중요한 역할을 한 인물과 주요 사건, 그리고 학회의 정책적 대응을 조명한다. 이를 통해 학회의 발전이 단순한 연구의 축적이 아니라, 시대적 요구 속에서 유아교육의 방향을 고민하고 변화에 대응해 온 과정이었음을 확인할 수 있을 것이다. 제9장, '미래를 향해 나아가는 한국유아교육학회'에서는 유보통합, 디지털 전환, 국제화 등 현대 유아교육이 직면한 과제를 살펴보고, 학회가 나아가야 할 방향을 모색하려 한다. 이는 미력하게나마 연구와 정책이 어떻게 조화를 이루며 유아교육의 질을 높일 수 있을지를 고민한 것으로, 학회의 향후 50년을 위한 비전을 제시하는 기초 자료가 되기를 희망한다.

⁂ 사람, 그리고 이슈로 보는 한국유아교육학회
⁂ 미래를 향해 나아가는 한국유아교육학회

CHAPTER 8

사람, 그리고 이슈로 보는 한국유아교육학회

지난 50년간 한국유아교육학회는 유아교육의 학문적 · 정책적 발전을 선도하며, 유아교육의 질적 향상과 사회적 가치를 실현하는 데 중추적인 역할을 해 왔다. 학회는 창립 초기부터 유아교육의 이론과 실천을 연결하고, 시대적 변화와 사회적 요구에 유연하게 대응하며 성장해왔다. 이 과정에서 학회의 방향을 제시하고 이끌어온 역대 회장단과 사람들, 유아교육이 마주한 시대적 과제가 학문 발전의 원동력이 되었다.

역대 회장은 각자의 학문적 비전과 리더십을 바탕으로 학회의 성장과 변화를 주도하며, 유아교육의 전문성과 공공성을 강화해왔다. 유아교육과정 개발, 공교육화, 법제화, 그리고 최근의 유보통합 추진에 이르기까지 한국 유아교육의 역사적 전환점마다 중심적인 역할을 하며, 한국유아교육학회의 학문적 정체성을 공고히 하고 국제적 위상을 높이는 데 기여하였다.

한국유아교육학회를 이끈 사람들

1960년대 경제 성장과 더불어 교육에 대한 사회적 관심이 고조되면서, 유아교육의 중요성 또한 점차 확산되기 시작하였다. 이에 따라 유아교육의 질적 향상을 도모하기 위한 정책과 제도가 마련되었고, 유아교육은 독립된 학문이자 실천적 교육 영역으로 자리매김할 수 있는 기반을 다지게 되었다. 특히 1969년 「제1차 유치원 교육과정」의 제정은 한국유아교육의 역사에서 획기적인 전환점이 되었으며, 국가 차원에서 유치원 교육의 방향이 명확히 설정되고 유아교육 정상화를 위한 논의가 본격화되는 계기가 되었다. 이와 같은 변화는 유아교육을 단순한 돌봄을 넘어 체계적인 교육으로 발전시키는 전환점이 되었으며, 유아교육 속에 교육적 가치와 철학이 담기기 시작하였다.

이러한 흐름 속에서, 유아교육의 이론적 토대 확립과 실천적 연구를 통해 학문 발전과 현장 보급에 기여하고자 하는 열망을 지닌 약 20명의 교수가 1975년 10월 8일 모여 '한국유아교육학회'를 창립하였다. 이화여자대학교의 이상금 교수가 초대 회장을 맡아 학회의 공식적인 역사가 시작되었으며, 이는 단순한 학문 공동체의 출범을 넘어, 유아교육 연구와 정책 논의의 중심축으로 기능하는 새로운 전환점이 되었다. 한국유아교육학회의 역사는 곧 유아교육의 학문적 · 실천적 성장을 향한 열정과 헌신의 궤적이라 할 수 있으며, 그 중심에는 시대적 과제와 사회적 변화를 꿰뚫는 통찰과 리더십으로 학회를 이끌어온 역대 회장들의 활동이 자리하고 있다. 교육의 본질과 가치를 깊이 인식하며, 미래 세대의 성장을 위한 실천을 멈추지 않았던 회장들의 이야기를 통해, 우리는 한국유아교육의 발전사를 되짚어보고, 앞으로 나아가야 할 방향에 대해 성찰할 수 있을 것이다.

한국유아교육학회 역대 회장		
1대	이상금(이화여자대학교)	1975.10.08. – 1977.12.14
2대		1977.12.14. – 1979.11.28
3대	이은화(이화여자대학교)	1979.11.28. – 1982.03.27
4대		1982.03.27. – 1984.03.09
5대		1984.03.09. – 1986.03.29
6대	이영자(덕성여자대학교)	1986.03.29. – 1988.04.09.
7대		1988.04.09. – 1990.03.31.
8대	이원영(중앙대학교)	1990.03.31. – 1993.03.20.
9대		1993.03.20. – 1995.03.18.
10대	이기숙(이화여자대학교)	1995.03.18. – 1997.03.22.
11대		1997.03.22. – 1999.03.21.
12대	양옥승(덕성여자대학교)	1999.03.21. – 2001.03.24.
13대		2001.03.24. – 2003.03.31.
14대	김영옥(전남대학교)	2003.04.01. – 2005.03.31.
15대	문미옥(서울여자대학교)	2005.04.01. – 2007.03.31.
16대	조부경(한국교원대학교)	2007.04.01. – 2009.03.31.
17대	이연승(경성대학교)	2009.04.01. – 2011.03.31.
18대	이정욱(덕성여자대학교)	2011.04.01. – 2013.03.31.
19대	지성애(중앙대학교)	2013.04.01. – 2016.03.31.
20대	이민정(동의대학교)	2016.04.01. – 2018.03.31.
21대	정미라(가천대학교)	2018.04.01. – 2019.12.31.
22대	김경철(한국교원대학교)	2020.01.01. – 2021.12.31.
23대	정정희(경북대학교)	2022.01.01. – 2023.12.31.
24대	고영미(순천향대학교)	2024.01.01. – 2025.12.31.

초대 회장(1대~2대)
이상금(이화여자대학교)

이상금 교수는 1957년부터 1995년까지 이화여자대학교에서 유아교육과 교수로 재직하며, 한국유아교육의 학문적 토대를 마련한 선구자로 평가받는다. 그는 1975년 한국유아교육학회의 창립을 주도하며 초대 회장으로 선출되어 2대 회장까지 역임하며 학회의 정체성과 운영 체계를 정립하는 데 핵심 역할을 했다. 당시 한국 사회는 유아교육을 공식 교육제도에 포함하기 위한 제도적 기반이 충분하지 않았고, 유아교육의 공교육화 논의도 활발하지 않은 상황이었다. 이와 같은 시대적 한계 속에서 그는 학회가 학문적 토론과 정책 제안의 플랫폼으로 기능하도록 이끌었으며, 유아교육의 공공성과 전문성 확보를 위한 논의를 사회적 아젠다로 부각시켰다.

재임 중에는 유아교육이 발달심리학이나 아동학에 종속되지 않고 독립된 연구영역으로 인정받을 수 있도록 학문 체계를 정립하는 데에도 깊은 관심을 기울였다. 특히 놀이 중심 교육과 아동중심 철학을 한국의 교육 현실에 맞게 이론화하고, 스스로 세계를 탐색하고 의미를 구성하는 존재 로서의 유아상을 강조하였다. 유아의 삶과 경험을 존중하는 이러한 시각은 유아를 수동적 존재로 보던 당시의 사회적 인식을 전환하는데 기여했으며, 유아교육을 국가의 교육정책 안으로 통합시키는 논리적 기반이 되었다. 이상금 교수의 학문적 유산은 오늘날 한국유아교육학의 정체성과 실천을 이해하는 데 있어 여전히 중요한 기준점이 되고 있다.

3대~5대 회장
이은화(이화여자대학교)

이은화 교수는 1968년부터 2001년까지 이화여자대학교에서 유아교육과 교수로 재직하였다. 그는 1979년부터 1986년까지 한국유아교육학회의 3대-5대 회장으로 재임하며 학회의 제도적 기반을 정비하고 학문적 정체성을 심화시키는 데 주력하였다. 당시 유아교육은 국가 정책과 현장 실천 간의 괴리가 두드러지던 시기로, 이은화 교수는 이 간극을 메우기 위해 학회가 실천적 연구의 장으로 기능해야 한다는 방향을 제시하였다. 그의 리더십 아래 학회는 유아교육의 전문성 제고를 위한 학술대회, 연구윤리 강화, 회원 역량 제고를 위한 워크숍 등 다각적인 활동을 전개하였으며, 이는 유아교육을 단일 학문영역으로 공고히 하는 데 중요한 전환점이 되었다.

한국의 사회문화적 맥락에서 유아교육의 고유성과 독자성을 정립하려는 그의 시도는, 당시 추상적으로만 논의되던 유아의 주체성과 발달 중심 교육을 실제 교육과정과 교사 교육으로 구체화하는 데 큰 영향을 미쳤다. 그의 학문적 기여는 이후 국가수준 유치원 교육과정 개발과 유아교육법 제정 과정에 반영되었으며, 유아교육의 질적 도약을 이끄는 기반이 되었다. 이은화 교수의 업적은 한국유아교육이 '제도화된 학문'으로 정착하는 데 중대한 기여를 하였다는 점에서, 학회사(學會史)에서 특별한 의미를 갖는다.

6대~7대 회장
이영자(덕성여자대학교)

이영자 교수는 1977년부터 2010년까지 덕성여자대학교 유아교육과에서 교수로 재직하였다. 그는 1986년부터 1990년까지 한국유아교육학회의 6대와 7대 회장을 역임하며 유아교육의 학문적 및 실천적 발전에 크게 기여한 학자이다. 그의 회장 재임 기간 동안, 학회는 한국유아교육의 본질과 방향에 대한 깊이 있는 탐색을 통해 가정과 교육, 탁아의 역사, 그리고 아동 관련 법규 등 유아교육에 대해 폭넓게 논의하고, 유아교육의 체계화와 미래 유아교육의 방향을 제안하기 위한 다양한 활동을 전개하였다.

특히, 재임 기간 내내 학술지 운영의 내실화에 중점을 두어 질적 향상과 양적 확대를 동시에 이루었고, 이러한 노력은 이후 연간 2회 학술지를 발간하는 성과의 토대가 되었다. 그는 연구자 간 학문적 연대의식 형성, 유아교육의 정체성 탐구, 학술지 운영의 내실화 등을 통해 학회를 유아교육 연구의 구심점으로 성장시켰으며, 후속 세대 연구자들에게 학문적 방향성과 조직의 지속가능성에 대한 모델을 제시하였다. 이영자 교수의 헌신은 오늘날 한국유아교육 및 학회가 유지하는 정체성과 위상의 구축에 중요한 기반이 되었다.

8대~9대 회장
이원영(중앙대학교)

이원영 교수는 1975년부터 2008년까지 중앙대학교에서 활동하며 유아교육의 학문적 기초를 다지는 데 기여한 학자이다. 그는 1990년부터 1995년까지 한국유아교육학회의 8대와 9대 회장을 역임하며, 학회의 구조적 정비와 학문적 정체성을 강화하였다. 재임 기간 중 가장 중요한 성과는 학회의 명칭을 기존의 "한국교육학회 유아교육연구회"에서 "한국유아교육학회"로 공식적으로 변경한 것이다. 이 결정은 학회의 독립성과 유아교육의 전문성을 강화하고, 학문적 영역으로서의 유아교육의 위치를 명확히 하였다.

특히 그의 재임기간인 1994년에 '유아교육연구'를 연 2회 발간하고, 학술대회를 연 1회 정기 개최하며, 총 5개 지회를 설립하는 등 학회 운영을 체계화하였다. 또한 공교육 체제 내에서 유아교육의 위상을 높이기 위해 필수적인 유아교육의 기본 체제, 전문화, 교원 등 주요 의제를 공론화하며 한국 교육체제 안에서 유아교육의 전체성을 확립해가는데 핵심 역할을 수행했다. 그의 리더십은 학회의 기반을 공고히 하고, 한국유아교육이 학문적 · 사회적으로 독립적 입지를 확보하는 데 크게 기여하였다.

10대~11대 회장
이기숙(이화여자대학교)

이기숙 교수는 1979년부터 2015년까지 이화여자대학교 유아교육과 교수로 재직하며 유아교육의 학문적 발전과 국제적 협력을 이끈 주요 학자이다. 그는 1995년부터 1999년까지 한국유아교육학회의 제10대와 11대 회장을 역임하며, 유아교육과정 및 교사교육에 대한 연구를 중심으로 학문과 실천의 연계를 강화하였다. 이 시기 학회는 유아교육의 이론적 정체성을 심화시키고, 교육과정과 교사양성 체계의 과학적 기반을 마련하는 데 주력하였다.

그의 재임 기간 중 학회는 유아교육과정과 교사교육에 대한 연구를 중심으로, 현장과 학계의 연결을 강화함으로써 유아교육 정책 수립 및 실현에 핵심적 역할을 담당하게 되었다. 또한, 세계유아교육기구(OMEP) 한국 회장으로서 국제학술 교류를 확대하며, 한국유아교육의 국제적 위상을 높이는 데 기여했다. 대표 저서로 『유아교육과정』, 『영유아교육프로그램』 등이 있으며, 이는 유아교육의 이론과 실천을 아우르는 중요한 자료로 널리 활용되고 있다. 그의 학문적 리더십은 유아교육의 전문성과 공공성을 동시 추구하며, 오늘날 유아교육이 독립된 학문 분야이자 국가정책의 핵심 영역으로 자리매김하는 데 결정적인 기반을 제공하였다.

12대~13대 회장
양옥승(덕성여자대학교)

양옥승 교수는 덕성여자대학교 유아교육과 교수로 재직하며, "건강과 행복은 영유아의 권리"라는 전제 아래 학제적이고 국제적인 관점에서 남북한 영유아 교육과 보육, 영유아 자기조절력, 교육과정 이론과 실제 등을 연구한 학자이다. 1999년부터 2003년까지 제12대와 제13대 학회장을 역임하며, 유아교육학의 정체성과 전문성을 확립하고 학회의 글로벌 역량을 강화하는 데 기여했다. 또한 유아교육법 제정과 유아교육의 공교육화 추진을 위해 적극적으로 활동하며 정책적 기반을 마련했다.

학회장 재임 중 제1~2회 국제학술대회를 개최하고, 홈페이지를 개설하여 국내외 학술 교류를 활성화했다. 아울러 교육학계 최초로 학술지 「유아교육연구」를 한국연구재단 등재학술지로 선정시키는 성과를 거두었다. 「한국교육학회 50년사」에 한국유아교육학사를 게재했으며, 연구공모제를 도입하고 「21세기 바람직한 유아교육에 대한 한국유아교육학회의 입장」을 국문과 영문으로 출간하여 유아교육학의 학문적 발전을 선도했다. 유아교육법 제정을 위해 대토론회, 범국민결의대회, 심포지엄 등을 개최하여 사회적 공감대를 형성했으며, 국가 인적자원 개발 교육정책 연구와 대통령자문 교육정책위원회의 교육개혁 연구를 통해 유아교육 개혁의 최우선 과제로 법제정과 유아교육의 공교육화를 제안했다. 나아가 국회에 지속적으로 법 제정을 촉구하며 유아교육법 제정을 위한 기반을 구축했다.

14대 회장
김영옥(전남대학교)

김영옥 교수는 전남대학교 유아교육학과 교수로 재직하며, 유아교육의 다문화적 접근과 교사 교육에 중요한 기여를 한 학자이다. 그는 2003년부터 2005년까지 한국유아교육학회 14대 회장을 역임하며, 유아교육 현장과 이론적 연구의 연계를 강화하는 데 주력하였다.
그의 재임 기간 동안, 학회는 '유아교육법'(2004.1.29.) 제정에 기여했으며, 유아교육의 학문적 정체성을 확립하고, 연구의 질적 향상을 도모하여 유아교육의 전문성을 제고하고 사회적 기여 확대에 중점을 두었다. 특히 지역사회와 유아교육 기관 간의 협력 모델을 체계화하고, 제주지회와 강원지회를 창립하여 유아교육이 지역사회와 유기적으로 연계될 수 있는 기반을 마련하였다. 또한, 포스터 발표제 도입 및 국내외 학술 교류를 활성화로 한국 유아교육의 위상을 강화하는 기본적인 틀을 구축하고, 유아교육 정책 연구를 통해 공공성과 접근성을 높이는 데 기여하였다. 김영옥 교수의 리더십은 학회의 운영 체계를 견고히 하고, 유아교육의 학문적 발전과 실천적 변화를 이끄는 중요한 토대를 마련하였다.

15대 회장
문미옥(서울여자대학교)

문미옥 교수는 서울여자대학교 아동학과 교수로 재직하며, 한국 전통문화를 기반으로 한 유아교육 프로그램 개발에 선도적 역할을 한 학자이다. 그는 2005년부터 2007년까지 한국유아교육학회의 15대 회장을 역임하며, 유아교육의 문화적 정체성과 학문적 다양성을 심화하는 데 중심적 역할을 하였다.
재임 기간 중인 2006년 12월 한국유아교육학회-한국교육과정평가원 공동주최로 '유치원 교육과정 개정 방안 세미나'를 개최하는 등 한국유아교육학회가 2007 개정 교육과정 개발을 이끌어갈 수 있도록 교육부 및 유관기관과의 협력을 강화하고, 다각적인 네트워크를 구축하였다. 또한 학회는 놀이와 창의성을 중심으로 한 교육과정을 강화하며 유아교육의 질적 발전을 도모하였다. 특히, 전통문화와 유아교육을 융합한 프로그램 개발에 주력하며, 유아의 창의적 발달과 전인적 성장을 지원하는 교육적 방향성을 제시하였다. 정기학술대회와 세미나를 활성화하여 회원의 학문적 교류를 증진하고, 최신 연구 성과와 현장의 요구를 반영한 정책적 제안을 마련하였다. 문미옥 교수의 리더십은 국가수준 교육과정 개발과정에서 본 학회가 주도적인 역할을 수행할 수 있는 토대를 제공하였으며, 유아교육의 영역 및 정체성을 확대하는 데 기여하였다.

16대 회장
조부경(한국교원대학교)

조부경 교수는 한국교원대학교 유아교육과 교수로 재직하며 유아교사교육 및 정책 발전에 중요한 기여를 한 학자이다. 그는 2007년부터 2009년까지 한국유아교육학회의 16대 회장을 역임하며, 유아교육의 체계적 발전과 정책적 개선을 이끌었다.
그의 재임 기간 동안 학회는 학문, 정책, 그리고 실천 간의 연계를 강화하는 데 중점을 두며 유아교육의 발전을 견인하였다. 특히, 한국유아교육의 국제화를 촉진하기 위해 국제학술대회에서 외국 신진 학자들이 자유롭게 참여할 수 있는 기회를 제공하여 학문적 교류의 장을 넓혔다. 또한, 유아교육 정책 개발과 교육과정 해설서 집필에 적극 참여하며, 공공기관 및 학술단체와 협력하여 유아교육의 질적 향상을 도모하였다. 그의 리더십은 유아교육 현장에서 교사의 전문성을 강화하는 데 중요한 역할을 하였으며, 이는 교육의 질적 수준을 향상시키는 데 실질적인 영향을 미쳤다. 이러한 공헌을 통해 조부경 교수는 한국유아교육의 학문적 발전뿐만 아니라 정책적 개선과 실천적 변화에도 크게 기여하였다.

17대 회장
이연승(경성대학교)

이연승 교수는 경성대 유아교육과 교수로 재직하며, 2009년부터 2011년까지 한국유아교육학회의 17대 회장을 역임하였다. 그는 유아교육의 방향성과 체계적 발전을 이끄는 데 헌신한 학자이기도 하다. 그의 재임 기간 중, 학회는 상대적으로 소외되어있는 유아교육과 타 학교급과의 형평성 확보를 위해 숨은 노력을 기울였다. 특히 국가수준 교육과정 제정 및 개정 방식에 있어, 다른 학교급과의 연계 안에서 유아교육의 독자성을 반영하기 위해서는 다른 학교급과 공동으로 교육과정을 개발하는 방식이 중요함을 인식하고, 제도적인 개선을 위한 다각적인 노력을 기울였다.
또한 국가 정책의 일환으로 추진된 로봇기반교육(R-러닝)을 유아교육 현장에 도입하는 데 중요한 역할을 했다. R-러닝은 디지털 기술과 로봇을 활용해 유아의 미래역량을 함양하고, 4차 산업혁명 시대에 적합한 교육환경을 조성하는 데 초점을 맞춘 국가적 시도였다. 그는 한국유아교육학회 차원에서 로봇기반교육의 교육적 가치를 탐구하며, 교사 교육프로그램과 현장 적용 방안을 탐구하도록 연구하여 유아교육의 현대적 방향성을 구체화하였다. 이러한 노력은 유아교육정책과 실천적 변화를 연결하며, 디지털 시대에 부응하는 교육혁신의 기틀을 마련하는 데 기여하였다.

18대 회장
이정욱(덕성여자대학교)

이정욱 교수는 덕성여자대학교 유아교육과에 재직하며 2011년부터 2013년까지 한국유아교육학회의 18대 회장을 역임하였다. 그는 한국의 유아교육과 보육의 단계적 통합을 시행하는 시점에서 회장직을 수행하며 유보통합의 사회적 합의를 위한 이론적 토대를 제공하고, 통합교육과정인 누리과정의 현장 적용을 위한 다각적인 노력을 기울였다.
그의 재임 기간인 2011년-2012년 사이에 교육과학기술부와 보건복지부가 유아교육과 보육의 통합을 위해 유치원 교육과정과 어린이집 표준보육과정을 통합한 '5세 누리과정'과 '3-5세 연령별 누리과정'을 고시하였다. 이 과정에서 한국유아교육학회는 누리과정 지침서와 해설서를 개발하는데 협력 · 참여하였으며, 누리과정에 대한 교사의 이해와 실행을 지원하는 5세 누리과정 교사용 지도서와 3-4세 교사용 지도서 개발을 총괄하며, 유아교육과 보육의 통합적 운영을 도모하는 기반을 마련하는데 적극 기여하였다. 그는 유아교육과 보육의 이원화 체제에서 벗어나 0-5세 대상 유아교육과 보육의 일원화, 교육 부처에 의한 관리체계의 일원화 등과 관련된 이론적 토대를 제시하며 한국유아교육학회가 변화하는 사회 안에서 유아교육의 위상과 질적 제고를 위한 방향성을 논의하고 공유하는데 기여하였다.

19대 회장
지성애(중앙대학교)

지성애 교수는 2013년부터 2016년까지 한국유아교육학회의 제19대 회장으로 재임하며, 학회의 법적 · 제도적 전환기를 이끌었다. 특히 2013년 학회를 '사단법인 한국유아교육학회'로 공식 전환하는 데 주도적 역할을 하였으며, 이는 학회를 단순한 연구자 모임에서 법적 지위를 갖춘 공신력 있는 학문 단체로 도약시키는 결정적인 계기가 되었다. 그는 이 과정을 통해 학회의 운영 규정과 행정 시스템을 체계화하고, 학문 · 정책 · 실천을 유기적으로 연결하는 중추 조직으로서 학회의 위상을 높였다.
재임 기간 동안 그는 유아교육의 현장성과 학문성을 연결하는 다양한 실천 기반을 마련하였다. 교사 대상 워크숍을 기획하고, 현장 중심의 연구 및 유아교육 정책 관련 포럼 등을 활발히 운영하며 학회 구성원 간의 상호 소통과 협업을 촉진하였다. 또한 학회의 학술지 위상을 제고하고, 학문적 윤리와 심사 절차의 신뢰성을 높이는 제도 개선을 추진하였다. 유아교육을 사회적 의제로 확산시키기 위한 대외 활동을 강화하는 등 그의 리더십은 한국유아교육학회가 법적 · 제도적으로 자립적 토대를 확보하는데 중요한 역할을 하였다.

21대 회장
정미라(가천대학교)

정미라 교수는 2018년부터 2019년까지 한국유아교육학회의 21대 회장을 역임하며, 유아교육의 현대적 과제를 분석하고 그에 따른 정책적 제안을 주도하였다. 그의 재임 기간 동안 학회는 유아교육의 미래 방향성을 모색하기 위해 다양한 관점을 반영한 학술대회를 개최하였으며, 학회의 출판 및 연구사업을 강화하여 유아교육의 전문성을 제고하고, 현장과 학문을 연결하는 다리 역할을 수행하였다. 대표적으로, 유아교육의 핵심 이슈를 체계적으로 정리한 『디딤돌 시리즈』를 기획 · 출간함으로써 연구자와 현장 교사에게 유용한 자료를 제공하고, 신진연구자들을 위한 '연구방법론 워크숍'을 본격화하여 연구 역량 강화를 지원하였다.
이와 함께 학회 회계시스템에 전문 회계 프로그램을 도입하여 사단법인으로서의 회계 투명성과 운영의 신뢰성을 높였으며, 이러한 조직 혁신은 학회의 제도적 정비와 공공성 확보에도 기여하였다. 그의 리더십은 한국유아교육학회가 연구, 실천, 정책의 통합적 플랫폼으로 자리 잡는 데 중요한 전환점을 마련하였으며, 유아교육의 학문적 위상 강화를 위한 기반을 확립하는 데 결정적인 기여를 하였다.

22대 회장
김경철(한국교원대학교)

김경철 교수는 2020년부터 2021년까지 한국유아교육학회의 22대 회장을 역임하며, 팬데믹이라는 교육환경의 급변 속에서도 유아교육의 지속 가능성과 미래지향적 전환을 이끌었다.
그의 재임 시기는 COVID-19의 전국적 확산과 맞물려, 학회가 비대면 교육환경에 효과적으로 대응하는 정책과 연구 기반을 마련해야 했던 전환점이었다. 이에 따라 디지털 기술을 활용한 유아교육의 새로운 모델 개발을 학회의 핵심 의제로 삼고, 원격 교육 프로그램의 설계와 적용 방안을 제시하였다. 또한 '놀이기반 배움'이라는 핵심 개념을 중심에 두고, 유아-놀이-환경의 상호작용을 새롭게 조명하는 학술적 논의를 이끌었다. 2020년부터 2021년까지 개최된 학술대회는 '인문학적 사유와 실천을 통한 교육하기', '삶과 배움이 어우러진 교육 현장', '포스트휴먼 어린이에 대한 이해와 실천' 등을 주제로 하여, 유아교육의 철학적 · 문화적 기반을 재해석하고 미래교육에 필요한 융합적 관점을 확장하는 계기를 마련하였다. 김경철 교수의 리더십은 유아교육이 디지털 전환 시대에 걸맞은 학문적 방향성을 모색하고, 유아의 전인적 발달을 위한 교육 환경을 재구성하는 데 기여하였다.

23대 회장
정정희(경북대학교)

정정희 교수는 2022년부터 2023년까지 한국유아교육학회의 23대 회장을 역임하며, 정책과 공공성 강화에 중점을 두고 학회를 이끌었다. 특히, 그는 교육부 유보통합 추진위원과 중앙유아교육위원의 역할을 수행하며 유아교육의 공교육화 방향을 제시하고, 유아교육의 발전과 정체성 확립을 강조하는 정책적 접근을 적극적으로 추진하였다.

그의 재임 기간 중, 학회는 유보통합과 유아교육 공공성 증진을 위한 학술대회와 세미나 및 각종 정책 연구를 활발하게 진행하였다. 또한 〈미래사회를 위한 0–5세 영유아 학제와 유보통합〉, 〈모두의 유아교육: 앞으로, 晃Pro〉와 같은 학회 발간 저서를 통해 유아교육과 학제의 본질을 탐색하고, 유아교육의 학문적 기반을 강화하며, 이를 현장에 효과적으로 적용하기 위한 다양한 노력을 기울여 왔다. 이러한 노력에는 유아교육 현장에서 교사와 부모의 협력 체계 강화, 유아교육의 질적 개선을 위한 다양한 정책 제안 등이 있다.

24대 회장
고영미(순천향대학교)

고영미 교수는 2024년부터 2026년까지 한국유아교육학회 24대 회장을 역임하며, 유아교육의 통합적 발전과 국제적 위상 제고 및 학문적 연계에 크게 기여하였다. 재임 기간 동안, 학회는 유보통합이라는 중요한 정책 전환기에 대응하여, 유아교육과 보육의 통합과 관련된 다양한 정책 실행 방안을 연구하고 자문하며, 세미나 및 포럼 등을 개최하는 등 선도적 역할을 수행하였다. 또한, 학회의 국제화를 위해 IJECE를 SCOPUS 등재학술지로 추진하기 위한 TF팀을 운영하여, 연구 성과의 국제적 확산과 학술네트워크 강화에 주력하였다. 이를 통해 학회가 국제적 학술교류의 중심 기관으로 자리 매김하는데 중요한 역할을 수행하였다.

특히, 학회 창립 50주년을 맞아 학회의 역사를 기록하고 미래를 조망하는 저서 4권과 동영상을 기획 · 제작하고, 학술대회와 기념행사를 개최함으로써 학회의 지난 반세기를 돌아보고, 향후 50년을 준비하는 미래 비전을 제시하였다. 이와 함께 대한민국 교육 80년사의 「유아교육의 도입과 발전」 영역을 집필하였다. 그의 리더십은 학회 창립 50주년과 유보통합을 맞이하는 유아교육의 대전환 시대에 학회의 전문성과 국제적 위상을 한층 높이는데 크게 기여하였다.

주요 이슈로 돌아보는 한국유아교육학회

| 유아교육과정과 공교육화 |

국가수준 유치원 교육과정 개정 한국유아교육의 발전과정에서 교육과정의 정비와 공교육화는 정책적 · 제도적 전환의 중요한 계기가 되었다. 유아교육이 단순한 보호와 돌봄을 넘어 체계적인 교육의 한 영역으로 자리 잡으며, 교육과정 개정과 공교육화에 대한 논의가 본격적으로 진행되었다. 이 과정에서 한국유아교육학회는 정책 연구, 교육과정 개발, 교사 연수 및 학문적 논의를 주도하며 중심적인 역할을 하였다.

1950년대까지 한국의 유아교육은 민간 주도로 이루어졌으며, 유아교육기관의 운영 방식과 교육 내용은 기관마다 큰 차이가 있었다. 하지만 1969년 최초의 국가수준 유아교육과정이 제정되면서 유아교육의 방향성이 체계적으로 정립되었다. 이후 1976년 공립유치원 설립을 시작하였고, 1981년 「유아교육진흥법」이 제정되며 유아교육의 공교육화가 본격화되었다.

1981년 1월 22일부터 24일까지 문교부와 한국교육학회 주관으로 "유치원 교육과정 개발을 위한 이론적 모형의 재정비"라는 주제의 세미나가 개최되었다. 이 세미나는 유아교육의 체계화와 표준화를 목표로 하였으며, 특히 유치원 교육과정과 초등학교 교육과정의 연계성에 대한 심도 있는 논의가 이루어졌다. 유치원과 초등학교 교육과정의 연계성을 강조하며 유아의 학습 이행을 지원하고자 한 이러한 논의는, 유아교육의 독립성과 초등교육과의 연속성이라는 이중적 특성에 대한 인식을 확산시키는 중요한 전환점이 되었다. 또한, 유치원 교사 교육과 유아교육 제도 및 복지에 관한 논의를 통해 앞으로 유아교육의 질적 향상을 위해 보완되어야 할 점과 방향성을 다루었다. 이 세미나는 한국유아교육의 체계화와 표준화를 위한 중요한 논의의 장으로, 당시 논의된 내용은 이후 유아교육정책과 교육과정 개발에 큰 영향을 미쳤다. 세미나에서 다뤄진 내용은 유아교육의 방향성을 정립하는 데 중요한 역할을 하였으며, 한국유아교육의 미래를 설계하는 데 있어 큰 전환점이 되었다.

1992년 교육개혁을 계기로 유아교육은 초등교육과의 연계 체계를 갖추게 되었으며, 이로써 유아교육을 국가가 책임지는 공적 교육 영역으로 전환하는 방향성이 본격화되었다. 이러한 변화 과정에서 한국유아교육학회는 유아교육의 공교육화를 위한 연구를 지속하며, 정부 정책 수립 과정에서 중요한 자문 역할을 담당하였다. 1992년 개정 고시된 제5차 유치원 교육과정은 한국유아교육학회가 개정 연구를 위탁받아 개발한 중요한 교육과정이었다. 1991년부터 약 1년간 학회를 중심으로 유아 발달과 교육의 필요성을 반영한 새 교육과정을 마련하고, 학회 회장인 이원영 교수와 여러 교수[이기숙(이화여대), 이영(연세대), 주영희(인천교대), 양옥승(덕성여대), 박찬옥(중앙대)]가 참여하여 교육과정 해설서를 집필하였다. 이 과정에서 유아 발달의 전인적 교육을 강조하였고, 교사가 현장에서 쉽게 활용할 수 있는 교육지침서를 제공하였다. 또한 교사가 교육활동을 계획하는 데 지침이 될 수 있는 유치원 새교육과정 지도서를 류지후 교수(명지전문대), 김정규 교수(숭의전문대)외 30인의 회원이 집필하였다. 학회는 이 과정에서 교사 교육, 교육과정의 실제적 적용성, 교재 개발 등에 적극적으로 기여하며, 현장 중심의 유아교육 발전을 도모하였다.

제6차 유치원 교육과정은 1995년 교육개혁위원회 내부의 '교육과정 특별 위원회'에서 제시한 개정 지침을 바탕으로 수준별 교육 내용의 연속성을 체계화하고 교육내용을 적정화하는데 중점을 두고 1998년에 개정되었으며, 교육과정 편성 · 운영의 자율성, 융통성, 창의성을 강조하였다. 학회는 이 과정에서 교육과정의 방향성과 내용 구성에 대한 자문과 연구를 동시에 실행했다. 학회는 공청회와 심의회를 통해 전국의 500여 명의 전문가와 교육청 관계자의 의견을 수렴하였으며, 2회에 걸친 교육과정 심의회

시 · 도교육청 현장검토와 집중작업으로 개정작업을 진행하였다. 약 1년 이상 개정작업이 진행되었으며 1998년 6월 30일 고시되었다. 이를 통해 유아교육의 실천적 가능성을 높이는 방향을 수립하고, 교사가 교육과정을 보다 효과적으로 활용하도록 지원하였다.

2007년 개정 유치원 교육과정은 2004년 제정된 「유아교육법」에 근거해 21세기 지식 정보화 시대에서 인류사회의 변화에 능동적으로 대처할 수 있는 교육과정의 필요에 기초해 있다. 학회는 2006년 12월, 한국교육과정평가원과 공동으로 '유치원 교육과정 개정 방안 세미나'를 개최하여 유치원 교육과정의 개선 방향에 대한 심도 있는 논의의 장을 마련하였다. 2007 개정 교육과정은 만 3~5세 유아의 발달을 지원하는 총체적 환경으로서의 교육이라는 관점을 바탕으로 체계적으로 개발되었으며, 초 · 중등학교 교육과정과의 연계성을 강화하는 한편, 단위 유치원의 자율성을 확대하는 방향으로 이루어졌다. 또한 2007년 6월과 9월, 학회는 유치원 교육과정 개정과 관련된 여러 차례의 협의회와 토론회에 참석하여, 유아교육의 현장 점검과 검증을 통해 교육과정의 실효성을 논의하고, 학자들과 현장 교사들의 의견을 수렴하는 과정을 거쳤다. 이 중 6월 14일 충남 · 충북 지역 협의회, 6월 15일 서울 · 경기 지역 협의회, 그리고 9월 7일 유치원 교육과정 평생교육형 연찬회 및 세미나는 학회 회장 조부경과 문미옥 전임회장, 여러 유아교육 전문가가 참석하여 개정 과정의 주요 쟁점을 다루었다. 이 시기, 학회의 주요한 활동으로 12월 5일 서울여자대학교에서 개최된 학술대회 및 공청회가 있다. 이는 유치원 교육과정 개정에 대한 다양한 의견을 수렴하고, 개정 시안에 대한 학문적 검토와 논의를 진행하는 자리였다. 학술대회에서는 현장 교사와 교육 관계자가 개정 시안의 실현 가능성을 논의하며, 교육과정이 현장에 어떻게 적용될지에 대한 의견을 교환하였다. 학회의 이러한 활동은 유아교육의 방향성과 교육과정의 질적 향상을 위해 중요한 기여했으며, 교육 현장과 학계의 협력을 강화하는 계기가 되었다. 2008년에는 교육과학기술부와 교육과정평가원 주관으로 유치원 지도활동자료집을 개발하고 유치원교육과정 해설서 집필에도 참여하였다.

이후 육아정책연구소가 설립되면서 국가 수준의 교육과정 개발이 학회 차원에서 직접적으로 이루어지지는 않았으나, 2013년부터는 교사용 지도서 집필과 더불어 다양한 국가 정책 수립을 위한 정책 연구에 학회가 적극 참여하고 있다. 구체적으로 만 5세 누리과정에 이어 2012년 만 3-5세 유아를 대상으로 한 국가수준의 공통 교육과정인 누리과정이 고시되어, 유아교육과 보육의 통합적 운영을 도모하였다. 이에 유치원과 어린이집 교사들이 누리과정을 보다 효과적으로 이해하고 실행할 수 있도록 지원하는 교재 개발이 중요해졌다. 한국유아교육학회는 육아정책연구소와 협력하여 2013년 누리과정 교사용 지도서 개발에 기여하고, 유치원과 어린이집 교사들이 이를 효과적으로 실행할 수 있도록 지원하였다. 또한 2019 개정 누리과정과 해설서 집필에 학회 추천 연구진이 참여하여 국가 수준 교육과정의 방향을 제시하고 개발하는 데 기여하였다.

이러한 변화는 단순한 행정적 조치가 아니라, 유아교육의 질적 향상과 접근성을 확대하는 중요한 과정이었다. 유아교육과정의 개정은 시대적 변화와 사회적 요구를 반영하며 유아의 발달과 학습에 대한 보다 전문적인 접근을 가능하게 만들었다. 특히, 한국유아교육학회는 유아 발달에 적합한 교육과정을 연구하고, 현장 적용 방안을 모색하는 등 유아교육 발전의 견인차 역할을 수행하였다.

한국의 국가수준 유치원 교육과정은 여러 차례 개정을 거치면서 유아의 발달 특성과 사회적 요구를 반영해 왔다. 국가수준 유치원 교육과정 개정에서 한국유아교육학회의 역할을 중심으로 제시하면 다음과 같다.

1969년 제1차 유치원 교육과정	• 한국유아교육학회의 연구 및 정책 제언이 교육과정 정립에 기여 • 유치원 교육의 목표와 운영 원칙을 처음으로 국가 차원에서 정리 • 건강, 사회, 자연, 언어, 예능의 5개 영역으로 교육내용을 구성
1981년 제2차 유치원 교육과정	• 한국유아교육학회가 유아교육 연구를 기반으로 개정안 마련에 기여 • 유치원의 공교육화를 위한 교육과정 개편 • 유아의 창의성과 자율성을 강조하는 활동 중심 교육 도입
1992년 제5차 유치원 교육과정	• 학회가 유아의 놀이 기반 학습의 중요성을 강조하며 개정 방향 제안 • 초등학교 교육과 연계성을 강화하여 체계적인 교육 과정 마련 • 놀이 중심 교육 강화와 함께 유아의 인성 및 사회성 발달 강조
1998년 제6차 유치원 교육과정	• 한국유아교육학회가 유아 개별성 존중 및 다양성 반영을 위한 연구 수행 • 국가 수준의 교육과정에서 기관별 특성을 반영한 자율적 운영 강조 • 유아의 개별적 특성을 존중하는 교육 방향 설정
2007년 개정 유치원 교육과정	• 한국교육과정평가원과 공동으로 '유치원 교육과정 개정 방안 세미나'개최 • 만3–5세까지 초등학교 이전의 발달을 돕는 총체적 환경으로서의 교육이라는 인식을 토대로 유아교육을 체계화하는 방향에서 개발 • 초 · 중등학교 교육과정과의 연계성을 강화하고 단위 유치원의 자율성 강화
3–5세 연령별 누리과정	• 학회가 교사 연수와 연구 발표를 통해 누리과정 정착 지원 • '누리과정'의 도입으로 3~5세 유아를 위한 공통 교육과정 마련 • 놀이 중심 교육과정 강조 및 유아의 전인적 발달 지원
2019 개정 누리과정	• 학회가 유아 중심 교육철학을 강조하며 개정 방향 제시 • 교사 중심에서 유아 중심 교육과정으로 변화 • 창의적 사고와 문제 해결 능력을 강조하는 교육 방향 설정

이처럼 유아교육과정은 시대적 요구와 학문적 연구를 반영하여 점진적으로 발전해 왔다. 특히 2012년부터 시행된 누리과정은 유아교육과 보육의 통합을 의미하는 중요한 변화였으며, 2019년 개정안을 통해 더욱 유아 중심의 접근으로 개선되었다. 한국유아교육학회는 이러한 과정에서 학문적 연구와 정책적 지원을 제공하며, 유아교육의 질적 향상을 위한 지속적인 역할을 맡아 왔다. 앞으로도 유아교육과정은 사회 변화와 교육 패러다임의 변화를 반영하며 개정될 것으로 전망된다.

공교육화 한국유아교육학회는 유아교육의 공교육화를 위한 연구와 정책적 제안을 주도하며, 유아교육이 국가적 차원의 체계적인 교육 시스템으로 자리 잡는 데 중요한 역할을 해왔다. 초기 한국유아교육은 주로 민간 중심으로 운영되었으며, 기관별로 교육 내용과 방식이 상이하여 체계적인 교육과정이 부재한 상황이었다. 이에 한국유아교육학회는 유아교육의 체계화를 위한 연구를 수행하고, 정부와 협력하여 유아교육의 국가적 제도화를 위한 기초를 마련했다.

1969년 최초의 국가수준 유아교육과정 제정 과정에서 한국유아교육학회는 교육과정의 기본 방향 설정과 학문적 근거 마련에 기여하였다. 이후 1976년 공립유치원 설립이 본격화되면서 학회는 유아교육의 공교육화가 원활히 이루어질 수 있도록 교육과정 개정과 교사 양성 체계 정립을 위한 연구를 지속하였다. 1981년 「유아교육진흥법」이 제정되면서 국가가 유아교육을 제도적으로 지원하는 기반이 마련되었고, 이에 따라 학회는 유아교육의 공공성 확대와 교육의 질적 향상을 위한 방향성을 제시하였다.

1992년 교육개혁을 통해 유아교육이 초등교육과 연계되면서, 학회는 유아교육의 공교육화가 실질적으로 이루어질 수 있도록 정책적 자문과 연구를 지속하였다. 특히, 2005년 유아교육 공교육화 촉구 및 미술학원 지원 반대 범국민대회를 통해 유아교육 공교육화를 촉구하고, 「유아교육법」 제정의 본래 취지를 지키고자 하는 의지를 강력히 표명하였다. 당시 이기숙 의장은 대회사에서 "정교사 자격증을 가진 교사가 국가 수준의 교육과정을 바탕으로 가르치는 유치원은 그 어떤 사설 학원도 대체할 수 없다"고 강조하였다. 이를 통해 학회는 유아교육의 전문성을 지키고 교육의 질을 보장할 것을 강력히 주장하였다.

이 대회에서는 다양한 결의문이 발표되었으며, 그 내용은 다음과 같다.

1. 유아교육비의 사설 학원 지원 방침 철회
2. 유아교육진흥원의 설치
3. 종일반 유치원 교사의 배치 요구
4. 불법 미술학원에 대한 엄중한 단속
5. 유아교육비 경감 대책 마련
6. 열악한 사립유치원의 운영비와 인건비에 대한 실질적 지원 촉구

이어 2006년 12월, 학회는 유치원 교육과정 개정방안 세미나와 유아교육 공교육화 정착을 위한 학제 개편 방안 토론회를 개최하여 교육과정 개정과 공교육화에 대한 학문적 논의를 진행하였다. 이를 통해 유아교육의 체계적 발전을 위한 방향성을 제시하였다. 2007년 5월 18일에는 학회 회원에게 보육 통합 관련 정책 연구 참여를 독려하는 이메일이 발송되었으며, 5월 19일에는 교육인적자원부 주최 학제 개편 및 교육체제 개편 토론회에 조부경 회장이 참석하여 학회 입장을 전하였다. 이어 5월 23일에는 교육부 주관의 유아교육 공교육화 추진을 위한 학제 개편 방안 관련 회의에도 참석하였다.

또한 2007년 7월, 학회는 유치원과 보육시설의 일원화 정책에 대한 협력과 통합 방안을 모색하며 학회의 입장을 제출하고, 한국교원교육학회와 공동으로 '유아교육체제 정립을 위한 교원정책 발전방안'을 주제로 학술토론회를 개최하여 교원정책 발전을 위한 다양한 논의를 이끌었다. 이러한 학회의 활동은 학제 개편 공감대 형성을 위한 토론회를 열어 학제 개편의 미래 방향과 로드맵을 제시한 것이다.

같은 해 7월 23일과 27일에는 각각 제7차 정책 토론회와 국회에서 열린 유아교육 공교육화 추진을 위한 정책 토론회에서 학회의 입장이 제시되었으며, 학회는 이러한 논의를 통해 유아교육의 공교육화 방안을 구체화하기

위해 노력하였다. 특히, 7월 28일 대구대학교에서 열린 대구유아교육 공교육화 추진방안 토론회에는 김영옥 전임회장이 참석하여 유아교육의 공교육화 실현을 위한 논의를 진행하였다.

8월 2일 국회에서 개최된 유아교육 공교육화 추진을 위한 정책토론회와 8월 16일 강원도청에서 열린 유아교육 공교육화 추진 학제 개편 방안 논의에 학회가 적극적으로 참여하며, 유아교육의 발전과 공교육화 실현을 위한 논의를 계속 이어갔다. 학회는 마지막으로 8월 26일 교육인적자원부의 '미래교육 미래사회 전략 보고서'를 회원에게 안내하며 유아교육 공교육화 관련 활동을 지속적으로 전개하였다.

이러한 학회의 지속적인 활동은 유아교육의 공교육 체제 내 자리매김에 중요 기반을 마련하였고, 유아교육의 질적 향상을 도모하는 데 크게 기여했다. 앞으로 학회는 유아교육의 발전을 위해 교육과정 개선, 교사 양성 체계 구축, 교육의 질적 향상 등을 목표로 지속적인 연구와 정책적 지원을 할 것으로 기대된다.

5세 조기 취학 추진 저지 조기취학과 관련된 정책적 시도는 1985년 교육개혁심의위원회에서 학습준비도 검사를 통해 준비된 만 5세 아동을 조기 입학시키자는 방안이 제시된 이래, 거의 모든 정부에서 시도되었다. 그러나 그때마다 한국유아교육학회는 유아의 발달 단계에 따른 우려를 표명하며 반대 의견을 적극 개진해왔다. 조기취학이 유아의 발달적 특성을 충분히 고려하지 않은 채 추진될 경우, 장기적으로 교육적 부작용을 초래할 가능성이 크다는 점을 강조해 온 것이다.

1988년 5세아 선별 취학에 관한 건

敎育新報

5세아 國校入學허용 확정

2년간 實驗後 擴大

面接委員 10명이상

조선일보 1988.11.28.

中央日報

성 명 서

이땅의 5세 유아를 불행에 빠뜨려야 겠는가?

중앙일보 1988.11.16.

2005년 10월에도 정부는 취학연령을 1년 앞당기고 초등학교부터 대학교까지 수학 연한을 1년 정도 단축하자는 학제 개편을 추진을 제안하였다. 이에 대해 한국유아교육학회를 비롯한 유아교육관련 16개 단체로 구성된 '유아교육발전을 위한 유아교육대표자연대'는 만 5세 초등학교 전면 취학은 적절치 않다는 입장을 분명하게 표명했다. 2009년 12월, 대통령 직속 미래기획위원회에서 '취학연령 1년 단축안'을 발표하며 만 5세 입학을 추진하기 시작하자, 한국유아교육학회는 이에 즉각 대응하여 만 5세 초등학교 입학이 유아들의 발달 특성에 맞지 않음을 강력히 표명하였다.

2010년 1월 4일, 한국유아교육학회는 한나라당 국회의원이 주최한 정책토론회 '2010년 새해 우리나라 어린이들과 가족을 챙겨보는 첫 정책토론회'에서 학회의 입장을 전하였으며, 1월 6일에는 교육과학기술부의 '초등학교 취학연령 및 유아교육체제 개편 관련 T/F 2차 회의'에 참석하여 정책적 반대 의견을 전달하였다. 1월 9일 한국열린유아교육학회 주최 유아교육정책 토론회에서도 학문적 논의를 이어 갔으며, 1월 26일 KBS 부산방송국 토론회를 통해 전국적인 반대 여론을 확산시켰다. 이와 함께 학회는 2월까지 여러 차례의 회의와 토론회에 참여하여 조기 입학의 문제점을 계속해서 지적하고 정책 결정에 영향력을 행사하였다. 이러한 일련의 노력은 조기 취학 정책의 문제점을 부각하는 데 기여하였다.

그 후로 12년 후인 2022년 7월 29일, 윤석열 정부는 교육부 업무계획을 통해 2025년부터 초등학교 입학 연령을 만 6세에서 만 5세로 낮추는 학제 개편을 발표했다. 이에 한국유아교육학회는 학부모 단체 및 여러 유아교육 관련 단체와 함께 '만 5세 초등취학 저지를 위한 범국민연대'를 결성하며 본격적인 반대 운동을 전개하였다. 학회는 만 5세 조기 취학이 유아들의 인지 · 정서발달 특성상 적절하지 않다고 주장하며, 이로 인해 입시경쟁과 사교육이 앞당겨질 우려를 제기하였다.

또한, 범국민연대는 이 정책이 학부모들에게도 큰 부담을 줄 것이라고 지적하였다. 많은 부모가 자녀의 초등학교 입학 시점에 직장을 포기해야 하는 현실에서, 만 5세 조기 취학은 경제적 · 사회적 부담을 가중할 수 있음을 강조했다. 이에 따라, 범국민연대는 "유아들에게 필요한 것은 만 5세 조기 취학이 아니라, 자유로운 놀이가 보장되는 질 높은 유아교육과 보육"이라고 주장하며, 아이들의 행복과 놀이 시간이 성인의 논리에 의해 희생되어서는 안 된다고 목소리를 높였다. 이로 인해 해당 정책은 발표 11일 만에 사실상 철회되었다. 이러한 연대에 참여한 학회의 대응은 유아교육 정책 변화에 맞서 유아 발달에 적합한 교육환경을 지키기 위한 학문적, 사회적 역할을 강조한 중요한 활동이었다.

국회서 학제 개편 토론회
"만 5세 초등 취학 개편안 철회해야"
(KBS 뉴스, 2022.08.04.)

만 5세 초등취학 저지를 위한 범국민연대
(KBS 뉴스, 2022.08.04.)

유아교육의 법제화

- 1982년 유아교육진흥법 제정
- 1991년 영유아보육법 제정
- 2004년 유아교육법 제정, 영유아보육법 개정

유아교육법 제정을 위한 한국유아교육학회의 노력 유아교육의 법제화는 우리나라 유아교육의 질적 향상과 제도적 안정을 위한 중요한 과정이었다. 특히, 한국유아교육학회는 유아교육법 제정을 위해 지속적으로 연구와 정책적 노력을 기울이며 유아교육의 공공성과 질적 발전을 위해 앞장서 왔다.

1982년 「유아교육진흥법」이 제정되면서 국가 차원의 유아교육 발전을 위한 첫 법적 기반이 마련되었다. 그러나 이 법은 유아교육의 공교육화보다는 진흥을 목표로 하였기 때문에, 유아교육이 체계적인 국가 교육 체계 내에서 자리 잡기에는 한계가 있었다. 이에 한국유아교육학회는 유아교육의 법적 지위를 더욱 강화할 필요성을 지속적으로 제기하였다.

1991년에는 「영유아보육법」이 제정되어 보육시설의 운영과 영유아 보육의 질적 관리를 위한 법적 토대가 마련되었다. 하지만 유아교육과 보육이 분리된 채 각각의 법률로 관리되면서 유아교육의 체계적인 발전을 위한 통합적인 정책이 미흡하다는 지적이 제기되었다. 이에 한국유아교육학회는 유아교육이 단순한 보육 개념을 넘어 독립적인 교육 과정으로 자리 잡아야 한다는 점을 강조하며, 별도의 「유아교육법」 제정을 위한 연구와 정책 제안을 적극적으로 추진하였다.

2000년대에 접어들면서 한국유아교육학회는 「유아교육법」 제정에 중요한 역할을 수행했다. 특히, 유아교육의 법적 근거 마련과 국가적 지원의 필요성을 강조하며 학계와 정책 간의 다리 역할을 했다. 같은 해 교육부 유아교육발전추진위원회가 제안한 「유아교육법안」에 대해 학회가 주도적으로 의견을 수렴하여 교육부에 전달했다. 이를 통해 학회는 유아교육의 중요성을 강조하며 「유아교육법」 제정의 필요성을 공론화했다. 비록 이 법안이 이해관계의 충돌로 국회에서 통과되지 못했지만, 「유아교육법」 제정의 방향성을 설정하는 중요한 전환점이 되었다.

2001년에는 학회가 신임 이사회를 열어 「유아교육법」 제정 촉구 방안을 주요 의제로 논의했다. 이사회에서는 「유아교육법」의 제정 필요성과 중요성에 대해 심도깊은 토론이 이루어졌으며, 학회는 「유아교육법」의 조속한 제정을 위해 학계의 의견을 지속적으로 국회와 정부에 전달했다. 이후 학회는 5월 26일 긴급 이사회를 통해 "보육사업 제도 개선(안)에 대한 한국유아교육학회의 의견"을 국회 복지위원회와 보건복지부 장관에게 제출하는 등 유아교육과 보육의 체계적 운영을 위해 적극적인 입장을 표명했다.

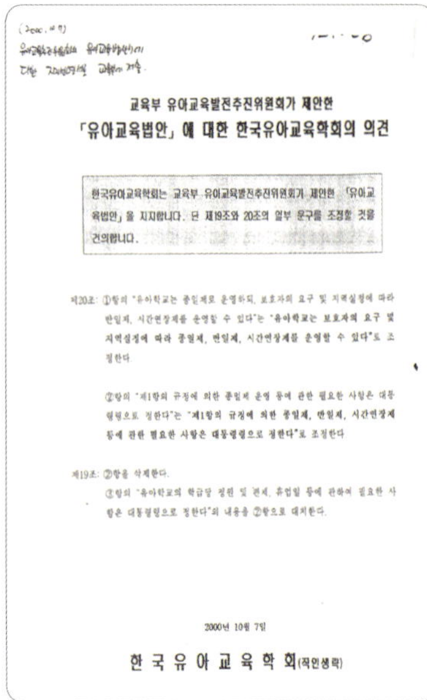

교육부 유아교육발전추진위원회가 제안한

「유아교육법안」에 대한 한국유아교육학회의 의견

한국유아교육학회는 교육부 유아교육발전추진위원회가 제안한 「유아교육법안」을 지지합니다. 단 제19조와 20조의 일부 문구를 조정할 것을 건의합니다.

제20조: ①항의 "유아학교는 종일제로 운영하되, 보호자의 요구 및 지역실정에 따라 반일제, 시간연장제를 운영할 수 있다"는 "유아학교는 보호자의 요구 및 지역실정에 따라 종일제, 반일제, 시간연장제를 운영할 수 있다"로 조정한다.

②항의 "제1항의 규정에 의한 종일제 운영 등에 관한 필요한 사항은 대통령령으로 정한다"는 "제1항의 규정에 의한 종일제, 반일제, 시간연장제 등에 관한 필요한 사항은 대통령령으로 정한다"로 조정한다.

제19조: ②항을 삭제한다.

③항의 "유아학교의 학급당 정원 및 편제, 휴업일 등에 관하여 필요한 사항은 대통령령으로 정한다"의 내용을 ②항으로 대치한다.

2000년 10월 7일

한 국 유 아 교 육 학 회(직인생략)

유아교육법 제정을 위한 학회의 노력

유아교육법 제정과 영유아보육법 개정 2003년, 한국유아교육학회를 포함한 여러 유아교육 단체들은 「유아교육법」 제정을 목표로 연대하여 본격적인 활동을 전개하였다. 이 연대는 국회 및 정부 관계자들과 지속적인 협의를 진행하며, 유아교육의 공교육 체제 내 정착과 국가 차원의 지원 필요성을 강력히 촉구하였다. 한국유아교육학회는 유아교육이 국가 교육 체계 내에서 정당한 법적 지위를 확보할 수 있도록 학술적 연구와 정책 제안을 지속적으로 제공하였으며, 공청회 및 토론회를 통해 사회적 공감대를 확산하는 데 주력하였다.

이러한 지속적인 노력의 결과, 2004년 1월 8일 국회에서 「유아교육법」과 「영유아보육법」 개정안이 통과되었으며, 같은 해 1월 29일 대통령 재가를 받아 법률 제7120호로 공포되었다. 이 법은 2005년 1월 30일부터 시행되었으며, 이를 통해 유아교육은 국가 차원에서 지원받을 수 있는 법적 기반을 마련하게 되었다. 「유아교육법」의 제정은 한국유아교육의 역사에서 획기적인 전환점으로 평가되며, 유아교육이 공교육 체제 내에서 독립적이고 체계적인 교육 영역으로 자리매김하는 데 중요한 기틀을 제공하였다.

「유아교육법」 제정 이후에도 한국유아교육학회는 법의 실효성을 높이기 위한 후속 조치에도 적극적으로 참여하였다. 학회는 유아교육법 시행령 및 시행규칙 제정 과정에서 전문가 의견을 개진하고, 유아교육의 공공성과 국가적 지원 확대를 위한 논의를 지속하였다. 특히, 만 5세 무상교육 도입과 관련된 정책 논의를 주도하며, 유아교육의 보편성과 질적 향상을 위한 제도적 틀을 마련하는 데 중요한 역할을 수행하였다. 이러한 노력을 통해 한국유아교육학회는 유아교육이 단순한 보육을 넘어 교육적 가치와 철학을 기반으로 운영될 수 있도록 학문적 · 정책적 역할을 지속적으로 수행하고 있다.

유보통합

유보통합 추진의 배경과 초기 단계 유보통합은 유아교육과 보육이 각각 다른 법적 · 행정적 체계에서 운영되면서 발생하는 구조적 문제를 해결하고, 모든 유아에게 균등한 교육 및 보육 기회를 제공하기 위한 국가적 과제로 대두되었다. 우리나라에서는 유아교육은 교육부 관할하에, 보육은 보건복지부 관할하에 놓이며, 이원화된 체제로 운영되어왔다. 이러한 구조는 유아교육과 보육 간의 연계 부족, 서비스의 질적 차이, 지원 체계의 이원화에 따른 행정적 비효율성을 초래했다. 유보통합에 관한 논의는 1990년대부터 본격적으로 시작되었으며, 2000년대 초반에는 학계와 정책 연구기관에서 유아교육과 보육의 일원화 필요성을 강조하는 연구가 다수 발표되었다. 특히 한국유아교육학회는 유보통합의 필요성을 강조하며, 학문적 근거를 마련하는 연구를 수행하고 정책 제안을 적극적으로 개진하였다. 학회는 유아교육이 보육의 개념을 포함하는 포괄적 교육과정으로 자리 잡아야 한다는 점을 강조하였으며, 유아교육의 질적 강화를 통해 유보통합이 단순한 행정적 통합이 아닌 교육적 가치 기반에서 이루어져야 한다는 입장을 견지하였다.

초기 단계에서 유보통합은 다양한 시범사업과 연구 과제를 통해 검토되었다. 2004년 「유아교육법」이 제정된 이후, 정부는 유아교육과 보육의 연계성을 강화하는 방안을 모색하였으며, 이에 따라 유보통합의 필요성이 더욱 부각되었다. 한국유아교육학회는 이 과정에서 정부 및 유관기관과의 협력을 통해 유보통합의 방향성을 설정하는 데 중요한 역할을 하였다. 2013년 12월, 정부는 유보통합 추진방안을 발표하며, 국가 차원에서 유아교육과 보육의 통합을 위한 체계적 계획을 마련했다.

누리과정 제정과 유보통합의 구체화 유보통합 논의의 중요한 전환점 중 하나는 누리과정의 도입이었다. 2012년 3세에서 5세 유아를 대상으로 한 국가 수준의 공통교육과정인 누리과정이 고시되었으며, 이를 통해 유아교육과 보육의 통합적 운영이 더욱 구체화되었다. 누리과정은 유치원과 어린이집 간의 교육 격차를 줄이고, 모든 유아가 발달에 적합한 교육을 받을 수 있도록 보장하는 것을 목표로 도입되었다.

누리과정의 가장 큰 특징은 놀이 중심의 통합적 교육활동을 제공함으로써 유아들이 창의적이고 자율적인 학습 경험을 쌓을 수 있도록 지원하는 데 있다. 또한, 유아들의 전인적 발달을 돕고자 교사용 지도서를 개발하여 교사들이 현장에서 일관된 교육을 실현할 수 있도록 지원했다. 2013년 2월, 한국유아교육학회는 누리과정 교사용 지도서 개발을 주관하며 유치원과 어린이집 교사들이 누리과정을 효과적으로 이해하고 실행할 수 있도록 한 점은 이러한 목표를 뒷받침한다.

이와 같은 시도는 유보통합을 위한 중요한 초석으로 볼 수 있다. 교육과정 통합은 유아교육과 보육의 이분화된 체제를 넘어, 교육과 돌봄의 경계를 허물고 일원화된 교육과정을 구축하는 것을 의미한다. 이는 유아의 전인적 성장과 발달을 중심으로 보편적이고 균등한 교육 기회를 제공하며, 가정과 사회의 요구를 통합적으로 반영한다는 의의가 있다. 더 나아가, 이러한 통합은 유아의 학습과 복지 향상을 동시에 추구하고, 교육 현장에서의 일관성과 전문성을 강화함으로써 지속가능한 유아교육의 발전에 기여한다. 이후 누리과정에 의해 교육 · 보육을 받는 3-5세 유아에게 교육비와 보육비를 지원하는 예산을 지방교육재정교부금으로 일원화하며 재정의 통합도 일부 이루어졌다.

그러나 공통과정인 누리과정이 도입된 후에도 여전히 큰 쟁점이 남아 있었는데, 유보통합의 운영 주체 문제와 재정지원 방식이었다. 유치원은 교육부의 지원을 받지만, 어린이집은 보건복지부의 지원을 받는 구조였기 때문에 동일한 교육과정을 운영하면서도 재정지원 체계의 차이가 유지되었다. 이와 같은 문제점이 가시화됨에 따라 한국유아교육학회는 유보통합이 행정 통합과 더불어 재정 및 교원 양성 체계의 일원화를 포함해야 한다는 점을 강하게 주장하였다. 또한, 학회는 유보통합 과정에서 유아교육의 본질이 훼손되지 않도록 하는 데 주력하였다. 유보통합이 단순히 보육 중심으로 흡수되는 것이 아니라, 교육적 가치와 철학을 유지한 채 이루어져야 한다는 점을 강조하며, 유아교육 전문성 강화를 위한 교사 교육 및 유아교육 기관의 질적 개선 방안을 제시하였다.

누리과정 도입 이후 정부는 지속적으로 유보통합의 완전한 실현을 위한 방안을 모색해왔다. 2013년에는 국무조정실을 중심으로 유보통합 추진단이 구성되었지만, 부처 간 이견으로 인해 실질적인 진전을 이루지 못했다. 정부의 구체화 된 성과는 없었지만, 한국유아교육학회는 학문적 · 정책적 자문을 제공하는 가운데, 유보통합이 단순한 제도 개편이 아니라 유아의 발달과 학습을 중심으로 이루어져야 한다는 점을 계속 강조하였다.

유보통합의 본격화 2019년 대선 후보의 주요 공약으로 등장한 유보통합은 이후 새 정부에서 "첫 출발부터 공정하고 질 높은 교육"을 내걸고 국정과제 안에 유보통합을 제시하고, '유보통합추진단'을 설치하여 유보통합을 실행할 것임을 발표하여 본격화되기 시작했다. 2022년 5월 110대 국정과제로 제시되었다. 2023년에 들어 유보통합을 실현하기 위한 범정부적 협업이 본격화되었다. 2023년 1월, 정부는 교육부 내에 유보통합의 효율적 운영을 지원하기 위한 영유아교육보육통합추진단을 설치했다. 이 조직은 교육부, 보건복지부, 기획재정부, 행정안전부 등 관계 부처와 협력하여 유보통합 정책을 조율하고 실행하기 위한 것이다. 또한, 지방 교육청, 지자체 및 연구기관의 전문가를 포함하여 통합 운영방안을 수립하고 실천하고자 하였다. 정부는 유치원과 어린이집 간의 교육 · 보육 서비스 차이를 줄이기 위해 교사 처우 개선, 운영 지원 방식의 통일, 교육과정의 체계적 통합 등의 세부 정책을 마련하였다. 특히, 2023년 하반기에는 유보통합의 실효성을 높이기 위한 단계적 시범 운영이 일부 지역에서 시행되었으며, 이를 통해 교육과정 일원화와 시설 통합 운영의 효과성을 검증하는 노력이 이어졌다. 정부는 유보통합을 위한 법적 · 행정적 기반을 강화하고, 교사 양성 체계를 일원화하는 방안을 적극 검토하였다. 또한, 학부모와 교사들의 의견을 반영하여 유보통합 정책이 현장에 안정적으로 정착할 수 있도록 다양한 공청회와 협의체 운영이 이루어졌다.

한국유아교육학회는 이러한 정책 전개 과정에서 연구 기반을 제공하며, 유보통합의 질적 성장을 위한 정책 협의체에 계속 참여하여 주요한 과제를 이끌어가고 있다. 학회는 유보통합이 단순한 행정 개편이 아닌, 유아 중심의 질 높은 교육환경을 조성하는 방향으로 나아가야 한다는 점을 강조하며, 정부와 긴밀한 협력관계를 유지하여, 유보통합과 관련된 연구 수행, 정책 제안, 전문가 협의 등을 적극적으로 진행하고 있다. 학회는 유보통합이 유아의 발달과 교육적 요구를 반영하는 방향으로 추진될 수 있도록 교육 현장의 의견을 수렴하고, 실효성 있는 정책을 제안하는 역할을 지속해 나갈 것이다.

유보통합의 정책적 방향과 한국유아교육학회의 역할 유보통합 추진 과정에서 한국유아교육학회는 체계적인 연구를 기반으로 유보통합의 방향성을 제시하였다. 학회는 유아교육과 보육의 통합이 유아의 발달과 학습권을 보장하는 중요한 교육 개혁임을 강조하며, 정책 결정 과정에 중추적인 역할을 수행하였다.

2022년 5월, 유보통합이 110대 국정과제로 제시되자, 한국유아교육학회는 학회 차원에서 TF팀을 구성하고, 이를 통해 유보통합의 목표와 방향, 단계적인 실행 방안을 제시하였다. 학회는 유보통합의 실행 과정에서 가장 중요한 목표가 유아의 평등한 교육 기회를 보장하고, 질 높은 공교육 체제를 구축하는 것이라는 주요 가치를 담은 〈유보통합의 지향점에 대한 고찰〉, 〈영유아학교체제 기반 유보통합 정책 방향 및 단계별 방안〉을 학회의 학술지인 '유아교육연구'에 발표하여(2022년 11월) 유보통합에 대한 이론적 토대와 사회적 합의를 구축하는 데 기여하였다. 2023년 12월, 유보통합을 위한 정부조직법 개정안이 국회를 통과한 이후, '유보통합 실현을 위한 토론회'가 개최되었다. 이 자리에서 정정희 한국유아교육학회 회장은 유보통합추진위원회 위원으로 참여하여 학회의 입장을 공식적으로 전달하였다.

제2차 유보통합추진위원회(2023.07.)

(1) 모든 유아의 평등권 보장과 행복한 삶을 누릴 권리를 보장하는 통합
(2) 학교체계를 갖춘 보편적 교육기관으로서의 역할을 지원하는 교육부로의 통합
(3) 공공성과 교육의 질 향상을 보장하는 유보통합

학회는 유보통합의 기본 원칙으로 세 가지를 제시하며, 정책의 방향성을 확립하는 데 기여하였다. 정정희 회장은 특히 "유보통합 추진 과정에서 윤석열 정부의 정책 기조인 '공정과 상식'의 원칙을 기반으로 합리적이고 타당한 통합 방안이 마련되어야 한다"고 하며, 유아의 권리와 교육의 공공성 보장이 무엇보다 중요하다고 언급하였다. 이에 따라 학회는 유보통합이 단순한 제도 개편이 아닌, 유아의 발달과 교육의 질적 향상을 중심으로 추진되어야 한다는 점을 주장하였다.

'아이행복연구자문단' 킥오프 회의(2023.04.)

2023년에 4월에 합리적이고 현실 가능한 대안 마련을 위하여 유아교육계와 영유아보육계 학회 등으로부터 전문가를 복수로 추천받아 총 12명으로 아이행복연구자문단을 구성하였다. 학회에서 추천한 교수 4명이 연구자문위원으로 참여하여 유보통합 정책에 관한 연구와 자문, 포럼의 발제

및 토론 등을 통해 유보통합이 실현되는 과정에서 공정하고 합리적인 통합 방안이 마련될 수 있도록 다각적 논의를 전개하였다. 이 과정에서 학회는 유보통합 추진의 핵심 원칙으로 모든 **유아의 평등권 보장**, **교육부 중심의 통합적 운영**, **공공성과 교육의 질 향상**을 제시했다.

유보통합은 유아교육과 보육의 통합적 운영을 통해 모든 유아가 평등한 교육 기회를 누리고, 양질의 교육을 받을 수 있도록 하기 위한 중요한 정책적 개혁이다. 한국유아교육학회는 이러한 유보통합 논의와 정책 추진 과정에서 핵심적인 역할을 하며, 유아교육의 질적 향상과 공공성 강화를 위해 계속 기여해 왔다.

한편, 한국유아교육학회는 유보통합의 성공적인 실현을 위하여 지속적으로 연구를 수행하고 정책 제언을 활발히 이어왔다. 학회는 2019년부터 2024년까지 학술대회와 정책토론회를 개최하여 유아교육과 보육 통합이 가져올 긍정적 영향과 향후 과제를 논의하였다. 2022년에는 유보통합 이슈페이퍼를 발간하며, 유보통합의 정책적 방향과 핵심 과제를 체계적으로 정리한 바 있다. 2023년 6월에는 유보통합의 학문적 토대를 구축하기 위한 연구서인 「미래사회를 위한 0-5세 영유아학제와 유보통합」을 발간하며, 0세에서 5세까지의 영유아 교육 및 보육 통합을 위한 구체적인 정책적

학회가 주도하여 출간한 유보통합 관련 도서

방향을 제시했다. 이 연구서는 유보통합이 유아교육의 공공성과 교육의 질을 보장할 수 있는 중요한 기반임을 강조하며, 한국유아교육의 미래를 위한 발전방안을 논의했다.

2023년 11월 21일, 한국유아교육학회는 육아정책연구소 및 김미애 국회의원실이 주최한 '유보통합의 성과 제고를 위한 정책토론회'에 참여하여, 유보통합의 단계적 추진과 성과 제고 방안에 대한 논의를 진행하였다. 이 자리에서 학회는 유보통합의 실질적 성과를 높이기 위한 다양한 의견을 제시하였으며, 정책 실행을 위한 구체적인 방안을 제안하였다. 또한, 2024년 10월 18일에는 여러 유아교육 관련 학회와 함께 '2024 유보통합정책 공동포럼: 영유아교사 전문성 확보를 위한 3대 쟁점'을 공동 주최하였다. 이 포럼은 영유아교사의 전문성 강화와 유보통합의 방향성을 심도 있게 논의하는 자리로, 학계와 현장의 다양한 의견을 수렴하여 정책적 기초를 마련하는 데 기여하였다.

나아가, 학회는 유보통합의 효과적인 추진을 위해 관련 연구를 수행하고, 정책 제안을 지속적으로 제시하고 있다. 24대 학회장인 고영미 회장이 연구책임자로 참여한 교육부 정책과제 『영유아교사 양성교육과정 개편 방안 연구』는 이와 같은 노력의 결과이다. 이 과정에서 2024년 12월 16일, 한국유아교육학회는 교육부와 함께 '유보통합 교원 자격 · 양성 체제 개편(안)'에 대한 공청회도 주최하였다. 이 공청회에서는 유보통합 과정에서 교원의 자격 및 양성 체제 개편에 대한 정책연구 결과를 발표하고, 현장의 다양한 의견을 수렴하였다. 이를 통해 유보통합의 성공적인 추진을 위한 교원 역량 강화 방안을 모색하였다.

이러한 활동을 통해 한국유아교육학회는 유보통합의 성공적인 정착과 발전을 위해 학술적 기반을 마련하고, 정책적 방향성을 제시하는 데 기여하고 있다. 학회는 앞으로도 유보통합이 유아의 학습과 발달을 최우선으로 고려하는 방향으로 추진될 수 있도록 지속적인 연구와 정책적 노력을 이어갈 것이며, 교육 현장에서 실질적인 변화를 이끌어낼 수 있도록 적극적으로 참여할 것이다.

유보통합은 유아들의 평등한 교육 기회를 보장하고, 교육의 공공성과 질적 향상을 실현하는 중요한 국가적 과제이다. 한국유아교육학회는 이를 실현하기 위한 정책적 · 학문적 논의를 선도하며, 유보통합이 성공적으로 정착될 수 있도록 지속적으로 기여할 것이다.

CHAPTER 9

미래를 향해 나아가는 한국유아교육학회

현재 상황을 개선하고 미래를 대비하는 데 과거에 대한 이해는 중요하다. 역사를 통해 과거의 사실을 되돌아보고, 역사 속 인물과 사건을 통해 많은 지혜를 얻기 때문이다. 한국유아교육학회 창립 50주년을 맞이한 지금, 지난 50년 동안의 놀라운 성장을 바탕으로 빠르게 변화하는 국내외 영유아 교육정책 및 교육환경에 적극적으로 대처하기 위한 학회의 다양한 역할이 요구되고 있다. 이 장에서는 앞서 논의된 우리나라 유아교육의 변화와 한국유아교육학회의 성장 과정을 정리하고, 과거로부터의 배움과 한국유아교육계가 처한 국내외 환경 변화 요인에 기초해 앞으로 나아가야 할 방향을 제시하고자 한다.

과거에서 이어져 온 현재

| 전체 그려보기 |

한국유아교육은 오랜 시간 동안 다양한 변화를 거치며 성장해 왔다. 특히, 한국유아교육학회는 학문적 연구와 실천적 발전의 견인차 역할을 하며 한국유아교육의 새로운 지평을 여는 데 이바지했다. 근대적 유아교육의 개념이 도입된 이래로 1969년 제1차 유치원교육과정이 제정 · 공포되면서 국가 차원의 유아교육 시스템이 마련되었고, 1970년대에는 유치원 수가 증가하면서 유아교육이 본격적으로 제도화되었다. 이러한 시대적 변화와 함께 유아교육의 중요성이 증대됨에 따라 한국유아교육학회가 설립되었다.

학회 창립은 유아교육을 학문적으로 연구하고, 체계적인 교육과정 개발과 정책 제안을 위한 초석을 다지는 계기가 되었다. 학회는 교육과정 개정 연구, 교사교육 프로그램 개발, 정책 제안 등의 역할을 수행하며 유아교육의 발전에 기여하였다. 이러한 학회의 노력은 국가교육정책에 반영되어 유아교육 현장에서 실천되었으며, 이론과 실제를 연결하는 중요한 역할을 담당하였다. 2011년 누리과정이 도입되면서 유아교육과 보육의 통합적 운영이 시도되었고, 2019년 개정 누리과정이 시행되면서 놀이 중심 교육이 강조되었다. 이러한 변화를 반영하여 학회는 최신 연구들을 수행하고, 유아교육의 질적 향상을 위해 노력하였다. 유아교육은 빠르게 변화하는 사회 속에서 끊임없이 발전해야 한다. 4차 산업혁명과 함께 AI와 빅데이터를 활용한 유아교육, 다문화와 포용적 교육의 확대, 지속가능한 유아교육 정책 수립이 중요한 이슈로 떠오르고 있다. 따라서 학회는 새로운 패러다임을 주도하며 실천적 적용을 확대하고, 학술적 연구와 현장 교사 간의 연결을 강화하고, 글로벌 네트워크를 구축하여 국제협력을 확대하여 우리나라 유아교육, 나아가 세계 유아교육의 발전을 위해 노력해야 할 것이다.

시간과 숫자로 보는 한국유아교육학회의 역사 우리나라 유치원 역사는 100여 년에 이르지만, 독자적인 학문영역으로 인정받기까지 많은 시간과 노력이 필요했다. 특히, 1975년 창립된 한국유아교육학회는 지난 50년간 우리나라 유아교육의 이론적 실천적 발전을 선도하며 한국유아교육의 정체성과 위상을 확립하는 데 기여했다. 학회의 설립 초대 회장인 이상금 교수는 무엇보다 한국 유치원 역사의 체계화에 관심을 가졌으며 역사적 의식의 중요성을 강조하였다. 그의 저서인 한국 근대 유치원 교육사(1987)와 학회의 20주년 기념식이 있었던 1995년 10월 제6차 연차학술대회 기조강연 '한국유아교육의 회고와 발전 방향' 원고를 통해 한국유아교육학회 발족 전 한국유아교육의 과거사를 회상해 보면 다음과 같다.

- 한국유아교육의 시작은 1914년이다. 1914년 창설된 이화유치원은 전문가에 의해 교육이념, 교육원리, 교육방법을 가지고 우리나라의 본격적인 유치원 교육을 시작하였다. 또한, 본격적인 교사양성제도를 확립하며 한국유아교육의 기초를 마련하였다.
- 일본식민지 시기에 발전한 한국유아교육은 민족교육의 역할을 담당했다. 민족교육과 민족문화 말살 규제로 유아기부터 창가나 유희로 민족정신을 고양하고자 하였다. 이는 유치원 보급의 원동력이 되었으나 유아교육의 본질을 왜곡하기도 하였다.
- 1930년대 춤과 노래로 왜곡된 유아교육을 반성하고 아동중심주의를 지향하였다. 더불어 유치원 이론과 교육과정을 자국화하려는 노력이 있었다. 이러한 전환은 세계사적 유치원 발달 맥락과도 추이를 같이한다.
- 해방 후 법적, 제도적 부족으로 한국유아교육의 발전은 부진하였으나 교사 양성 기관이 격상하였고, 민간교원단체에 의해 새로운 이론과 실제를 도입하여 자체 연수와 혁신에 매진하며 유아교육 발흥의 기반을 조성하였다.

한국유아교육은 시대적 어려움과 정치적 변화, 사회적 요구 등을 기반으로 한 반성과 성찰을 통해 꿋꿋이 정체성 구축을 위해 노력해왔으며, 이러한 노력은 1975년 한국유아교육학회 창립을 통해 본격화되었다고 할 수 있다. 앞 장에서 제시한 지난 반세기 동안 한국유아교육학회의 발전사를 시간의 흐름에 따라 정리하면 다음과 같다.

연도로 보는 한국유아교육학회

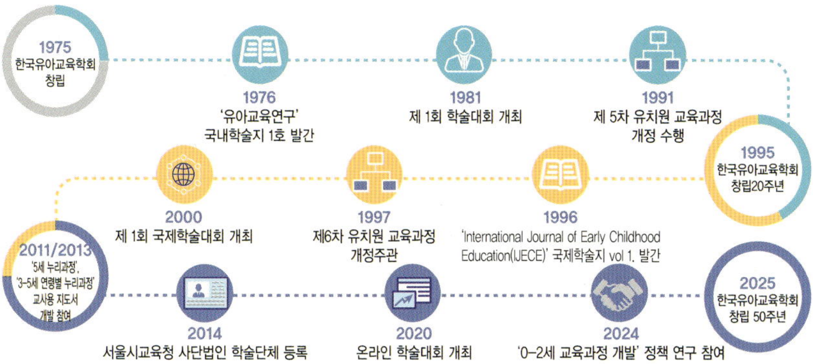

한국유아교육학회는 지난 50년간 사회 및 정책 변화에 따라 한국유아교육 발전을 위해 다양한 사업을 이끌고 참여하며 여러 성과를 남겼다. 한국유아교육학회가 이룩한 다양한 성과를 숫자로 짚어보면 다음과 같다.

1

한국유아교육학회는 1975년 10월, 우리나라 유아교육의 학문적 정립과 연구를 위해 창립된 최초의 학회이다.

24

한국유아교육학회는 1975년 제1대 이상금 초대 회장을 시작으로 2024년에는 제24대 고영미 **학회장**이 선출되어 운영되고 있다.

12

한국유아교육학회는 2000년 11월 제1회 국제학술대회를 시작으로 2023년 **제12회 국제학술대회**를 개최하였다. 2년마다 정기적으로 개최하는 국제학술대회를 통해 국내외 유아교육 연구자들과 국제적 협력과 교류의 장을 마련하고 있다.

51

한국유아교육학회는 1981년 제1차 학술대회를 시작으로 정기 학술대회를 개최하며 유아교육의 발전과 방향을 탐구해왔다. 2001년부터는 주기적으로 연 2회 학술대회를 개최해 총 51회의 **학술대회**를 개최하고 있다.

30

'International Journal of Early Childhood Education(IJECE)'은 1996년 창간한 국제학술지로 한국유아교육 연구의 성과를 세계에 알릴 수 있는 기반을 구축하여 국제적 위상을 높여 왔으며, 2024년 기준 30권 2호까지 발간되었다.

2,427

유아교육연구는 한국유아교육학회에서 창간한 국내학술지로 유아교육에 대한 다양한 연구와 학문적 공유를 위한 중심 역할을 수행하고 있다. 1976년 제 1집을 시작으로 44권 6호까지 총 190권, 2,427편이 발간되었다.

50

한국유아교육학회는 2025년 **학회 창립 50주년**을 맞이한다. 학회 설립 이전부터 사회의 중요한 학문영역으로 기여해온 한국유아교육의 역사와 시간을 되돌아보고 이에 기초해 앞으로 나아가야 할 한국유아교육의 방향을 설정하려는 중요 시점이다.

| 학문적 변화와 학술대회 |

학술대회의 주제 흐름 한국유아교육학회는 1981년 제1차 학술대회를 시작으로 매년 춘계 · 추계 학술대회를 개최해왔으며, 2000년 추계학술대회를 기점으로 국제학술대회를 2년마다 개최하고 있다. 한국유아교육학회 학술대회는 유아교육의 역사를 선도 · 주도하며 유아교육의 이론과 실제에 관한 연구를 통해 유아교육의 학문적 발전과 보급에 공헌하였다. 더 나아가 여러 분야의 전문가 및 외국의 유아교육 전문가를 초청하여 학문적 지평을 넓히는 데도 앞장서고 있다. 학회의 창립과 발전과정에 기초해 한국유아교육학회 학술대회의 주제 흐름과 연도별 주요 특징을 5단계로 구분하여 제시하면, 유아교육 기초 확립기, 정책 실현 방향 모색기, 국제화와 다양성 추구기, 융합과 정책 변화 대응기, 디지털 전환과 미래교육 준비기로 볼 수 있다.

I 단계는 1980년대를 아우르는 유아교육 기초 확립기이다. 1980년대는 유아교육진흥법 제정 등 국가 차원의 유아교육 지원이 본격적으로 시작되었고, 학회는 유아교육의 기초를 다지기 위해 노력하였다. 따라서 1981년 제1회 학술대회에서는 유치원 교육과정 개발과 유 · 초 연계성을 논의(1981년)하고, 부모교육 프로그램 개발 방향을 모색(1985년)하였다. 더불어 한국유치원의 역사와 유이교육 본질을 탐구(1987년–1989년)하며 유아교육의 기초 설정을 위한 논의의 장을 마련하였다.

II 단계는 1990년대로 정책과 실천 방향 모색기이다. 1980년대 유아교육의 양적 성장에 이어 1990년대는 유아교육의 질적 수준 제고에 초점을 두며 국가적 차원에서 유아교육의 체제 마련을 위해 노력하였다. 따라서 학회는 영유아 보호와 교육정책, 도덕성 교육, 유아교육의 과제와 전망을 논의(1990년–1995년)하였으며, 교육개혁과 유아교육의 질적 향상 모색을 위한 다양한 방안을 탐구하였다(1996년–1999년). 이와 함께 유아교육에서의 질적 연구

방법론을 소개하고 도입하는 계기(1999년)를 마련하였다.

Ⅲ단계는 2000년대 들어 국제화와 다양성을 추구하는 시기이다. 이 시기에 유아교육의 공교육화를 더욱 강조하며 유아교육과 보육의 통합을 논의하였다. 또한, 시대적 변화에 따라 유아교육의 패러다임이 변화하여 놀이 중심 교육의 필요성이 부각되었고, 창의성과 문제해결 능력이 강조되었다. 더불어 디지털 기술 도입과 함께 교육환경 역시 빠르게 변화하였다. 이러한 시대적 변화를 반영하여 2000년에는 제1회 국제학술대회를 개최하며 학회의 국제화를 위한 노력을 계속하였다.

21세기 유아교육 비전, 국제 비교와 정체성 확립을 도모(2000년-2004년)하였다. 또한, 유아교육과 보육의 통합을 논의하고, 다양성과 통섭을 추구(2005년-2009년)하였다.

한국유아교육학회 학술대회 주제의 흐름

2020년대

디지털 전환과 미래교육 준비기

디지털 혁신을 통해 미래 교육을 준비하고 새로운 패러다임과 본질 재탐색하는 단계

2010년대

융합과 정책 변화 대응기

학제 간 접근, 유보통합 정책 대응, 창의적 융합인재와 같은 교육 정책과 관행의 변화에 적응하는 단계

2000년대

국제화와 다양성 추구기

한국유아교육의 국제화와 다양성을 통합하고 융합하는 단계

1990년대

정책 실천 방향 모색기

유아교육 정책 방향과 실행 전략을 개발하고 유아교육의 과제와 전망을 모색하는 단계.

1980년대

유아교육 기초 확립기

유아교육의 기초 설정을 위한 준비 단계

Ⅳ단계는 융합과 정책 변화 대응기로, 2010년에 이르러서는 2000년대 논의하던 주제가 더 심화 확대되어 학제 간 접근, 유보통합 정책 대응, 창의적 융합인재 교육을 논의(2010년-2014년)하였고, 빅데이터 활용과 미래사회 대비 교육과정을 재설계하며 놀이중심 교육을 강조(2015년-2019년)하였다.

Ⅴ단계는 디지털 전환과 미래교육 준비기로 2020년대에 들어서는 4차 산업혁명시대가 본격화되면서 교육혁신의 필요성이 강조되었다. 따라서 포스트휴먼과 같은 새로운 패러다임을 조망하고 디지털 전환 시대 유아교육 방향을 모색(2020년-2023년)하였다. 2024년부터는 한국유아 교육학회 50주년을 준비하고, 유아교육의 본질을 재탐색하며 미래교육 방향을 논의(2024년-2025년)하고 있다.

주요 특징 한국유아교육학회는 시대적 변화에 발맞추어 한국유아교육의 발전을 위한 학술대회를 주최하였으며, 시대적 주요 이슈들을 유아교육 전문가들과 공유하는 장을 마련하였다. 학술대회의 주요 특징을 정리하면 다음과 같다. 첫째, 2000년대부터 국제학술대회를 정기적으로 개최하며 글로벌 시각을 확대하였다. 둘째, 시대적 변화를 반영하였다. 각 시기의 사회적 변화와 교육정책 변화를 주제에 반영하였다. 셋째, 학제 간 접근을 강화하였다. 2010년대부터 다양한 학문 분야와의 융합을 시도하였다. 2010년대부터 다양한 학문 분야와의 융합을 시도하였다. 넷째, 미래지향적 주제를 선정하였다. 2020년대에 들어서며 디지털 전환, 포스트휴먼 시대 등 미래교육 환경 변화에 주목하였다. 다섯째, 정책 대응을 하며 유아교육 제도 정착을 위해 노력하였다. 유보통합, 누리과정 등 주요 정책 변화에 대한 학술적 논의를 지속하였다. 여섯째, 교육의 본질을 탐구하였다. 50주년을 맞아 유아교육의 본질을 재탐색하는 주제로 회귀하였다. 이러한 흐름은 한국유아교육학회가 시대적 변화와 요구에 부응하면서도 유아교육의 본질을 계속 탐구해왔음을 보여준다.

|「유아교육연구」의 진화 |

「유아교육연구」는 한국유아교육학회에서 발간하는 국내학술지로, 학회 창립 다음 해인 1976년 제1집을 시작으로 2024년 기준 44권 6호까지 발간되었다. 1989년부터는 연 2회 주기적으로 학술지를 발간하였으며, 2000년부터는 연 4회, 2004년부터는 연 6회로 증간하였다. 2001년에는 등재학술지로 선정되어 현재까지 유지 중이며 영문 학술지명은 〈Korean Journal of Early Childhood Education〉이다. 「유아교육연구」는 유아교육 연구자들에게 중요한 연구 공유의 기회를 제공하며 유아교육 발전에 기여하고 있다. 7장에서 언급하고 있는 연구의 흐름을 살펴보면 시기별로 5시기로 나누어 볼 수 있다. 1시기(1976년-1992년)에 다루어지고 있는 주요 연구 주제는 한국유아교육의 이론적 기초와 부모교육, 아동 권리였다. 2시기(1993년-2004년)에는 유아교육의 질적 향상과 교사교육에 대한 연구가 두드러졌다. 3시기(2005년-2012년)에는 유아교육에서의 통합적 접근과 학제 간 협력을 강조하고 있으며, 4시기(2013년-2018년)에는 유아교육에서의 창의적 융합인재 양성, 5시기(2019년-2023년)에는 놀이중심 교육과정이 주요 연구 주제였다.

시기	주요내용
1976년 6월	창간:「유아교육연구」 제 1집 발간(5편)
1994년	연 2회 발간
1998년 7월	한국연구재단 등재후보학술지 선정
2000년	연 4회 발간(3월/6월/9월/12월)
2001년 1월	한국연구재단 등재학술지 선정
2004년	연 6회 발간(1월/3월/5월/7월/9월/11월)

연도별 논문 수 1976년부터 2024년까지 「유아교육연구」에 게재된 논문 수는 총 2,427편이다. 1976년부터 1993년까지는 매해 평균 5편의 논문이 게재되어 총 94편의 논문이 발간되었고, 1994년부터 1999년까지는 연간 2회씩 매해 평균 22편의 논문이 게재되어 총 131편의 논문이 발간되었다. 2000년부터 2003년까지는 연 4회로 증간되어 매해 평균 30편의 논문이 게재되어 총 118편의 논문이 발간되었다. 2004년부터는 연 6회로 증간되어 매해 평균 104편의 논문이 게재되어 총 2,084편의 논문이 발간되었다. 이처럼 학술지는 한국유아교육 연구의 장으로 자리매김하며 지속적으로 학문적 성취를 이룩하였다.

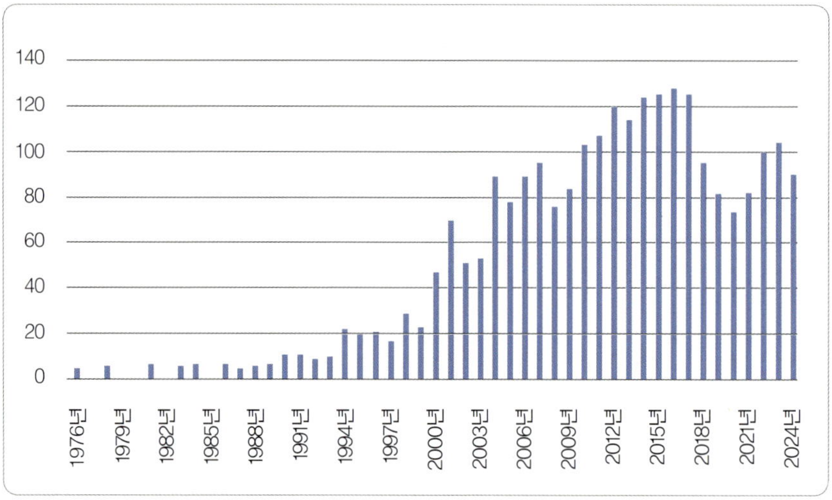

연도별 논문 수

학술지 영향력 KCI(한국학술지인용색인)에서 제공하는 영향력 지수(Impact Factor; IF)는 학술지의 중요성과 영향력을 평가하는 지표이다. 이 지수는 특정 기간에 한 학술지에 실린 논문이 다른 논문에서 인용된 평균 횟수를 나타내며 동일 분야 학술지의 상대적 중요성을 비교 평가하는 데 사용된다. KCI 학술지 영향력 인용 보고를 살펴보면, 2023년 기준으로 「유아교육연구」는 교육학 학술지 197종 중 19순위였으며, 피인용 횟수는 469회, 영향력 지수(IF/2년)는 2.58(교육학 분야의 영향력 지수 평균: 1.72)이었다.

중심성 지수는 학술지 영향력을 평가하는 더욱 정교한 방법이다. 이 지수는 단순한 인용 횟수를 넘어 학술지 간의 복잡한 관계를 고려한다. 즉, 많은 학술지로부터, 명성 있는 학술지로부터, 많은 인용을 받아야 높은 점수를 받는데 「유아교육연구」의 중심성 지수(3년)는 2.698로 영향력 지수보다 높은 것으로 나타났다.

2008년부터 KCI에서 제공하는 「유아교육연구」 연도별 논문 수, IF 지수, 중심성 지수

	2008	2009	2010	2011	2012	2013	2014	2015	2016	2017	2018	2019	2020	2021	2022	2023	2024
논문수	76	84	103	107	120	113	124	125	128	125	95	82	74	82	100	104	90
IF 지수	1.24	1.75	1.74	1.94	1.98	2.17	2.82	3.05	2.71	2.39	2.23	2.44	3.03	3.47	2.56	2.58	–
중심성 지수	–	–	–	–	1.974	2.150	2.821	3.245	3.087	2.812	2.752	2.679	3.158	3.361	3.215	2.698	–

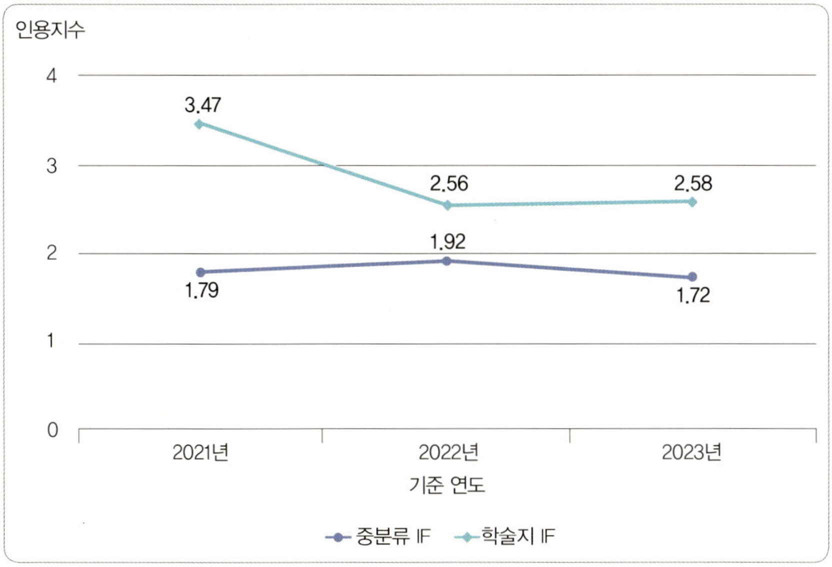

최근 3년간 영향력 지수(IF) 추이

| International Journal of Early Childhood Education(IJECE) |

국제학술지의 발간 「International Journal of Early Childhood Education(IJECE)」는 한국유아교육학회에서 발간하는 국제학술지로 1996년 Vol.1 발간을 시작으로 2024년 기준 30권 2호까지 발간되었다. 2002년부터는 연 2회 학술지를 발간하고, 2018년에는 특별호를 포함하여 3회 발간하였다. 2005년에는 등재학술지로 선정되어 현재까지 유지 중이며 2019년부터는 SCOPUS 등재를 위해 노력하고 있다. IJECE는 한국유아교육 연구성과를 세계에 알리기 위한 중심 역할을 하고 있다. 국제적인 연구자들과의 교류를 촉진하며, 한국의 유아교육 연구가 글로벌 학문 공동체에 인정받을 수 있는 기반을 마련하였다는 데 그 의의가 있다. 국제학술지 운영을 통해 한국의 젊은 연구자들이 글로벌 연구 환경에 적응하고 성장할 수 있는 기회를 제공하고, 지속적인 연구 기반을 마련하여 한국유아교육 연구의 장기적인 발전에 기여해야 할 것이다.

「International Journal of Early Childhood Education(IJECE)」 발간 변화 추이

시기	주요내용
1996년 8월	창간: 「International Journal of Early Childhood Education (IJECE)」 Vol.1 발간(10편)
2002년	연 2회 발간(6월/12월)
2003년 1월	한국연구재단 등재후보학술지 선정
2005년 1월	한국연구재단 등재학술지 선정
2019년	SCOPUS 등재를 위한 전략적 모색

연도별 논문 수 1996년부터 2024년까지 「International Journal of Early Childhood Education(IJECE)」에 발간된 논문 총수는 총 475편으로 연도별 게재된 논문 수는 다음 그림과 같다. 2004년 이후부터는 권당 10편 이상의 논문이 계속 게재되고 있으며, 매해 평균 16편의 논문이 게재되고 있다. 2021년부터는 투고료, 심사료, 게재료를 전문 무료화하여 투고 접근성을 높이고 영문 홈페이지를 구축하여 국내뿐 아니라 국외 연구자의 참여를 촉진하고 있다.

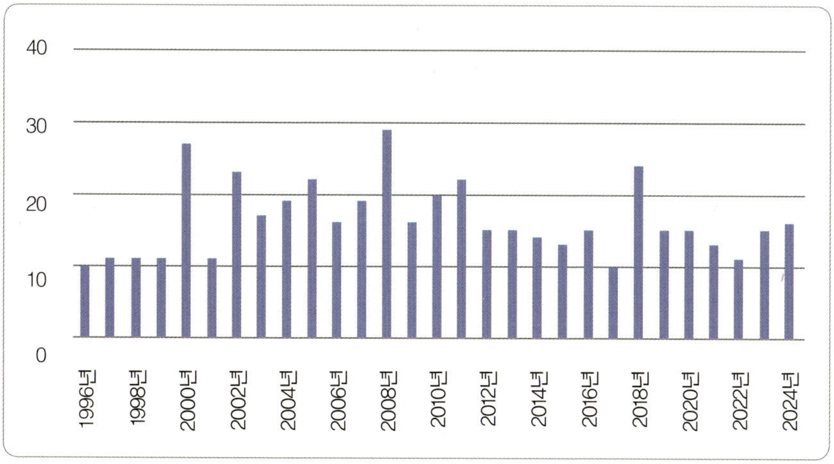

연도별 논문 수

학술지 영향력 KCI 학술지 영향력 인용 보고에 따르면 2023년 기준 「IJECE」는 교육학 학술지 197종 중 183순위였으며, 피인용 횟수는 11회, 영향력 지수(IF/2년)는 0.46(교육학 분야의 영향력 지수 평균: 1.72)이었다. 중심성 지수(3년)는 0.705로 영향력 지수보다 높은 것으로 나타났다. IJECE 영향력 지수와 중심성 지수는 꾸준히 상승하고 있다.

「International Journal of Early Childhood Education (IJECE)」 연도별 논문 수, IF 지수, 중심성 지수

	2008	2009	2010	2011	2012	2013	2014	2015	2016	2017	2018	2019	2020	2021	2022	2023	2024
논문수	27	14	18	20	15	14	14	13	15	10	24	15	15	13	11	15	16
IF 지수	0.03	0.14	0.12	0.19	0.34	0.03	0.17	0.07	0.33	0.29	0.16	0.53	0.21	0.27	0.43	0.46	-
중심성 지수	-	-	-	-	0.489	0.268	0.364	0.305	0.511	0.536	0.604	0.625	0.37	0.498	0.741	0.705	-

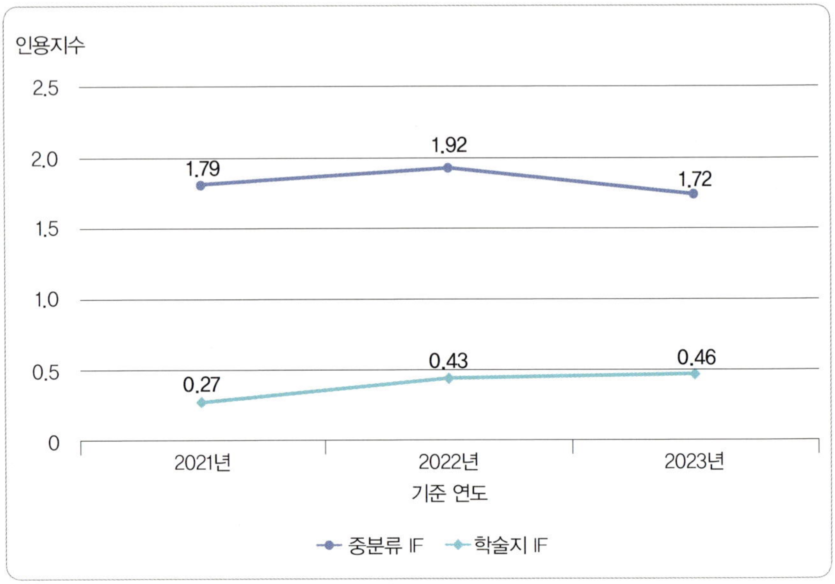

최근 3년간 영향력 지수(IF) 추이

| 다양한 사업을 통한 내·외연의 확장 |

한국유아교육학회는 지난 50여 년간 유아교육의 이론과 실제에 관한 다양한 연구와 실천을 통해 학문적 발전을 이끌어왔다. 특히, 다양한 사업을 통해 한국유아교육 발전을 위해 중추적 역할을 담당해 왔다. 한국유아교육학회의 주요 사업 현황을 살펴보면 다음과 같다.

첫째, 유아교육 백서 및 유아교육사전을 비롯한 기초 연구자료 발간 사

업을 시행하였다. 유아교육 백서는 연구자, 정책입안자, 유아교사, 교육행정가 등이 유아교육 관련 정보를 쉽게 접근하고 활용할 수 있도록 하는 중요한 자료로 1996년 창립 20주년을 기념하여 처음 발간되었으며, 이후 2003년, 2007년, 2011년 총 4권이 발간되었다. 유아교육 백서에는 시대별 유아교육의 변화와 정책 방향을 정리하고, 연구동향과 현장의 요구를 반영하여 유아교육의 발전 방향을 제시하는 역할을 하였다. 특히, 유아교육 백서는 국가 차원의 유아교육 정책 변화와 교육과정 개정 과정을 체계적으로 정리하여 연구자와 정책 담당자들에게 실질적인 정보를 제공하였다는 의의가 있으며, 학문적 기초 자료로 널리 활용되고 있다. 유아교육 백서 외에도 다양한 연구자료 발간 사업을 통해 학회는 유아교육의 본질과 핵심 가치를 알리기 위한 노력을 지속하였다.

둘째, 다양한 학술연구사업을 활발히 진행하고 있다. 학회에서 출간하고 있는 디딤돌 시리즈는 중요한 학술 출판 사업으로 2018년부터 매해 공모를 통해 과제를 선정하고 있다. 디딤돌 시리즈는 유아교육 백서에서 발전하여 주제별로 심화된 전문 서적 형태로 유아교육학의 핵심 개념과 현상에 대한 심도 있는 학문적 탐구를 제공한다. 뿐만 아니라 현장 실제와의 연계 방안을 제시하고 있어 유아교육 분야의 지식을 확장하고, 전문가들의 역량 강화에 기여하고 있다. 이외에도 학회는 국제협력연구, 교수-교원 협력적 연구사업을 통해 학문적 발전과 실제적 적용을 위해 노력하고 있다. 국제협력연구는 해외 우수 연구자들과의 학술 교류 활성화 및 유아교육 최신 동향 공유를 목적으로 하며 교수-교원 협력적 연구는 대학의 교수와 현장 교원 간의 협력적 연구를 통해 이론과 실제의 연계를 강화하여 현장 적용 가능한 연구 수행을 목적으로 한다. 이러한 연구 공모사업은 다양한 유아교육 연구를 지원하고 추후 국제학술대회 발표와 학술지 게재를 통해 연구 결과의 공유와 확산을 도모하고 있다.

셋째, 연구방법 세미나 사업을 통해 연구자들이 최신 연구방법론을 학습하고 연구 수행 능력을 향상할 수 있도록 지원하고 있다. 유아교육 연구에서 활용할 수 있는 다양한 연구 설계, 통계 분석, 질적 연구 방법 등을 교육하고 연구자들 간의 네트워크 형성을 촉진하여 협력적 연구의 기회를 확대하고자 노력해왔다. 이는 앞으로도 유아교육 연구의 질적 향상을 도모하며, 유아교육이 학문적 수준을 높이는 데 기여할 것이다.

이외에도 한국유아교육학회는 1993년 광주전남지회를 시작으로 총 7개의 지회가 활발히 활동하고 있는데, 지회에서는 각 지역 특성에 맞는 학술대회, 포럼, 교사 워크숍 등의 사업을 진행하고 있다. 지회는 각 지역의 특성과 요구를 반영한 워크숍 주제 및 이론과 실제를 연계한 다양한 프로그램을 통해 현장 교사들의 전문성 향상에 기여하고 있다. 무엇보다 지역 여건을 고려하여 지역 내 유아교육 관계자들 간의 교류와 협력을 촉진하고 연구와 실천 사례를 공유함으로써 유아교육 발전에 기여하고 있다. 학회의 대내외적 사업들은 반세기의 역사와 전통과 함께 앞으로 다가올 대한민국 유아교육 발전의 원동력이 될 것이다.

한국유아교육학회의 미래

| 한국유아교육학의 미래지향적 아젠다 구축 |

미래 유아교육의 방향성 검토 및 기초 자료 구축 현대사회는 기술 혁신과 사회 · 문화적 가치 변화 속에서 유아교육의 역할과 목표를 새롭게 정립할 것을 요구한다. 전 세계적으로 유아기의 교육이 개인의 전 생애에 걸친 성장과 성공에 결정적인 영향을 미친다는 점이 강조되면서, 각국은 유아교육정책과 연구를 발전시키고 있다. 한국유아교육학회는 지난 50년간 한국 유아교육의 학문적 발전과 정책적 변화에 중요한 역할을 해왔다. 이제는 과거의 성과를 바탕으로 미래 유아교육의 방향을 제시하고, 새로운 교육 패러다임을 구축하는 선도적인 역할을 수행해야 한다. 특히, 우리나라는 현재 유보통합이라는 중대한 변화를 앞두고 있다. 이는 단순한 제도적 개편을 넘어 유아교육의 본질을 되돌아보고, 교육과 돌봄을 아우르는 새로운 체계를 마련할 수 있는 중요한 기회이다.

하지만 유보통합이 유아교육 발전을 위한 유일한 과제는 아니다. 유보통합에서 나아가 한국유아교육이 미래사회에서 나아가야 할 방향을 설정하고, 국제적인 흐름과 조화를 이루며 지속가능한 교육 체계를 마련하는 것이 핵심 과제이다. 따라서 유아교육의 발전을 위해서는 단기적인 정책 변화에 대응하는 것뿐만 아니라, 장기적인 비전과 목표를 설정하고 이에 맞는 연구와 정책 개발이 이루어져야 한다. 이를 위해 학회에서는 미래 유아교육 비전 및 로드맵 수립과 2050년을 바라보는 장기적 유아교육 발전 전략을 마련하는 등 변화하는 사회적 · 기술적 환경을 반영한 유아교육의 방향을 설정해야 한다. 그리고 한국유아교육학회는 유보통합을 포함한 미래 유아교육의 방향을 설정하고, 학문적 · 정책적 연구를 주도하며, 국제적 협력을 강화하는 등 다각적인 노력을 기울여야 한다.

변화하는 세계 안에서 유아교육이 유아의 전인적 성장과 평생 학습의 기초를 형성하기 위해서는 다음에 대한 검토가 필요하다. 첫째, 현재 한국유아교육은 유보통합이라는 제도적 변화를 앞두고 있다. 유보통합은 오랜 시간 동안 이분화되어온 유아교육과 보육의 통합이 이루어진다는 점에서 우리나라 유아교육의 역사에서 매우 중요하고 의미 있는 사건으로, 유보통합의 실행을 위해 정책적 차원은 물론 다양한 입장에서 주요 내용 및 관련 쟁점에 관한 연구와 검토가 이루어지고 있다. 이 과정에서 유보통합 자체에 목적을 두는 것이 아니라 통합 이후 유아교육의 본질을 '유아의 최선의 이익'에 두고, 유아와 가정, 그리고 유아교육기관 및 교사의 지위와 전문성 제고를 위한 복합적인 요소와 교육환경에 대한 탐색이 필요하다. 예를 들어, 기존에 교육과 돌봄을 구분하여 각각 다른 측면을 강조하며 차별성을 부여하고자 노력해왔다면, 이제는 돌봄과 교육 모두를 유아교사가 전문적으로 수행해야 할 역할로 정의하고, 돌봄을 단지 생리적 보호(예: 식사, 수면, 안전)에 한정하는 것이 아니라 인지적 자극과 정서적 지지, 사회적 상호작용을 포함하는 포괄적 개념으로 정의하는 등 교육과 돌봄의 통합적 제공을 위한 전체적인 그림을 제공하는 연구가 필요하다. 즉 유보통합이 단순한 행정적 통합을 넘어 유아의 최선의 이익을 보장하고, 교육과 돌봄이 조화롭게 융합된 새로운 유아교육 모델을 마련하는 계기가 되어야 한다. 이를 위해서는 교육과 돌봄이 통합된 교수 · 학습 모델을 개발하고, 교사 역할을 재정립하며, 전문성을 강화하는 연수 및 교육과정 개편이 이루어져야 한다. 또한, 기관 유형별 운영 모델을 정비하고 유아교육의 질을 관리할 수 있는 체계를 마련하는 것이 필수적이다.

무엇보다 유아교육 교사의 지위와 처우 개선은 중요한 과제이다. 통합된 기관에서 교사의 역할이 확대됨에 따라, 이에 걸맞은 전문성을 인정받고 보상받을 수 있는 체계를 마련해야 한다. 유아교육 연구자들과 현장 교사들이 오랫동안 주장해온 바와 같이 근무 환경을 개선하고, 정서적 지원 체계를 구축하여 교사의 직무 만족도를 높이고 교육의 질을 유지하는 것이 필요하다. 또한, 유보통합의 효과를 객관적으로 분석하고, 지속적인 모니터링을 통해 정책 개선 방향을 제안하는 연구도 함께 이루어져야 한다.

둘째, 포용성과 접근성을 확대하기 위해 다양한 문화적 배경, 장애 및 특별한 요구를 가진 유아를 포괄하는 유아교육 체계에 관한 연구를 지속하고, 지역 간 교육 격차를 줄이려는 노력이 중요하다. 즉 유아교육의 보편적 접근성을 강화하는 관점에서 다양한 접근이 이루어져야 한다. 여기에는 미래사회의 변화에 대응하기 위한 다각적인 접근하에서 디지털 기술과 유아교육의 관계나 생태 친화적 교육환경 조성, 부모 및 지역사회와의 협력에 기초한 통합적 교육 시스템 구축에 관한 내용도 포함될 수 있다.

셋째, 유보통합 이후 유아 발달, 놀이와 배움의 지원, 건강 및 가족 지원, 유아교육기관 운영 모형과 교사 전문성과 처우 개선 등 핵심 영역에 대해 각 분야의 전문가가 모여 논의하고 중요 의제를 개발하는 정기적인 협의체가 필요하고, 이를 수행하는 과정에서 한국유아교육학회가 구심점의 역할을 담당해야 한다. 현재까지 유아교육의 중요 의제에 대한 논의의 장(場) 및 기초적인 자료 미비로 인해 관련 정책 및 문제해결 방안을 도출하는 과정이 일회적이거나 정책 일관성 유지에 어려움이 있었음에 비추어볼 때, 이제부터라도 한국유아교육학회가 유아교육 관련 연구와 자료 구축에 더욱 적극적인 역할을 하여, 정책 제안 및 개선, 실제 정책 반영 사항을 모니터링하고 평가하는 체계가 구축될 수 있도록 해야 한다. 이렇게 구축된 연구 자료는 향후 유아교육 정책뿐만 아니라, 유아교육과 관련된 재정지원, 노동 및 복지정책 개발 과정에 중요한 자료로 활용될 수 있을 것이다. 특히, 통합기관 유아정교사의 전문적 자격 및 기준, 교사를 위한 환경이나 기관에 따른 교사 처우 격차와 같은 민감한 사안에 관한 심도 깊은 연구와 논의, 분석 자료를 제공함으로써 향후 우리나라 유아교육 정책의 조정 및 변화 과정에 유용한 기초 자료로 활용될 수 있을 것이다.

| 한국유아교육학회 학술지의 미래지향적 도전 |

『유아교육연구』의 새로운 도약 한국유아교육학회는 지난 50년 동안 유아교육의 학문적 발전과 실천적 적용을 선도하며, 국내외 연구자와 현장 전문가들에게 중요한 학술적 기반을 제공해 왔다. 특히, 학회에서 발간하는 연구지는 학회의 학문적 기여도를 가장 직접적으로 보여주는 중요한 영역이며, 유아교육 연구의 발전을 촉진하는 핵심적인 역할을 수행하고 있다. 『유아교육연구』는 1976년 창간 이후 꾸준한 성장을 이루어 왔으며,

2001년 등재학술지로 선정된 이후 현재 연간 6회 발간되고 있다. 2023년 기준으로 교육학 분야 학술지 197종 중 19위에 해당하며, 피인용 횟수는 469회, 영향력 지수(IF/2년)는 2.58로, 교육학 분야 평균인 1.72보다 높은 수치를 기록하고 있다. 또한, 3년 중심성 지수(2.698)는 영향력 지수보다 높은 수치를 나타내며, 연구 네트워크 내에서 중요한 허브임을 보여준다. 이러한 성과를 바탕으로 『유아교육연구』가 한국유아교육 연구의 질적 도약을 이루고, 세계적 유아교육 담론을 선도하는 저널로 자리매김하기 위해서는 몇 가지 전략적 접근이 필요하다.

첫째, 유아교육이 발달심리학, 사회학, 정보기술 등 다양한 분야와 교차하여 발전해 왔으며, 유아교육 생태계가 더욱 복합해지고 다양한 요인의 영향을 받게 된 현재 상황에서 다학제적 연구 주제를 적극 수용할 필요가 있다. 학교로의 전이가 시작되는 초등교육과의 연계 교육이나 연관된 다른 학문분야의 최신 연구를 학술지에 게재하도록 하는 등 미래 유아교육의 학문적 정체성을 수립해가기 위한 한 방향으로 연구 범위를 확장하는 구체적인 방안 마련이 필요하다.

둘째, 특정 주제를 집중적으로 다루는 연구 기획을 강화할 필요가 있다. 최근 유아교육 분야에서 중요한 이슈로 부각된 놀이 기반 학습, 유보통합 정책, 팬데믹 이후의 디지털 환경과 유아 발달 등에 관한 연구를 심층 탐색하는 기획 논문이나 특별호 발간을 고려할 수 있다. 예를 들어, 2019 개정 누리과정 시행 이후 유아교육 현장에서 놀이 중심 교육과정 운영이 강조되고 있는 만큼, 이에 대한 실증적 연구를 중점적으로 다루는 특별호를 기획할 수 있다. 또한, 국제적으로 관심이 높은 디지털 기술과 유아 발달 간의 관계를 탐색하는 연구 지원을 통해 글로벌 유아교육 담론에 기여할 수도 있다. 유보통합과 관련해서는 정책적 · 철학적 · 실증적 연구를 균형 있게 포함하여, 현재 진행 중인 논의를 더욱 체계적으로 정리하고 학문적 논거를 강화할 필요가 있다. 이를 통해 『유아교육연구』가 유아교육 분야뿐만 아니라 인접 학문과의 연결고리를 형성하고, 학제 간 연구를 촉진하는 장으로 기능할 수 있을 것으로 본다.

셋째, 논문심사 체계를 정교하게 다듬는 것도 중요한 과제이다. 현재 『유아교육연구』는 편집위원회와 외부 학자를 통해 논문심사를 진행하고 있으나, 심사자의 연구 분야와 방법론, 학문적 관점에 따라 심사 기준이 상이하게 적용될 가능성이 있다. 이러한 문제를 해결하기 위해서는 논문심사 가이드라인을 더욱 구체적으로 정리하고, 정기적으로 점검하여 보완하는 과정이 필요하다. 체계적인 가이드라인이 마련될 경우, 논문의 질을 제고하고 연구자들의 논문 투고율을 높이는 데도 긍정적인 영향을 미칠 것으로 본다.

국제화 강화를 위한 전략 한국유아교육학회에서 발간하는 국제학술지인 「International Journal of Early Childhood Education(IJECE)」의 국제적 위상 강화를 위한 노력이 필요하다. 「IJECE」는 1996년 창간 이후 2005년에 등재학술지로 선정되었으며, 2024년 기준 30권 2호까지 발간되었다. 그러나 2023년 기준으로 교육학 학술지 197종 중 183위, 피인용 횟수 11회, 영향력 지수(IF/2년) 0.46(교육학 분야 평균 1.72), 중심성 지수(3년) 0.705를 기록하며 국제적 영향력을 확보하기에는 아직 미흡한 상태이다. 이에 따라, 「IJECE」의 SCOPUS 등재를 목표로 한 노력이 2019년부터 진행되고 있으며, 최근 연구논문과 양적 측면과 질적 측면에서 모두 성과가 나타나고 있다. SCOPUS는 2004년에 네덜란드의 Elsevier 출판사가 만든 전 세계의 우수 학술논문 인용 지수로 미국 이외의 나라에서 출판된 영어 논문뿐만 아니라 비영어권 국가들에서 자국 언어로 작성된 우수 논문 콘텐츠를 포함하고 있다. 따라서 다양한 유아교육적 전망을 확보할 수 있는 좋은 기회이므로 국제적 위상을 확보할 수 있는 현재의 기회를 계속 유지 · 확장해 가야 한다. 「IJECE」의 SCOPUS 등재를 위한 지속적인 운영 체계를 마련하기 위해, 학회 내에 별도의 전문 편집 시스템을 구축하는 방안을 고려할 수 있다. 실제로 일부 국제학술지는 전문인력을 두어 논문 편집과 출판을 담당하고 있으며, 이러한 체계를 도입하면 보다 안정적이고 지속적인 학술지 운영이 가능할 것으로 예상된다.

SCOPUS 등재를 통해 학문적 가치를 더욱 인정받기 위해 현재 TF팀에서 실행하는 국제적 편집위원회 강화, 논문 품질 관리 등의 노력과 함께 피인용 횟수를 증가시키는 전략도 필요하다. 이를 위해 해외 연구자 및 기관과의 공동연구 프로젝트를 기획하고, 국제 학술대회와 연계하여 특별호를 발간하는 방식도 고려할 수 있다. 「IJECE」의 특화된 주제를 설정하고 국제적 관심을 끌 수 있는 연구를 집중적으로 유치하는 것도 중요하다. 예를 들어, 아시아-태평양 지역의 유아교육 정책 변화, 교사 역량 강화, 0-5세 통합 교육과정 비교 등의 주제를 선정하는 것이다. 또한, 피인용 횟수가 높은 리뷰 논문이나 메타분석 논문의 비중을 확대하여 학술지의 영향력 지수를 높이는 전략도 고려할 필요가 있다. Google Scholar, CrossRef 등의 데이터베이스에 논문을 등록하고, 일부 논문의 무료 공개를 확대하는 저작권 정책을 개선하여 인용률을 증가시키는 방안도 검토해야 한다. 아울러, 유아교육 정책 변화와 그 효과를 실증적으로 분석하는 논문이나 한국과 다른 국가의 비교 분석 연구를 적극적으로 모집하여 국제적인 학술적 영향력을 확대하는 것이 필요하다.

즉 「IJECE」가 SCOPUS 등재와 함께 국제적 영향력을 확보하기 위해서는 국제적 특화된 주제 설정, 피인용률 증가 전략, 디지털 접근성 확대와 같은 다각적 접근을 원활하게 하는 체계화된 운영 제도를 갖추는 일이 필요하다. 현행 편집위원회는 편집위원장과 편집이사가 2년의 임기로 이를 담당하므로 SCOPUS 등재를 위한 지속적인 업무 운영 및 연계가 어려울 수 있다. 따라서 한시적이라도 학회 내에 별도의 전문 편집 체계를 정립하는 방안을 고려할 수 있다. 실제로 국내 · 외 일부 학술지의 경우, 학술지 논문 편집을 전문적으로 담당하는 부서가 있고 전문인력이 논문 편집과 출간을 지원한다. 이를 위해 한국유아교육학회 차원에서 편집위원회의 역할에 대한 재논의가 필요하고, 그에 따라 편집위원회의 구성 및 기능을 점검하고 재조정할 필요가 있을 것이다.

| 대외적 리더십의 강화 |

교육정책을 주도/선도하는 리더십 한국유아교육학회는 지난 50년 동안 유아교육 연구와 실천적 논의를 이끌어 오며, 유아교육 정책이나 다양한 사회적 이슈에 적극적으로 대응해 왔다. 학회는 주요 교육정책 변화가 있을 때마다 학술적 연구를 기반으로 교육적 입장을 표명하고, 정책 결정 과정에서 전문 학술단체로서 책임 있는 의견을 제시하는 역할을 해 왔다. 특히, 「유아교육법」 제정, 만 5세 초등학교 입학 문제, 유보통합과 같은 국가적 교육정책 변화 속에서 학회는 학문적 근거를 바탕으로 유아의 권리를 보호하고, 유아교육의 질을 향상하기 위한 정책적 노력을 기울여 왔다.

대표 사례로 2003년 학회는 여러 유아교육 단체들과 연대해 「유아교육법」 제정을 추진하였으며, 2004년 1월 29일 대통령의 재가를 받아 법률 제7120호로 공포되는 데 기여했다. 또한, 여러 정권에서 반복적으로 추진되었으나 학문적 · 사회적 논란 끝에 무산되었던 만 5세 초등학교 입학 정책에 대해서도 학회는 적극적으로 반대 입장을 견지했다. 2022년에는 학부모 단체 및 유아교육 관련 단체들과 함께 '만 5세 초등취학 저지를 위한 범국민연대'에 참여하며 본격적인 반대 운동을 전개하였다. 당시 정부와 일부 유관 기관은 경제적 논리를 바탕으로 정책을 추진하려 했으나, 학회는 학문적 연구를 토대로 유아의 인지 · 정서 발달 특성을 고려할 때 조기

취학이 적절하지 않음을 강력히 주장하였다. 이러한 지속적인 노력 끝에 정책이 철회되었으며, 이는 학회의 정책적 개입이 실제 정책 결정에 영향을 미친 대표적인 사례라 할 수 있다. 한편, 학회는 유보통합의 성공적 실현을 위해 학술연구 및 정책토론회를 개최하며, 유아교육과 보육의 통합이 가져올 긍정적 영향과 향후 과제에 대해 논의해 왔다. 이러한 논의는 『미래사회를 위한 0-5세 영유아학제와 유보통합』이라는 저서 발간으로 이어졌으며, 유아교육의 미래 방향성을 제시하는 중요한 자료로 활용되었다.

지난 50여 년간 학회가 중요한 교육정책 이슈에 대해 꾸준히 목소리를 내왔음에도 불구하고, 보다 능동적이고 체계적인 정책 대응이 미흡했던 부분도 존재했다. 대부분의 정책 대응이 정부 또는 관련 기관의 요청에 따라 수동적으로 이루어지거나, 공청회 및 토론회에서 정해진 결론을 추인하는 역할에 머무르는 경우가 많았다. 이는 학회의 운영 방향이 학문적 연구에 초점을 맞추어 온 결과이기도 하지만, 학회 내 상설기구를 통해 정기적으로 정책의제를 개발 · 제언하는 것이 아니므로 문제 상황에서 의견을 제시하거나 정부기관이나 유관 단체에서 여는 공청회 등에 참여하여 정해진 결론을 추인하는 역할을 하는 상황이 반복되었던 것에 기인한다. 정책이 교육적 문제뿐만 아니라 정치적 · 사회적 요소와 복합적으로 얽혀있다는 점을 고려할 때 이제 더 적극적인 개입이 필요한 시점이다. 따라서 이와 관련된 제반 문제에 대해 능동적으로 대응하기 위해 한국유아교육학회는 정부 및 관련 교육기관과의 관계 재정립을 모색하여야 하며, 정책위원회를 구성하여 유아교육 정책 수립 과정에서 더욱 주도적인 역할을 할 필요가 있다.

정책위원회는 학회의 연구 성과를 바탕으로 유아교육 정책의 방향성을 제시하고, 정부 및 관련 기관과의 협력을 통해 정책 실행 과정에서 학회의 입장이 반영되도록 하는 역할을 할 수 있다. 특히, 유보통합, 교사 처우 개선, 교육 인프라 구축 등 유아교육의 핵심 현안에 대해 학문적 근거를 기반으로 정책을 제안하고, 이를 실질적으로 반영하는 데 집중해야 한다. 정책 위원회가 보다 효과적으로 운영되기 위해서는, 학계 연구자뿐만 아니라 정책 전문가, 유아교육 현장 전문가(교사 · 교육행정가), 법률 및 정책 자문위원, 학부모 대표 등이 포함된 다학제적 협력 구조를 구축해야 한다. 이를 통해 학회는 학문적 연구에 기반한 정책연구 보고서를 발간하고, 정기적인 정책 포럼을 개최하며, 언론 및 대중과 소통하는 활동을 강화할 수 있다.

또한, 학회가 정책적 리더십을 강화하기 위해서는 단순히 정책 변화에 대응하는 것을 넘어 정기적으로 정책 브리핑을 발표하는 체계를 구축하는 방안도 고려해 볼만 한다. 현재와 같이 사안이 발생할 때마다 대응하는 방식이 아니라, 유아교육정책과 관련된 학회의 공식 입장을 주기적으로 발표하여 학회가 정책 논의의 주도권을 가질 수 있도록 해야 한다. 반기 또는 연도별로 연구를 통해 정책 권고안을 작성하고, 이를 정부 및 관련 기관에 공식적으로 전달하는 방식도 가능할 것이다. 아울러, 정책연구의 신뢰도를 높이기 위해 정책 데이터베이스를 구축하여 유아교육 관련 연구자료, 해외 사례, 학술적 근거 등을 체계적으로 축적할 필요가 있다. 이를 통해 학회가 정책 제언 시 객관적이고 과학적인 데이터를 기반으로 더욱 강력한 주장을 펼칠 수 있으며, 정책 결정자에게 설득력 있는 자료를 제공할 수 있다.

궁극적으로, 학회의 정책적 영향력을 더욱 확대하기 위해서는 지속해 정책 연구 및 제언을 담당하는 기구를 공동 운영하는 방안도 고려해야 한다. 정책연구센터는 정부기관, 국회 교육위원회, 시민단체 등과 협력 네트워크를 구축하고, 유아교육 정책 관련 공청회 및 국회 토론회 등에 공식적으로 참여할 수 있도록 하는 중추적인 역할을 수행할 수 있다. 이를 통해 학회는 단순한 정책 대응 기관이 아니라, 유아교육 정책을 형성하고 실현하는 주체로 자리매김할 수 있을 것이다.

결론적으로, 미래 50년을 바라보는 한국유아교육학회는 교육정책 변화에 대응하는 차원을 넘어, 유아교육 정책의 방향을 주도적으로 설정하고 실천하는 리더십을 발휘해야 한다. 이를 위해 정책위원회 운영, 정기적인 정책 브리핑과 정책 데이터베이스 구축 등의 체계적인 시스템을 마련할 필요가 있다. 학회가 유아교육 정책의 중심 기관으로서 학문적 연구와 정책 실행을 유기적으로 연결하는 역할을 할 때, 보다 발전된 유아교육 환경을 조성하고, 유아교육의 질적 향상을 이루는 데 기여할 수 있을 것이다.

교육전문가의 역량을 강화하는 리더십 한국유아교육학회는 그간 학술 연구를 통해 한국유아교육의 이론적 기틀을 다지고, 교사의 전문성 향상과 회원 간 네트워크 형성을 위한 다양한 기회를 제공해 왔다. 특히 교사 대상 워크숍, 현장 사례 발표 세션, 연구자-교사 협력 과제 운영 등 여러 실무적 시도를 통해 교육 현장과 학문적 연구의 연계를 강화해 왔다. 그러나 유보통합으로 인한 변화 및 미래역량 강화를 대비하려면 기존 활동을 확장하고 체계적으로 발전시키는 새로운 전략이 필요하다. 이를 통해 학회는 교사들의 전문성 강화뿐 아니라 유아교육의 미래 방향성을 제시하는 리더십을 발휘할 수 있다.

첫째, 학술대회 시 교사 발표 세션의 지속적 운영과 강화가 필요하다. 현재 학술대회에서 운영되고 있는 현장 사례 연구 세션과 같은 교사 발표의 장을 확대하여 교사들이 교육과정을 적용한 사례나 현장에서의 도전과 성공 경험을 공유할 기회를 제공해야 한다. 이러한 발표 세션은 교사가 연구자의 역할을 경험하고 서로의 실천적 노하우를 공유하는 중요한 기회가 된다. 또한 각 지역에서 운영되는 교사 학습공동체의 결과를 발표하는 장으로도 활용할 수 있다. 교사들이 지역적 특성과 교육 현장에서의 경험을 기반으로 연구한 결과를 발표하고 피드백을 받는 과정은 교사 간 교류를 활성화하는 중요한 계기가 될 것이다. 이와 함께 교사와 연구자가 공동으로 특정 주제에 대해 토론하는 참여형 세미나의 도입이 필요하다. 놀이 기반 교육과정 운영, 다양한 특성을 지닌 영유아에 대한 교육적 적용과 가족이해, 디지털 리터러시와 같은 주제를 중심으로 교사와 연구자가 협력하여 문제를 탐구하고, 그 결과를 토론하는 방식의 세미나는 현장의 실제 문제 해결에 중요한 기회를 제공할 것이다. 발표와 토론이 끝난 후 소규모 그룹 토론 및 피드백 세션을 통해 현장에서 적용 가능한 실질적 방안을 도출하는 것도 좋은 방법이다.

둘째, 교사-연구자 협력 과제를 확장해 유아교육 연구 플랫폼 구축을 중장기적으로 고려할 필요가 있다. 이 플랫폼은 교사와 연구자가 함께 교육 실천을 연구하는 공동연구 프로젝트 활성화를 위한 온라인 기반 시스템으로, 교사가 교육 현장에서 직면한 문제를 제안하면 연구자가 이론적 지원을 제공하고, 협력하여 문제를 해결하는 연구 프로젝트가 진행될 수 있다. 이러한 공동연구 결과는 학술대회에서 발표하거나 학회 온라인 플랫폼을 통해 공유하여 연구 성과의 확산을 촉진할 수 있으며, 우수 연구 프로젝트는 학회지 특별 호로 게재할 수 있다. 특히 0-5세 대상 교육과정 운영 및 미래역량 강화를 위한 연수 프로그램 개발을 고려해볼 수 있다. 교사의 요구에 맞춘 다양한 연수 방식을 개발하고, 현장 교사에게 실질적인 도움이 되는 워크숍이나 소규모 연구모임을 활성화하여 교사들이 계속 학습하고 성장할 수 있는 기회를 제공해야 한다.

셋째, 학회 운영이나 집행부에 현장 교사가 적극적으로 참여할 기회를 확대해야 한다. 교사들이 학회 운영에 참여함으로써 연구 기획, 워크숍 주제 선정, 학술대회 기획 등에서 현장의 목소리를 반영할 수 있다. 현직교사뿐만 아니라 예비교사, 대학원생, 전문 행정가, 교수 등 다양한 집단이 참여하는 통합 연구모임과 실무 모임을 활성화하여 서로의 경험과 전문 지식을 공유하는 장(場)을 마련하는 것도 중요하다. 이러한 교류를 통해 각기 다른 전문성을 가진 집단들이 협력하며 새로운 연구와 실천적 성과를 만들어 낼 수 있다.

한국유아교육학회가 이러한 실행 방안을 통해 교사 전문성 강화에 적극 나선다면, 학회는 단순한 학문 연구 단체를 넘어 현장과 학문을 연결하는 핵심 플랫폼으로 자리매김할 수 있을 것이다. 이는 유보통합 이후 한국유아교육의 질적 도약과 미래 교육환경에 대한 효과적인 대응을 이끄는 중요한 동력이 될 것이다.

학문 간 경계를 넘는 융합적 리더십 창의적 융합이 요구되는 미래사회에서 유아교육 분야 역시 학문적 경계를 넘어 다양한 분야와의 협력은 필수적이다. 이미 여러 학문 분야에서는 기존 연구 주제가 소진되고 유사한 연구가 반복되는 경향이 나타나고 있다. 이러한 상황에서 한국유아교육학회는 유아교육의 발전과 미래 대비를 위해 다양한 분야와의 협력적 연구 노력을 통해 대외적 리더십을 발휘해야 한다. 이는 단순히 학문적 영역 간의 연계만을 의미하는 것이 아니라 산업계, 공공기관, 국제 학계와의 협력을 통해 연구 성과를 실질적인 사회적 가치로 확산시켜야 한다는 의미이다.

첫째, 다양한 분야와의 융합 연구 프로젝트를 추진해야 한다. 유아교육은 심리학, 환경과학, 디지털 등 여러 분야와의 융합을 통해 더욱 풍부하고 창의적인 연구 주제를 발굴할 수 있다. 예를 들어, 에듀테크 분야와 협력하여 놀이 기반의 배움에 디지털을 어떻게 활용할 수 있는지에 대해 탐구하거나, 환경 전문가와 함께 유아기 생태 감수성을 함양하기 위한 연구를 수행할 수 있다. 또한 발달심리학이나 신경생리학 · 의학과의 협력을 통해 다양한 특성을 가진 유아를 위한 심층 연구 및 프로그램 개발도 가능할 것이다. 이러한 융합적 연구는 유아교육에 새로운 통찰을 제공하고 교실 현장의 실천적 문제 해결에 기여할 수 있다.

둘째, 산업계와 공공기관과의 협력을 강화하는 것이 필요하다. 예를 들어, 에듀테크 기업과 협력하여 놀이 기반 디지털 콘텐츠나 학습 앱을 개발하고, 이를 유아의 창의적 사고나 문제해결 능력에 대한 실증 연구로 발전시킬 수 있다. 또한 정부와의 협력은 유보통합 정책이나 교육 질 관리 방안 연구에 중요한 기회를 제공한다. 한국유아교육학회가 정책 자문 역할을 하여 연구 결과를 정책적 의사결정에 반영할 수 있도록 적극적인 역할을 해야 한다. 이러한 협력은 학회의 학문적 리더십을 높이는 데 크게 기여할 것이다.

셋째, 국제협력 연구 네트워크를 구축해야 한다. 글로벌 연구 동향에 대응하기 위해 해외 학회와의 연계 및 공동 학술대회 개최도 고려할 수 있다. 또한 놀이 기반 교육과정, 교사의 전문성, 디지털 교육 등 글로벌 이슈에 대해 국제 공동연구 프로젝트를 기획하고, 그 결과를 국제학술지에 발표함으로써 한국유아교육의 위상을 높일 수 있다.

넷째, 대중적 연구 확산을 위한 노력이 필요하다. 학회가 연구 결과를 언론 기고문, 유튜브, SNS 등을 통해 대중에게 전달하는 방식은 유아교육에 대한 사회적 인식을 제고할 수 있다. 정기적인 연구 브리핑을 통해 연구 결과를 정부 관계자와 학계 외부에도 공유하여 실질적인 사회적 변화를 이끌어내야 한다. 이러한 노력은 창의적이고 융합적인 미래 유아교육 생태계를 만드는 데 중요한 기반이 될 것이다.

반세기 동안 한국유아교육학회는 한국유아교육의 성장과 변화를 함께 이끌어왔다. 학문적 연구를 통해 이론적 토대를 구축하고, 교육 현장의 변화를 이끌었으며, 정책 담론을 선도함으로써 한국유아교육의 방향성과 정체성을 정립하는 데 중추적 역할을 수행했다. 이제 우리는 50년의 여정을 돌아보면서 지나온 길을 기억하고 성찰하며, 다가올 미래를 조망해야 하는 전환점에 서 있다. 이를 위해 우리는 한국유아교육의 과거와 현재, 그리고 미래를 잇는 본질적인 질문들을 던졌다. 한국유아교육학회의 학문적 정체성과 사회적 책무는 무엇이었는지, 연구와 정책, 그리고 실천은 어떻게 유기적으로 연결되어 왔는지, 그리고 변화하는 시대 속에서 유아교육의 가치와 방향을 어떻게 재설정하고 그 역할을 해왔으며, 앞으로 해 갈 것인지를 깊이 고민하였다. 이러한 질문은 단순한 회고를 넘어, 학문과 실천의 접점을 강화하고, 미래지향적 유아교육 담론을 형성하며, 정책과 연구를 잇는 핵심적 성찰로 이어졌다. 지금 우리는 유보통합의 본격적 시행, 디지털 사회로의 전환에 따른 교육의 변화, 국제적 학술교류와 협력의 심화 등 유아교육을 둘러싼 중대한 변화의 시기를 맞이하고 있다. 이러한 변화는 새로운 도전인 동시에 학회가 더 넓은 시야에서 학문적, 실천적 기여를 확장할 수 있는 소중한 기회이기도 하다.

다가올 50년은 지금까지의 성과 위에 새로운 비전을 구축해 가야 할 시간이다. 한국유아교육학회는 학문과 실천, 정책과 연구를 연결하는 역할을 더욱 강화해 갈 것이며, 우리나라 유아교육이 국제적 담론 속에서 주도적인 목소리를 낼 수 있도록 학술적 기반을 마련해 나갈 것이다. 더불어 유아의 행복한 삶에 중점을 둔 놀이중심의 교육, 통합적이고 지속가능한 교육환경. 그리고 과학기술 및 다문화 환경 등에 대응할 뿐만 아니라 변화를 이끌어갈 수 있도록 혁신적인 연구의 장을 확장해 갈 것이다.

이와 같은 의미에서 이 책은 단순한 역사적 기록이 아니라, 미래를 향한 우리의 다짐이자 선언이기도 하다. 50년 전 유아교육의 가능성을 믿고 학회를 창립한 선배 연구자들의 정신을 이어받아, 우리는 또 다른 50년을 준비하고자 한다. 학문과 실천, 정책과 연구, 지역과 세계를 잇는 다리로서 한국유아교육학회는 앞으로도 끊임없이 고민하고, 실천하며, 함께 나아갈 것이다.

이제, 우리는 새로운 반세기를 향해 힘차게 나아갈 준비가 되어 있다.

참고문헌

국제아동인권센터 (2024). http://incrc.org/uncrc/에서 2024.9.13. 추출

김영옥, 박혜경, 양옥승, 이기숙, 이영자, 이원영, 이윤경, 장영희, 정미라, 주영희 (1995). **한국현대유아교육사**. 양서원.

김형목 (2010). 조선보육협회 활동과 유아교육론 심화. **동국사학, 49**, 321-355.

방인옥 (1994). **존 듀이의 교육철학과 유치원교육과정**. 서원.

백혜리, 이은화 (1997). 조선시대의 성리학, 실학, 동학의 아동관 연구. **아동과 권리, 1**(1), 47-63.

부산시 보육위원회 (1976-1978). **부산교육통계연보**.

서울시 교육위원회 (1976). **서울 교육통계연보**.

아동권리보장원 (2022). **대한민국 아동권리 100년사**. 아동권리보장원.

안경식 (1994). 소파 방정환의 아동교육 운동과 사상. 학지사.

양지원 (2024). 이동희의 시각으로 본 근현대 부산 지역의 유아교육. 부산대학교 박사학위논문.

우남희 (1999). 어린이의 삶의 질적 향상을 추구한 소파 방정환에 대한 다각적 분석. **아동권리연구, 3**(2), 101-105.

이기숙 (2013). **유아교육과정**. 교문사.

이기숙, 장영희, 정미라, 엄정애 (2021). **유아교육개론**. 양서원.

이상금 (1987). **한국 근대 유치원 교육사**. 이화여자대학교 출판부.

______ (1991). 韓國近代幼稚園教育史. 이화여자대학교 출판부.

______ (1995). 한국유아교육의 회고와 발전 방향. 한국유아교육학회(편), 한국유아교육학회 창립 20주년 기념 연차학술대회, **한국유아교육의 과제와 전망**(pp. 9-22). 한국유아교육학회.

이원영 (1975). **취학전교육**. 새교육.

이윤진 (2006). **일제하 유아보육사 연구**. 혜안.

이은화, 김진영, 서정숙, 조경자, 김지영, 정계영, 백혜리, 엄정애, 이문정 (2001). **한국유아교육의 쟁점과 과제**. 양서원.

이은화, 이정환, 이경우, 이기숙, 홍용희, 박은혜, 김희진 (2006). **유아교육개론**. 이화여자대학교 출판부.

이화여자대학교 사범대학 부속이화유치원 (2014). **한국유아교육의 산실: 이화유치원 역사 이야기**. 이화여자대학교 출판부.

장석환 (2020). 한국의 영유아정책: 영유아교육·보육 통합 관점. 학지사.

정미라, 김명순, 박은혜, 신동주 (2006). **한국의 현대적 아동관에 대한 탐색: 신문 기사 (1960~2000년)를 중심으로**. 창지사.

중앙교육연구소 (1972). **서울특별시 교육발전 계획**. 중앙교육연구소.

중앙대학교 사범대학 부속유치원 (2016). **중앙대학교사범대학부속유치원 100년**. 공동체.

지옥정, 권이정, 정재은, 최미순 (2021). **부모교육**. 창지사.

충청북도교육위원회 (1986). **충북 유아교육의 오늘과 내일**. 충청북도교육위원회.

한경구 (2021). **존재하기 위한 학습: 교육 세계의 오늘과 내일**. 유네스코한국위원회.

한국교육개발원 (2022a). **KEDI 연구 주제 50선(1970년대)**. 한국교육개발원.

____________ (2022b). **KEDI 연구 주제 50선(1990년대)**. 한국교육개발원.

한국유아교육학회 (1996). **유아교육 백서**. KDR 한국사전연구사.

Bloom, B. (1964). *Stability and change in human behavior*. Wiley.

Elkind, D. (1981). *The hurried child: Growing up too fast too soon*. Addison-Wesley.

Hunt, J. McV. (1961). *Intelligence and experience*. Ronald.

UNESCO (2006). *Strong foundations: Early childhood care and education. Education for All Global Monitoring Report 2007*. United Nations Educational, Scientific and Cultural Organization.

UNICEF (2021). *Digital Learning for Every Child: Closing The Gaps for An Inclusive and Prosperous Futur*e. Policy Brief-Task Force 4 Digital Transformation.

부록

부록 **1** 한국유아교육과 한국교육학회 주요 사건 연보
부록 **2** 한눈에 보는 한국유아교육학회
부록 **3** 한국유아교육학회 학술대회 주제와 주요 특징

부록 1 한국유아교육과 한국교육학회 주요 사건 연보

구분				
세계사		• 1914 제1차 세계대전(~1918) • 1920 국제연맹 창립 • 1923 최초의 아동권리선언문(에글렌타인 젭) • 1924 국제연맹 아동권리에 관한 제네바선언 채택 • 1929 세계대공황(~1939) • 1939 제2차 세계대전(~1945)	• 1945 국제연합(UN) 탄생 • 1948 유엔총회 '세계인권선언' 발표 • 1959 유엔총회 '아동권리선언' 선포 • 1957 소련 스푸트니크 1호 발사	• 1963 미국 아동학대신고법 제정 • 1965 미국 헤드스타트 시작 • 1970 유네스코 세계 교육의 해
대한 민국사		• 1919 대한민국임시정부 수립 • 1941 대한민국 건국강령 발표 • 1945 8 · 15 광복	• 1948 대한민국 정부 수립 • 1950 한국전쟁(1950.06.25.–1953.07.27.) • 1960 4 · 19혁명	• 1961 5 · 16 군사정변
		조선시대 말부터 일제강점기 (1897년–1945년)	**미군정기부터 이승만정부 (1945년–1963년)**	**박정희 정부 시기부터 한국유아교육학회 설립 이전(1963년–1975년)**
대한 민국 유아 교육사	유아 교육	**유치원의 도입과 민족적 저항** • 1897 '부산유치원' 설립 • 1908 칙령 제22호 '조선여학교령' • 1913 '경성유치원' 설립 • 1914 '이화유치원' 설립 • 1916 '중앙유치원' 설립(경영난 폐원 후 1922 재개원) • 1922 제2차 '조선교육령'–'소학교령'–'유치원 규정'	**혼란기 속 한국유아교육의 정체기** • 1949 '교육법' 제정 • 1950 국립유치원 설치 계획을 발표 • 1962 '유치원시설기준령' 발표	**국가 주도형 교육과정 도입과 공립유치원의 확산** • 1963 개정 교육법 시행령 → 문교부 보통 교육국 교육행정과로 이관 • 1967 학교 시설 설비 기준령 • 1969 문교부령 제207호 제1차 '유치원교육과정' 제정 • 1970 유네스코 세계 교육의 해
	유아	**유아에 대한 인식 변화와 민족적 자각** • 1923년 방정환 선생 어린이날	**국가 재건의 희망이자 미래** • 매해 5월 5일 어린이날 기념 • 1957년 어린이헌장	**유아의 건강한 성장 도모를 위한 사회적 노력과 과도기적 한계** • 보건의료 시스템의 개선 • 1960년대: 유아 인지발달 연구의 활성화 → 천재아 선호

대한 민국 유아 교육사	교사	**유아교사 양성과정의 도입** • 1915 최초 유치원교사 양성기관 이화유치원사범과 신설(1년과정) →1935 이화보육학교 →1939 이화여자전문학교 보육과(2년제) →1948 이화여자대학교 사범대학교학과 학령전교육전공(4년제) • 1922 중앙유치원 내 중앙유치원사범과 설립 →1928 중앙보육학교 →1946 중앙여자전문학교(2년제) →1957 중앙대학교 문리대학 보육과(4년제) • 1924 조선유치원연합회조직 →1926 조선아동보육협회 →1931년 7월 조선보육협회 조직(중앙유치사범과 보모강습회 기원)	**전문성을 갖춘 유치원 교사 양성을 위한 자생적 노력** • 1950 이화여자대학교 유아교사 양성 연한 4년 격상(정규 종합 대학 과정) • 1959 중앙대학교 유아교사 양성 연한 4년제 과정 개설 • 1946 대한유치원교육협회 재조직(조선보육협회) • 1948 한국어린이교육협회(미국 국제어린이교육협회 지부)	**유아교육현장에서의 지도와 교사 역량 강화** • 1965 한국유아교육협회 창립 • 1967 한국기독교유아교육협회 발족 • 1975 한국유아교육학회 발족
	부모와 가족	**가정과 기관의 연계를 통한 부모 교육 시도** • 1915 이화유치원 자모회 조직 • 1920–1929 건강과 위생관련 자녀양육 지식과 방법	**교육기능의 조력자 혹은 후원자로서의 부모와 가족** • 학부모 후원회 결성과 갈등 • 유아교육에 대한 필요성 인식 제고와 부모교육	**산업화와 여성 취업 확대로 부모역할의 새로운 정의** • 유아교육에 대한 부모의 관심 증가: 유치원, 탁아시설에 대한 높은 수요, 조기교육과 발달에 관심 • 여성취업 확대와 양육방식의 변화: 시간의 양보다 질 중요 • 현대적 육아법의 도입 • 부모의 자녀 양육과 교육의 책임 강조
유아 교육 관련 학회사		• 1931 조선 보육협회(→1954 대한유치원교육협회 개칭 → 1970 대한교육연합회 가입) • 1940년대 NICEF(유니세프) 한국위원회, 대한가정학회, 한국어린이교육협회, 한국복지재단이 설립	• 1948 한국어린이교육협회(국제어린이교육협회(ACEI)의 지부로 창립) • 1950 한국사회복지협의회, 홀트아동복지회, 한국사회복지학회, 한국여성단체협의회 • 1960 한국가족계획협회, 한국영유아보육시설연합회, 한국기독교유아교육연합회, 한국유아교육협회, 한국행동과학연구소	• 1965 한국유아교육협회, 한국기독교유아교육협회, 한국행동과학연구소 • 1970 동방아동복지회, 한국교육개발원, 한국교육학회 유아교육연구회, 전문대학 유아교육과 교수협의회, 한국가족학회, 대우재단, 한국아동학회

1	1975년 10월	한국유아교육학회 창립, 초대 이상금 회장(이화여대)
2	1976년 03월	〈유아교육연구〉 제1집 발간
3	1977년 04월	한국교육학회 분과회로 가입
4	1979년 01월	〈유아교육연구〉 제2집 발간
4	1979년 11월	제2대 이은화 회장 취임(이화여대)
5	1981년 01월	제1회 학술대회 '유치원 교육과정 개발을 위한 이론적 모형의 재정비'
6	1981년	〈유아교육연구〉 제3집 발간
7	1984년	〈유아교육연구〉 제4집 발간
8	1985년 01월	〈유아교육연구〉 제5집 발간
9	1985년 05월	제2회 학술대회 '부모교육 프로그램 개발을 위한 방향 모색'
10	1986년 01월	〈유아교육연구〉 제6집 발간
11	1986년 03월	제3대 이영자 회장 취임(덕성여대)
12	1987년 07월	〈유아교육연구〉 제7집 발간
13	1987년 11월	제3회 학술대회 '해방전 한국 유치원에 관한 연구–그 성립과 전개'
14	1989년 03월	제4회 학술대회 '유아교육의 본질과 방향'
15	1989년 3월	〈유아교육연구〉 연 2회 발간
16	1989년 10월	제5회 학술대회 '아동의 권리–가정, 교육.탁아'
17	1990년 03월	제4대 이원영 회장 취임(중앙대)
18	1991년 03월	국가고시 제5차 유치원 교육과정 개정 수행
19	1992년 11월	임시총회에서 한국유아교육학회로 공식 명칭 개칭
20	1993년 05월	제1호 소식지 발간
21	1993년 10월	제1회 연차학술대회 개최 '21세기 대비 유아교육 발전 방향'
22	1994년 05월	제2회 연차학술대회 개최 '도덕성 확립을 위한 유아교육'
23	1995년 03월	제5대 이기숙 회장 취임(이화여대)
24	1995년 10월	제6회 연차학술대회 '한국유아교육의 과제와 전망'

25	1996년 08월	〈International Journal of Early Childhood Education〉Vol.1 발간
26	1996년 10월	제7회 연차학술대회 '교육개혁과 유아교육의 질적 향상'
27	1997년 10월	제8회 연차학술대회 '한국유아교육의 실상과 교육'
28	1998년 03월	국가고시 제6차 유치원 교육과정 개정 수행
29	1998년 10월	제9회 연차학술대회 '유아교육에서의 질적 연구'
30	1999년 03월	제6대 양옥승 회장 취임(덕성여대)
31	1999년 06월	춘계학술대회 '유아교육의 기회확대와 질적 수준 제고'
32	1999년 11월	제10회 연차학술대회 '한국유아교육의 발전 방향'
33	2000년 03월	〈유아교유연구〉 연 4회 발간
34	2000년 11월	제 1회 국제 학술대회 '21세기 유아교육의 비전'
35	2001년 03월	정기학술대회 '한국유아교육의 과제'
36	2001년 05월	춘계 학술대회 '유아교사의 전문성 신장을 위한 다각적 접근'
37	2001년 10월	연차학술대회 '유아의 인권과 교육정책'
38	2002년 03월	정기학술대회 '유아교육과정의 방향정립'
39	2002년 10월	제2회 국제학술대회 '유아를 위한 질적환경: DAP, 교원 그리고 가족'
40	2003년 03월	정기 총회 및 학술대회 '21세기 우리나라 교육의 방향'
41	2003년 04월	제14대 김영옥 회장 취임(전남대)
42	2003년 10월	연차학술대회 '한국 유아교육의 정체성 확립을 위한 대화의 토대'
43	2004년 03월	정기학술대회 '한국유아교육 현장의 정체성 확립을 위한 노력'
44	2004년 10월	제3회 국제학술대회 'International Efforts to Improve Policies, Curriculum and Parent Education in Early Childhood Education'
45	2005년 03월	정기학술대회 '한국유아교육의 미래'
46	2005년 04월	제15대 문미옥 회장 취임(서울여대)
47	2005년 10월	창립 30주년 기념 학술대회(서울여대) '유아교육과 보육의 자리매김'
48	2006년 03월	2006년 정기학술대회 및 정기총회(서울여대) '어린이 삶의 관점에서 본 유아 교육 보육의 자리매김'

49	2006년 10월	2006년 제4회 추계 국제학술대회(서울여대) '현대 유아교육의 다양성, 문화, 홍보 및 기타 이슈들': 세계유아교육기구 협력주최
50	2007년 03월	2007년 정기학술대회 및 정기총회(서울여대) '한국유아교육 보육 자리매김의 미래전망'
51	2007년 04월	제16대 조부경 회장 취임(한국교원대)
52	2007년 10월	2007년 추계학술대회(한국교원대) '유아교육현장 · 학문 · 정책 간 협력: 그 의미와 실천'
53	2008년 03월	2008년 춘계학술대회(한국교원대) '유아교육현장 · 학문 · 정책 간 협력'
54	2008년 10월	제5차 국제학술대회(한국교원대) 'Sharing experiences to build a learning community among research, practice, and policy'
55	2009년 03월	2009년 정기학술대회(한국교원대) '유아교육의 본질과 가치: 학문 · 정책 · 실천 간 협력의 지향점'
56	2009년 04월	제17대 이연승 회장 취임(경성대)
57	2009년 06월	WHO 국제학술대회(경성대) 'Safe Environment and Healthy Life for Young Chil-dren in Korea'
58	2009년 11월	2009년 정기학술대회(경성대) '다양성의 수용과 통섭을 향한 이 시대의 유아교육: 유아교육의 다양한 목소리'
59	2009년 12월	한국유아교육학회 학술토론회 '초등학교 만 5세 입학 안: 누구를 위한 대책인가?'
60	2010년 03월	2010년 정기학술대회(경성대) '다양성과 통섭을 향한 이 시대의 유아교육: 유아교육의 학제 간 접근'
61	2010년 10월	제6차 국제학술대회(경성대) 'Multiple Perspectives in Making Early Child-hood Educational Policy'
62	2011년 03월	2011년 정기학술대회(경성대) '다양성과 통섭을 향한 이 시대의 유아교육: 다양성과 통섭을 향한 한국유아교육의 실천'
63	2011년 04월	제18대 이정욱 회장 취임(덕성여대)
64	2011년 10월	2011년 정기학술대회(덕성여대) '변화하는 사회 속의 유아교육'
65	2012년 03월	2012년 정기학술대회(덕성여대) '더 나은 유아교육과정을 위한 과제와 전망'
66	2012년 09월	제7차 국제학술대회(덕성여대) 'Establishing the Future Research Agenda for Quality Early Childhood Education'
67	2013년 03월	2013년 정기학술대회(덕성여대) '미래지향적인 유아교육 정책의 방향'

68	2013년 04월	제19대 지성애 회장 취임(중앙대)
69	2013년 11월	2013년 추계정기학술대회 및 사단법인 창립총회(중앙대) '유보통합 추진과 창의적 융합인재 교육의 방향과 과제'
70	2013년 11월	2013년 한국유아교육학회 워크숍(중앙대) '융합 인재 양성을 위한 유아 STEAM 교육 방향과 실제: 음률, 미술, 극놀이'
71	2013년 12월	2014년 한국유아교육학회 사단법인 전환
72	2014년 03월	2014년 춘계정기학술대회(중앙대) '행복한 유아를 위한 유보 통합 기반 다지기의 과제와 전망'
73	2014년 08월	제8차 국제학술대회(중앙대) 'Building a Respectful Early Childhood Class-room Comminity'
74	2014년 11월	2014년 한국유아교육학회 워크숍(중앙대) '융합인재 양성을 위한 유아 수학교육 방향과 실제: 유아기관 일과, 스토리텔링, 게임'
75	2015년 04월	2015년 춘계정기학술대회(중앙대) '융합인재 양성을 위한 유아교육과정의 재조망'
76	2015년 11월	2015년 임시총회 및 추계정기학술대회(중앙대) '한국유아교육 연구와 정책의 변화와 향후 전망'
77	2016년 04월	제20대 이민정 회장 취임(동의대)
78	2016년 04월	2016년 춘계정기학술대회(동의대) '통합의 시대를 향한 한국유아교육의 비전과 전망'
79	2016년 09월	2016년 추계정기학술대회(동의대) '빅데이터 시대, 한국유아교육학의 도전과 과제'
80	2017년 04월	2017년 춘계정기학술대회(동의대) '유아교육에서 빅데이터 활용 방향과 과제'
81	2017년 12월	제9차 국제학술대회(벡스코) '포스트휴먼 시대 유아교육 재편성하기'
82	2018년 04월	제21대 정미라 회장 취임(가천대)
83	2018년 04월	2018년 춘계정기학술대회(가천대) '예측 불가능한 미래사회와 유아교육과정 재설계 I'
84	2018년 11월	2018년 추계정기학술대회(가천대) '예측 불가능한 미래사회와 유아교육과정 재설계 II'
85	2019년 03월	2019년 춘계정기학술대회(가천대) '유아, 놀이, 유아교육을 위한 평가의 미래'
86	2019년 09월	제10차 국제학술대회(가천대) 'Building a Better Curriculum for Young Children: Lessons from Each Other's Experiments and Movements'

87	2020년 01월	제22대 김경철 회장 취임(한국교원대)
88	2020년 07월	2020년 춘계정기학술대회 온라인 개최 '인문학적 사유와 실천을 통한 교육하기: 놀이기반 배움에 대한 탐색과 실천'
89	2020년 09월	2020년 추계정기학술대회 온라인 개최 '삶과 배움이 어우러진 교육 현장: 교육환경 혁신을 위한 유아, 놀이, 환경 새롭게 바라보기'
90	2021년 03월	2021년 춘계정기학술대회 온라인 개최 '어린이 다시 보기: 포스트휴먼 어린이에 대한 이해와 실천'
91	2021년 10월	제11차 국제학술대회(한국교원대) 'Envisioning Professionalism in Early Childhood Education: The Role of Teachers in a Play-based Curriculum'
92	2022년 01월	제23대 정정희 회장 취임(경북대)
93	2022년 04월	2022년 춘계정기학술대회(경북대) '디지털 전환의 시대: 함께 준비하는 유아교육의 미래'
94	2022년 09월	2022년 추계정기학술대회(경북대) '디지털 전환 시대 유아교육의 방향과 과제: 유아 미래 역량과 유보통합'
95	2023년 03월	2023년 춘계정기학술대회(경북대) '디지털 전환 시대 유아교육의 방향과 과제: 교사 미래 역량'
96	2023년 09월	제12차 국제학술대회(경북대) 'Bridging Past, Present, and Future of Early Childhood Education: Thinking Beyond'
97	2024년 01월	제24대 회장 고영미 취임(순천향대)
98	2024년 04월	2024년 춘계정기학술대회(순천향대) '새로운 50년 도약, 유아교육을 다시 생각하다: 유아교육의 본질 탐색과 실천 Ⅰ – 교육, 돌봄 그리고 학교'
99	2024년 09월	2024년 추계정기학술대회(순천향대) '새로운 50년 도약, 유아교육을 다시 생각하다: 유아교육의 본질 탐색과 실천 Ⅱ – 영유아교육과정과 역량'
100	2025년 04월	2025년 4월: 춘계정기학술대회(순천향대) '새로운 50년 도약, 유아교육을 다시 생각하다: 유아교육의 본질 탐색과 실천 Ⅲ – 유아교육공동체 협력과 실천'
101	2025년 09월	제13차 국제학술대회(순천향대) 'Moving Forward from Current Early Childhood Education to the Future'

부록 3 한국유아교육학회 학술대회 주제와 주요 특징[1)]

단계	연도	구분	학술대회 주제	기조강연	주요특징
I. 유아교육의 기초 확립하기	1981	01	유치원 교육과정 개발을 위한 이론적 모형의 재정비	[주제 Ⅰ] 유 · 국 교육과정의 연계성 – 유치원 교육과정과 초등학교 교육과정과의 연계성(김옥련, 중앙대) – 유치원과 초등학교의 연계성을 위한 방안 모색(이기숙, 이화여대) [주제 Ⅱ] 유치원 교사교육 – 유치원교사 교육제도(이상금, 이화여대) – 유아교육자 양성 교육과정의 연계성 문제(이원영, 중앙대) [주제 Ⅲ] 유아교육제도 및 아동복지 – 유아교육확충을 위한 몇 가지 고려사항(이연섭, 중앙대) – 아동복지(남세진, 서울대)	
	1985	05	부모교육 프로그램 개발을 위한 방향 모색	[주제 Ⅰ] 부모역할의 변천과정 – 전통사회의 부모역할(조옥라, 서강대) – 현대사회의 부모역할(이동원, 이화여대) [주제 Ⅱ] 부모교육 프로그램의 현황 – 부모교육 프로그램의 유형(양옥승, 덕성여대) – 대중매체를 통한 부모교육 프로그램의 현황(홍기형, 한국교육개발원) – 우리나라 부모교육 프로그램의 현황(이기숙, 이화여대) [주제 Ⅲ] 부모교육 프로그램의 발전 방향 – 부모교육 프로그램의 목적 및 내용 탐색(이원영, 중앙대) – 부모교육 프로그램의 방법 및 전략방향(이경우, 이화여대) – 부모교육 발전을 위한 정책방향(이은화, 이화여대)	한국교육학회 유아교육연구회 창립 10주년 기념 세미나
	1987	11	해방 전 한국 유치원에 관한 연구: 그 성립과 전개	해방 전 한국유치원에 관한 연구 – 그 성립과 전개(이상금, 이화여대)	
	1989	03	유아교육의 본질과 방향	[주제 Ⅰ] 유아교육의 개념(이상금, 이화여대) [주제 Ⅱ] 유아교육의 내용 및 교수방법 – 유아교육과 교수방법(이기숙, 이화여대) – 유치원과 초등학교의 연계성(이영석, 성균관대) – 유아발달과 평가(이종국, 소속미상) [주제 Ⅲ] 유아교육과 교사교육(이원영, 중앙대) [주제 Ⅳ] 유아교육과 교육환경 – 유아교육과 가정(서영숙, 숙명여대) – 유아의 학교 및 사회환경(강문희, 서울여대)	

1) 본 부록은 한국유아교육학회 학술대회의 주제와 주요 특징을 연도별로 정리한 것으로, 학회 개최 당시 리플렛과 소식지 내용을 기초로 학술대회 주제, 기조·주제강연자 및 발표자 중심으로 제시함. 발표자의 소속은 원자료에 근거하여 기재하였으며, 확인이 어려운 경우에는 '소속미상'으로 표기함

단계	연도	구분	학술대회 주제	기조강연	주요특징
I. 유아교육의 기초 확립하기	1989	10	아동의 권리: 가정 · 교육 · 탁아	[주제 Ⅰ] 가정 · 교육 · 탁아의 본질(이경우, 이화여대) [주제 Ⅱ] 탁아의 유형(이재연, 숙명여대) [주제 Ⅲ] 외국의 탁아 및 교육의 역사(Bernard Spodek, University of Illinois at Urbana–Champaign) [주제 Ⅳ] 아동관련법규의 문제점(주영희, 경인교대) [주제 Ⅴ] 우리나라 탁아의 현황과 개선방향(이영, 연세대)	
II. 정책과 실천방향 모색하기	1990	09	외국의 영유아 보호와 교육의 정책	외국의 영유아 보호와 교육의 정책(律守眞, 일본 중앙교육심의회 유아교육분과) [주제 Ⅰ] 여성의 사회진출과 영 · 유아 보호교육의 필요성(강문희, 서울여대) [주제 Ⅱ] 저소득층 부모들이 요구하는 영 · 유아 교육(이경우, 이화여대) [주제 Ⅲ] 우리나라 영 · 유아보호와 교육을 위한 정책 방향(이성진, 서울대)	
	1992	05	유치원 교육과정 시안 발표 및 영역별 토의	유치원 교육과정 개정안 세미나	
	1993	10	21세기를 대비한 한국유아교육의 발전 방향	[주제 Ⅰ] 가정교육과 유아교육(이상금, 이화여대) [주제 Ⅱ] 유아교육 체제의 실상과 과제(이영자, 덕성여대) [주제 Ⅲ] 유아교육 교원의 문제와 개선방향(정미라, 경원대)	
	1994	05	도덕성 기초 확립을 위한 유아교육: 어떻게 할 것인가?	[주제 Ⅰ] 가정의 기본생활과 부모의 역할(이경우, 이화여대) [주제 Ⅱ] 도덕성 기초 확립을 위한 유아교육기관의 역할(박찬옥, 중앙대) [주제 Ⅲ] 유아의 도덕성 기초교육을 위한 사회환경(문용린, 서울대) [주제 Ⅳ] 유아의 도덕성 기초교육을 위한 국가의 역할(김영옥, 전남대)	
	1995	10	한국유아교육의 과제와 전망	[기조강연] 한국유아교육의 회고와 발전 방향(이상금, 이화여대) [주제 Ⅰ] 유아교육의 인간화, 이대로 좋은가?(이은화, 이화여대) [주제 Ⅱ] 유아교육의 공교육화, 어떻게 이룰 것인가?(이원영, 중앙대) [주제 Ⅲ] 유아의 전문화, 무엇을 준비해야 하는가?(이영자, 덕성여대)	한국유아교육학회 창립 20주년기념 연차학술대회
	1996	10	교육개혁과 유아교육의 질적 향상	[기조강연] 유아교육의 질적 향상을 위한 다섯가지 관점(Lilian Katz, University of Illinois at Urbana–Champaign) [주제 Ⅰ] 교사측면에서 본 유아교육의 질적 향상(박은혜, 이화여대) [주제 Ⅱ] 환경적 측면에서 본 유아교육의 질적 향상(양옥승, 덕성여대)	
	1997	10	한국유아교육의 실상과 개혁	[기조강연] 한국유아교육제도 개선을 위한 방안 모색(이원영, 중앙대) [주제 Ⅰ] 유아교육개혁 추진을 위한 정책방향(반운경, 교육부) [주제 Ⅱ] 유아교육 재정지원의 방향(천세영, 충남대) [주제 Ⅲ] 유아교육 관련법규의 개선 방향(박재윤, 경인교대)	

단계	연도	구분	학술대회 주제	기조강연	주요특징
II. 정책과 실천방향 모색하기	1998	10	유아교육에서의 질적 연구	[기조강연] 유아교육에서의 질적 연구 I(Daniel Walsh, University of Illinois at Urbana–Champaign) [강연] 유아교육에서의 질적 연구 II(Daniel Walsh, University of Illinois at Urbana–Champaign) [강연] 한국에서의 질적 연구 동향 및 과제(조용환, 서울대)	질적 연구방법 소개 및 도입
	1999	06	유아교육의 기회 확대와 질적 수준 제고	[주제토론 1] 유아교육의 기회 확대(이연섭, 중앙대) [주제토론 2] 유아교육의 질적 수준 제고(곽향림, 호원대)	
		11	한국유아교육의 발전방향	[기조강연] 유아교육의 과거, 현재, 그리고 미래 [주제 Ⅰ] 유아교육 행 · 재정의 과제와 발전 방향 [주제 Ⅱ] 유아교육과정의 과제와 전망 [주제 Ⅲ] 유아교사교육의 과제와 발전방향	
III. 국제화와 다양성 추구하기	2000	11	Vision of Early Childhood Education in the 21st Century	중국의 유아교육(Jin Jiang, Ministry of Education, Chilna) 일본의 유아교육(Emiko Ishigaki, Seiwa College, Japan) 미국의 유아교육(Martha Bronson, Boston College, USA) 영국의 유아교육(Roy Evans, Brunel University, UK) 21세기 유아교육–새로운 방향((Wonyoung Lee, Chungang University, S. Korea)	제1회 국제학술대회
	2001	03	한국유아교육의 과제	[기조강연] 한국유아교육의 과제(이은화, 이화여대) [주제발표] 교육과정/ 교수 · 학습/ 특수교육 · 기타/ 측정과 평가/ 교사교육	
		05	유아교사의 전문성 신장을 위한 다각적 접근	[기조강연] 유아교사의 전문성 신장을 위한 우리의 과제(고후순, 경성대)	부산 · 울산 · 경남 지회 공동 개최
		06	유아교육법 제정과 유초연계 자격증 제도에 대한 대토론회	[개회사 · 발제] 유아교육법 제정의 필요성(양옥승, 덕성여대) [발표] 보육사업 제도 개선(안)에 대한 의견(지성애, 전남대) 유 · 초연계 교사자격증 제도(안)에 대한 의견(박은혜, 이화여대)	유아교육법 제정과 유초연계 자격증 제도에 대한 대토론회
		10	유아의 인권과 교육정책	[기조강연] 유아의 인권과 교육정책(곽병선, 한국교육개발원) [분과발표] 영유아 발달 및 측정 · 평가/ 유아교육과정I/ 유아교육과정II/ 교사교육/ 유아예술교육/ 기타	

단계	연도	구분	학술대회 주제	기조강연	주요특징
III. 국제화와 다양성 추구하기	2002	03	유아교육과정의 방향 정립	[기조강연] 교육과정 탐구의 반성과 새로운 방향 모색(허숙, 인천교대) [분과발표] 교육과정/ 교수 · 학습I/ 교수 · 학습II/ 교수 · 학습III/ 교사교육, 기타	
		11	Quality Environment for Young Children: DAP, Professionals, and Families	[기조강연] Perspectives on School Readiness: The Roles of Families, Programs, Professionals, and Communities(Kathy R. Thornburg, NAEYC) [분과발표] DAP/ Professionals/ Families	제2회 국제학술대회
	2003	03	21세기 우리나라 교육의 방향	[기조강연] 21세기 지식정보화 사회에서 우리나라 교육의 방향(박도순, 한국교육학회)	
		10	한국유아교육의 정체성 확립을 위한 대화의 토대	[기조강연] 학문의 정체성과 교육(김신일, 서울대) [주제발표] 유아: 행복한 아이/불행한 아이(서유헌, 서울의대) 교사: 신나는 선생님/좌절하는 선생님(염지숙, 건국대) 학부모: 신념있는 학부모/흔들리는 학부모(이옥, 덕성여대) 교육과정: 주체적 교육과정/모방적 교육과정(임재택, 부산대) 제도: 상호보완적 제도/배타적 제도(정미라, 가천대)	
	2004	03	한국유아교육 현장의 정체성 확립을 위한 노력	[기조강연] 한국 교육과 유아교육의 정체성(문용린, 서울대) [발표] 한국유아교육기관의 프로그램 발표	
		10	International Efforts to Improve Policies, Curriculum and Parent Education in Early Childhood Educatio	[기조강연] Globalization and Early Childhood Education(Geukbum Shin, Daejeon University, S. Korea) [1주제] Aspect of German Re-unification with Regard to Early Childhood Education Waltraut Keber-Ganse, Berlin University, German) [2주제] Policy Trends and Problems in Early Childhood Education and Care in Japan: -For the Development of The Early Childhood Education and Care in Korea & Japan(Niwa Takashi, NagoyaUniversity, Japan) [3주제] Purpose, philosophy, policy and practice: Early education for a preferable future(Jerold P. Bauch, Vanderbilt University, USA) [4주제] Implementing a National Curriculum in Swedish PreschoolsIngrid Engdahl, Stockholm Institute of Education, Sweden) [5주제] Identity of Early Childhood Education and Care in Korea(Okseung Yang, Duksung Women's University, S. Korea)	제3회 국제학술대회

단계	연도	구분	학술대회 주제	기조강연	주요특징
III. 국제화와 다양성 추구하기	2005	03	한국유아교육의 미래	[초청강연] 한국 「육아지원정책」의 과제와 방향(이종재, 한국교육개발원) [기조강연] 우리의 유아교육이 나아갈 길(이영자, 덕성여대) [발표] 한국유아교육의 정체성과 과제(이상금, 이화여대)	
		10	한국유아교육과 보육의 자리매김	[기조강연] 한국유아교육 · 보육의 과거와 미래 [주제발표] 유아교육 · 보육관련 법 및 제도/ 유아교육 · 보육교사교육/ 유아교육 · 보육과정	
	2006	03	어린이의 삶의 관점에서 본 유아교육과 보육의 자리매김	[기조강연] 어린이의 삶 · 교육 · 보육(양옥승, 덕성여대) [주제발표 I] 교육 · 보육 과정 분야: 어린이 삶의 관점에서 본 교육 · 보육과정의 본질(정선아, 숙명여대; 김희연, 경인교대), 어린이의 삶과 교육 · 보육과정의 운영(오문자, 한국레지오에밀리아협회) [주제발표 II] 기관평가 분야: 어린이 삶의 관점에서 본 프로그램 평가의 방향: 다양성과 깊이에 대한 요구(이진희, 계명대), 유아교육 현황과 기관평가의 과제(박영숙, 교육부), 보육시설 평가의 실제(김온기, 육아정책개발센터) [주제발표 III] 영 · 유아 · 아동교육의 연계 분야: 어린이 삶의 관점에서 본 유아교육 · 보육과 초등교육의 연계(박은혜, 이화여대), 어린이 삶의 관점에서 본 교육 연계 운영 방안(김창복, 서울교대) [쟁점연구발표] 바람직한 학제개편 방안: 저출산 고령화사회에서의 유아교육 교육지표 전망과 과제(박종렬, 경북대), 어린이 삶의 관점에서 본 바람직한 유아교육학제 개편(조부경, 한국교원대; 신은수, 덕성여대; 김영실, 원광대)	
		10	현대 유아교육의 다양성, 문화, 홍보 및 기타 이슈들	[축사 및 초청강연 I] 유아교육의 세계동향: OMEP의 공헌(Selma Simonstein, OMEP) [축사 및 초청강연 II] 일본의 육아정책 엔젤플랜의 유아교육 · 보육적 관점에서의 문제점(Hirohisa Ogawa, Japan Society of Research on Early Chilhdood Care and Education, Japan) [기조강연] 귀 기울임, 그리고 만남의 교육: 유아교육의 윤리적, 정치적 접근(Gunilla Dahlberg, University of Stockholm, Sweden) [주제발표 I] 대화를 통한 책임의 교육학: 포스트모던관점(Hae-Ryung Yeu, Yeungnam University, S. Korea) [주제발표 II] 발달에 있어 문화는 무엇인가?: 존재됨의 순간(Daniel Walsh, University of Illinois at Urbana-Chapaign, USA)	제4회 국제학술대회

단계	연도	구분	학술대회 주제	기조강연	주요특징
III. 국제화와 다양성 추구하기	2007	03	한국유아교육 · 보육 자리매김의 미래전망	[기조강연] 유아교육과 보육의 미래 방안(김영철, 한국교육개발원) [주제발표 I] 영유아교사의 전문성 함양을 위한 미래 방향(박은혜, 이화여대) [주제발표 II] 영유아를 위한 교육복지 실천 방안(백혜리, 서울신학대)	
		10	유아교육 현장 · 학문 · 정책 간 협력: 그 의미와 실천	[기조강연] 우리 문화를 통해 본 협력의 의미와 가치 창조(문용린, 서울대) [1주제] 유아교육에서 협력의 의미, 실천 및 과제(이일주, 공주대) [2주제] 학습공동체를 통한 교육의 발전(윤여각, 방송통신대) [3주제] 부모, 지역사회 공동체 중심 유아교육의 미래 방향(서형숙, 엄마학교) [유아교육 · 보육 통합 실천 방안]	
	2008	03	유아교육에서의 통합: 그 의미와 실천	[기조강연] 유아교육의 다학문적 접근(정범모, 한림대) [1주제] 유아교육과정에 있어서 통합의 의미와 과제(김영옥, 전남대) [2주제] 유아교육 · 보육 통합을 위한 재정 시스템(송기창, 숙명여대)	
		10	Sharing experiences to build a learning community among research, practice, and policy	[기조강연] Influencing policy and practice through research on early childhood education(Brenda Taggart, University College London, UK) [주제발표 I] Partnership and vision of early childhood education among practice, research, and policy(Gerard Vergnaud, University of Paris, France) [주제발표 II] Cooperative learning through communication between re-search-based knowledge and early childhood practice(Moonja Oh, KCCT)	제5회 국제학술대회
	2009	03	유아교육의 본질과 가치: 학문 · 정책 · 실천 간 협력의 지향점	[기조강연] 유아교육의 본질과 가치를 지향하는 유아교육정책의 과제와 전망(김성열, 한국교육과정평가원) [1주제] 한국 사회의 다민족화와 다문화 현상: 다문화 교육의 전망과 실태를 중심으로(한건수, 강원대) [2주제] 유아교육의 본질을 향한 서루 다른 목소리: 다학문적 접근의 갈등과 희망을 함께하며(유혜령, 영남대)	2007년 개정유치원교육과정에 따른 지역교육과정의 편성 · 운영방안 및 특성화
		06	Safe Environment and Healthy Life for Young Children in Korea	[기조강연 I] Images of korean young children's life: Safe or danger-ous?(Young-Sil Kim, Wonkwang University, S. Korea) [기조강연 II] Policy and provisions for young children's healthy life(Nse With-erspoon, Joy Carlson: Children's Environmental Health Network) [기조강연 II] Korean policy and provisions for young children's healthy life based on National curriculum for early childhood education and care Miok Moon, Seoul Women's University; Shunah Chung, Sookmyung Women's University, S. Korea) [1주제] Young children at risk environment [2주제] How are young children treated special? [3주제] Healthy life, young children's right	WHO 국제학술대회

단계	연도	구분	학술대회 주제	기조강연	주요특징
III. 국제화와 다양성 추구하기	2009	11	다양성과 통섭을 향한 이 시대의 유아교육: 유아교육의 다양한 목소리	[기조강연] 유아교육의 다양한 목소리: 다면성 고찰의 필요성(양옥승, 덕성여대) [1주제] 이 시대의 유아교육(장혜순, 강남대) [2주제] 이 시대의 보육(김명순, 연세대) [3주제] 이 시대의 유아 대상 학원교육(지성애, 전남대)	
	2010	03	다양성과 통섭을 향한 이 시대의 유아교육: 유아교육의 학제 간 접근	[기조강연] 영유아기 뇌 발달과 유아교육(서유헌, 서울대) [1주제] 유아교육과 신경교육학 및 로봇공학 – 신경교육학이 유아교육에 주는 시사점(김성일, 고려대) – 로봇기반 유아교육(R–러닝) 모형(오상록, 한국과학기술연구원) [2주제] 유아교육과 교육 행 · 재정학 – 유아교육재정의 쟁점가 과제(송기창, 숙명여대) – 유아교육의 공교육체제 강화와 유치원의 책무성(조석훈, 청주교대) [3주제] 유아교육의 쟁점: 만 5세 취학 – 학생의 생월과 학업성취의 관계(홍후조, 고려대) – 만5세아 초등취학방안에 대한 교육경제학적 관점(하봉운, 경기대)	
		10	Multiple Perspectives in Making Early Childhood Education Policy (유아교육 정책에 대한 다양한 관점)	[기조강연] Socio–cultural Perspectives on Policy Making in Early Childhood Education: Policy Lessons and Implications from the Preschool in Three Cultures Study(Joseph Tobin, Arizona State University, USA) [주제강연 I] Policy on Early Childhood Education – Recent Educational Reform and Pedagogical Practices in Japan : The Future of the Everyday Life–Oriented Curriculum(Kiyomi Akita, University of Tokyo, Japan) – Educational Policy, Kindergarten Curriculum Guidelines and the Quality of Teaching and Learning: Lessons from Kindergarten in Hong Kong(Nirmala Rao, University of Hong Kong, Hong Kong) [주제강연 II] Policy on Early Childhood Teacher Education – Familial Curriculum Making: Re–shaping the Curriculum Making of Teacher Education(Janice Huber, University of Regina, Canada) – Early Childhood Teacher's Key Competency and Teacher Educational Policy(Hyung–Sook Cho, Chungang University)	제6차 국제학술대회

단계	연도	구분	학술대회 주제	기조강연	주요특징
IV. 융합과 정책 변화 대응하기	2011	03	다양성과 통섭을 향한 이 시대의 유아교육: 다양성과 통섭을 향한 한국 유아교육의 실천	[기조강연] 통섭의 시대와 유아교육의 실천과제(김영옥, 전남대) [1주제] 유아를 위한 교육과정의 통합적 접근(장명림, 육아정책연구소) [2주제] 유아교육과 철학(정대련, 동덕여대)	
	2011	10	변화하는 사회 속의 유아교육	[기조강연] 사회변화와 유아교육, 그리고 유아의 삶(유영만, 한양대) [1주제] 자연과 기술이 조화된 유아교육(곽향림, 호원대) [2주제] 방임, 과보호, 사교육이 유아발달에 미치는 영향(정익중, 이화여대) [3주제] 유아교육에서의 글로컬라이제이션 모색(김영실, 원광대)	
	2012	03	더 나은 유아 교육과정을 위한 과제와 전망	[기조강연] 한국유아교육과정의 흐름과 발전의 방향(허숙, 경인교대) [1주제] 유아교육과정 자율화의 과제와 전망(김규수, 원광대) [2주제] 더 나은 유아교육을 위한 과제와 개선 방향(김숙정, 부산남부교육지원청) [3주제] 5세 누리과정의 이해: 총론 및 지도서(이정욱, 덕성여대)	
		09	Establishing the Future Research Agenda for Quality Early Childhood Education	[기조강연] Research Trends in Early Childhood Education During the 21st century: Topical Themes & Methodologies(Susanne A. Denham, George Mason University, USA) [주제강연 I] Affordances of Ethnographic Methods for the Young Children(Laurie Katz, The Ohio State University, USA) [주제강연 II] Quantitative Retrospection on Quality Early Childhood Education(Udomluck Kulapichitr, Chulalongkorn University, Thailand) [주제강연 III] Action Research in Korea Early Childhood Education(Hyugkyu Lee, Cheong Ju National University, S. Korea)	제7차 국제학술대회
	2013	03	미래지향적인 유아교육 정책의 방향	[기조강연] 교육과 행복–행복한 삶을 위한 교육, 실현 가능성의 탐색(정진곤, 한양대) [주제강연 I] 유아교육 · 보육 통합을 위한 교원정책 방향(조부경, 한국교원대) [주제강연 II] 유아 및 기관 관련 정책의 방향(이일주, 공주대)	
		11	유보통합 추진과 창의적 융합인재 교육의 방향과 과제	[기조강연 I] 유보통합에 따른 새로운 도전과 과제(이정욱, 덕성여대) [기조강연 II] 유아교육과 창의적 융합인재교육(정진수, 충북대) [주제강연 I] 유보통합에 따른 누리과정과 창의적 융합인재양성(이연승, 경성대) [주제강연 II] 유보통합과 교원 전문성(정미라, 가천대) [주제강연 III] 유보통합모형탐색과 통한 추진 현황(장명림, 육아정책연구소)	

단계	연도	구분	학술대회 주제	기조강연	주요특징
IV. 융합과 정책 변화 대응하기	2014	03	행복한 유아를 위한 유보통합 기반 다지기의 과제와 전망	[기조강연 I] 유아의 행복에 기반한 유보통합 다지기(박찬옥, 중앙대) [기조강연 II] 유아교육, 신경과학에서 통찰을 얻다(조부경, 한국교원대) [주제강연 I] 교육 · 보육 서비스 질 향상을 위한 평가제도(염지숙, 건국대; 고영미, 순천향대) [주제강연 II] 교육 · 보육 서비스 질 향상을 위한 운영관리(정정희, 경북대; 채영란, 호남대) [주제강연 III] 교육 · 보육 서비스 질 향상을 위한 유아 마음건강(이경숙, 한신대)	
		08	Building a Respectful Early Childhood Classroom Community	[기조강연] The Definition, Nature and Development Changes of Bullying in Early Childhood(Peter K. Smith, University of London, U.K.) [주제강연 I] Fostering Children's Character Development through Peer relationship(Mugyeong Moon, KICCE; Seungha Lee, Chungang University, S. Korea) [주제강연 II] Promoting Children's Moral Thinking(Donna Berthelsen, Queensland University, Australia) [주제강연 III] Building Children's Sense of Trustworthiness towards Empathy and Social Morality(Sachiko Kitano, Kobe University, Japan) [주제강연 IV] Aesthetic Experience of Young Children and Its Implications for Early Childhood Teachers(Booyeun Lim, Busan National University; Mihyang Ryu, Donga University, S. Korea)	제8차 국제학술대회
	2015	춘계	융합인재 양성을 위한 유아교육과정의 재조망	[기조강연 I] 한국유아교육과정의 과거, 현재, 미래에 대한 조망(이기숙, 이화여대) [기조강연 II] 정보화시대의 융합인재교육(이원복, 덕성여대) [주제발표 I] 표준보육과정과의 연계를 위한 현황과 과제(김은설, 육아정책연구소) [주제발표 II] 융합인재 양성을 위한 누리과정의 현황과 개선 과제(장명림, 한국교육개발원) [주제발표 III] 유 · 초연계를 위한 취학직전 유아 기초학습능력과 과제(박순경, 한국교육과정평가원; 홍혜경, 전남대)	
		추계	한국유아교육 연구와 정책의 변화와 향후 전망	[기조강연 I] 한국유아교육 정책의 변화와 전망(양옥승, 덕성여대) [기조강연 II] 한국 교육학 연구의 동향과 향후 전망(진동섭, 서울대) [주제강연 I] 유보통합 추진과제 현황과 향후 전망(신미경, 국무조정실) [주제강연 II] 창의인성교육의 현황과 향후 전망(이민정, 동의대) [주제발표 III] 유아교사 역량강화를 위한 교사교육 현황과 향후 전망(조형숙, 중앙대)	

단계	연도	구분	학술대회 주제	기조강연	주요특징
IV. 융합과 정책 변화 대응하기	2016	춘계	통합의 시대를 향한 한국유아교육의 비전과 전망	[기조강연 I] 한국전통문화에 기반한 유아교육의 미래방향(문미옥, 서울여대) [기조강연 II] 창조는 어떻게 가능한가?(김정운, 여러가지문제연구소) [주제강연 I] 통합의 시대를 향한 유아교육과정의 방향(정선아, 숙명여대) [주제강연 II] 통합의 시대를 향한 유아교육 정책의 방향(오경미, 교육부) [주제발표 III] 통합의 시대를 향한 유아교사 양성의 방향(이미화, 육아정책연구소)	
		추계	빅데이터 시대, 한국유아교육학회의 도전과 과제	[기조강연 I] 빅데이터 시대와 한국유아교육학의 과제(김영옥, 전남대) [기조강연 II] 나, 정답을 묻다(송길영, 다음소프트) [주제강연 I] 빅데이터 소개 및 소셜 빅데이터 유아교육 활용 사례(유재수, 충북대) [주제강연 II] 유아교육에서의 빅데이터 분석과 활용(최연철, 한국교원대) [주제발표 III] 공공 빅데이터 활용을 통한 누리과정재정 운영의 방향(하봉운, 경기대)	
	2017	춘계	유아교육에서 빅데이터 활용 방향과 과제	[기조강연 I] 빅데이터 활용을 통한 유아교육 정책의 방향모색(이연승, 경성대) [기조강연 II] 마음을 움직이는 힘: 소통의 문화심리학적 기초(김정운, 여러가지문제연구소) [주제강연 I] 유아교육의 발전 방향(신광수, 교육부) [주제강연 II] 빅데이터 활용을 통한 유아교육과정 방향탐색(정정희, 경북대; 이효림, 대구과학대) [주제강연 III] 빅데이터 활용을 통한 유아교사교육 방향탐색(임수진, 동신대; 박진이, 솔빛초등학교병설유치원) [주제강연 IV] 빅데이터 활용을 통한 유아부모교육 방향탐색(김경철, 한국교원대; 김은혜, 한국교원대)	
		추계	Re-weaving Early Childhood Education in a Post Human Era	[기조강연] Post-foundationalism, Enhanced Liberalism and Post Truth. 21st Century Developments in Early Childhood Education(Michel Vandenbroeck, Ghent University, Belgium) [주제강연 I] Early Childhood Education in a More Than EraLiselott Mariett Olsson, University of Stockholm, Sweden) [주제강연 II] Re-weaving ECEC Policies and Practices in Japan: Challenges Beyond Regulation(Riyo Kadota-Korogi, Seinan Gakuin University, Japan) [주제강연 III] The Posthuman Child in Learning Community Beyond Anthropocentrism(Bu-Yeun Lim, Pusan National University, S. Korea)	제9차 국제학술대회

단계	연도	구분	학술대회 주제	기조강연	주요특징
IV. 융합과 정책 변화 대응하기	2018	춘계	예측 불가능한 미래사회와 유아교육과정의 재설계 I	[기조강연 I] 예측 불가능한 미래사회와 유아교육과정(양옥승, 덕성여대) [기조강연 II] 미래사회와 인간의 삶(윤여각, 국가평생교육진흥원) [주제강연 I] 포괄성으로 본 유아교육과정 재설계(김진숙, 한국교육과정평가원) [주제강연 II] 자율성으로 본 유아교육과정 재설계(오채선, 한국교원대) [주제강연 III] 형평성으로 본 유아교육과정 재설계(임민정, 경북대)	
		추계	예측 불가능한 미래사회와 유아교육과정의 재설계 II	[기조강연 I] 미래사회를 위한 「3–5세 연령별 누리과정」 개정과 교사의 교육과정 재구성(이정욱, 덕성여대) [기조강연 II] 교육과 미래(황선준, 경남교육연구정보원) [주제강연 I] Deleuze 차이 생성의 포괄적 유아교육과정(윤은주, 숙명여대) [주제강연 II] 교육의 표준화와 유아교육과정 설계(곽향림, 호원대) [주제강연 III] 유아교육과정의 공공성과 접근성(서현, 조선대)	
	2019	춘계	유아, 놀이, 유아교육을 위한 평가의 미래	[기조강연 I] 유아 놀이의 재조명, 그리고 교육적 함의(지성애, 중앙대) [기조강연 II] 놀이에 대한 부정적 오해와 긍정적 편견: 미래사회 변화에서 '교육과정 놀이'에 대한 재개념화 방향과 과제(김명순, 연세대) [주제강연 I] 놀이와 배움을 잇는 유아평가의 방향성 탐색(이진희, 계명대; 신은미, 숙명여대)	
		추계	Building a Better Curriculum for Young Children:Lessons from Each Other's Experiments and Movements	[기조강연 I] Play Based Learning and Intentional Teaching: Some Insights from Australia(Susan Grieshaber, La Trobe University., Australia) [기조강연 II] What Does It Mean To Implement National Curriculum? Future Direction of Nuri CurriculumBoo–Kyung Cho, Korea National University, S. Korea) [주제강연 I] The Policy to Improve the Quality of Early Childhood Education in Japan(Shiomi Toshiyuki, Shiraume Gakuen University, Japan) [주제강연 II] Building a Better Curriculum for Young Children: Lessons from Each Other's Experiments and Movements(Lena Aronsson, Stockholm University, Sweden)	제10차 국제학술대회

단계	연도	구분	학술대회 주제	기조강연	주요특징
V. 디지털 전환과 미래교육 준비하기	2020	춘계	인문학적 사유와 실천을 통한 교육하기: 놀이기반 배운에 대한 탐색과 실천	[기조강연 I] 놀이하는 인간의 철학과 교육(정낙림, 경북대) [기조강연 II] 놀이와 배움의 탐색(유혜령, 前 영남대) [주제발표] 개정누리과정 놀이운영 사례 실천 경험 1, 2, 3	
		추계	삶과 배움이 어울어진 교육 현장: 교육환경 혁신을 위한 유아, 놀이, 환경 새롭게 바라보기	[초청강연] 삶의 공간, 그리고 배움의 공간(김광현, 서울대) [기조강연 I] 놀이와 배움의 관계 탐색(임부연, 부산대) [주제발표] 개정 누리과정 활성화 공모작 1, 2, 3, 4	
	2021	춘계	어린이 다시 보기: 포스트휴먼 어린이에 대한 이해와 실천	[기조강연 I] 빌둥(Bildung) 개념으로 이해하는 자기형성적 존재로서 아동(조상식, 동국대) [기조강연 II] 포스트 코로나 시대의 '아동관'의 재조명 & 학부모의 역할(최재정, 차의과학대) [주제발표] 어린이 이해를 위한 교육실천 1, 2, 3	
		추계	Envisioning Professionalism in Early Childhood Education: The Role of Teachers in a Play-based Curriculum	[기조강연 I] The Role of Play Play in Children's Development: Surplus Energy, the Play Ethos, and a Middle Way(Peter K. Smith, Goldsmiths, University of London, U.K.) [기조강연 II] From "Best Practice" and "One Size-fits-all" to Multiple Ways and Practices to Engage Different Children Differently in Learning Development in Early Childhood Education(Hillevi Lenz Taguchi, Stockholm University, Sweden) [기조강연 III] Empowering Early Childhoo Professional's Well-being(Dora W. Chen, Singapore University of Social Sciences, Singapore) [주제강연 I] Using Play to Learning: Unpacking Challenges and Exploring Solutions(Limin Hou, Guangxi Normal University, China) [주제강연 II] Research on the Policy Guarantee of the Construction of Pre-school Teachers in China(Limin Hou, Guangxi Normal University, China) [주제강연 III] The Role of Early Childhood Teachers in Child and Play Centered Community(Jaihui Yoon, Yeungnam University, S. Korea)	제11차 국제학술대회

단계	연도	구분	학술대회 주제	기조강연	주요특징
V. 디지털 전환과 미래교육 준비하기	2022	춘계	디지털 전환의 시대: 함께 준비하는 유아교육의 미래	[기조강연 I] AI 시대, 미래유아교육의 역할과 방향(송해덕, 중앙대) [기조강연 II] 디지털 전환시대에 대비하는 교육정책 패러다임 탐색(김진숙, 한국교육과정평가원) [제1주제발표] 지속가능발전과 미래 유아교육의 과제: 디지털 전환을 중심으로(문무경, 육아정책연구소) [제2주제발표] 디지털 시대, 유아교육을 위해 필요한 역량(조운주, 한국교통대)	
		추계	디지털 전환 시대 유아교육의 방향과 과제: 유아 미래역량과 유보통합	[기조강연 I] 내가 살아온 세계와는 다른 세계에서 살아갈 아이들(박형주, 아주대) [기조강연 II] 포스트 디지털 시대, 유아와 디지털 "관계 맺음"의 의미(이연승, 경성대) [제1주제발표] 포스트 디지털 시대, 유아와 에듀테크의 만남 그리고 도전(박창현, 육아정책연구소) [제2주제발표] 기후위기시대, 탄소중립을 위한 세계적 노력 그리고 우리 유아교육자의 책무(지옥정, 한국교통대)	
	2023	춘계	디지털 전환 시대 유아교육의 방향과 과제: 교사 미래 역량	[기조강연 I] 뇌과학과 인공지능이 바꾸는 교육의 미래(임창환, 한양대) [기조강연 II] 디지털 전환시대 유아교사의 역량: '방음'과 '공명'의 균형을 추구하며(조부경, 한국교원대) [제1주제발표] 유아교사 미래역량 제고를 위한 정책의 방향(김은영, 육아정책연구소) [제2주제발표] 더 나은 미래를 위한 교실 교육과정: 유아교사의 과제와 도전(이성희, 공주대)	
		추계	Bridging Past, Present, and Future of Early Childhood Education: Thinking Beyond	[기조강연 I] One Future for Early Childhood Education: Politics, Stories & Transformation (Peter Moss, University College London, UK) [기조강연 II] Posthuman Child & Transindividual Agency(Karin Murris, University of Oulu, Finland) [기조강연 III] Toward Decolonial Research and Pedagogy: Implications for Early Childhood Education in S. Korea(Kyunghwa Lee, University of Georgia, USA) [주제강연 I] Preschool in Three Eras in Japan: 1984, 2002, and 2022(Akiko Hayashi, Keio University, Japan) [주제강연 II] Advancing Early Childhood Education Research in the Digital Era: Insights and Recommendations for South Korea(Haesung Im, Duksung Women's University, S. Korea)	제12차 국제학술대회

단계	연도	구분	학술대회 주제	기조강연	주요특징
V. 디지털 전환과 미래교육 준비하기	2024	춘계	새로운 50년 도약, 유아교육을 다시 생각하다. 유아교육의 본질 탐색 및 실천 I : 교육, 돌봄, 그리고 학교	[기조강연 I] 미래사회 변화와 유아교육(김재춘, 영남대) [주제강연 I] 변화하는 사회맥락에 반응하기: 유아교육과 보호(ECEC)의 본질 탐색을 통해 나아갈 길을 묻다(권정윤, 성신여대) [주제강연 II] 영유아교육기관 및 학교의 법적 의미와 유보통합의 과제(이덕난, 대한교육법학회) [특별세션강연] 유보통합 시행을 위한 조직 및 관리 체계 개편 방안(엄문영, 서울대)	유보통합 특별세션 마련
		추계	새로운 50년 도약, 유아교육을 다시 생각하다. 유아교육의 본질 탐색 및 실천 II : 영유아교육과정 및 역량	[기조강연 I] 미래교육 방향과 유아교육과정: 회고를 통해 미래에 대한 통찰 얻기(이정욱, 덕성여대) [주제강연 I] '핵심역량'으로 살펴보는 국가 교육과정 개발의 도전과 과제(황규호, 이화여대) [주제강연 II] 해외 국가교육과정에 나타난 영유아 역량: 국가 사례 중심으로(장혜진, 대구대) [유보통합 특별세션] 유보통합 시행을 위한 0–5세 교육과정 개편 방향(김은영, 육아정책연구소)	
	2025	춘계	새로운 50년 도약, 유아교육을 다시 생각하다. 유아교육의 본질 탐색 및 실천 III: 유아교육공동체 협력과 실천	[기조강연 I] 공감과 협력의 진화와 교육의 역할(이혁규, 청주교대) [주제강연 I] 유보통합시대, 영유아교육 실천공동체의 소통과 연대(김은주, 부산대) [주제강연 II] 유아교육에서의 부모참여에 대한 현대적 관점들(이병호, 덕성여대) [유보통합 특별세션] 대만 유보통합 법제의 형성과 시사점(김대홍, 숭실대)	
		추계	Moving forward from Current Early Childhood Education to the Future	[기조강연 I] The Critical Importance of Early Language Development in the Formation of the Reading Brain(Maryanne Wolf, UCLA, USA) [기조강연 II] Preschool Quality Evaluation in Italy: Why, What and How(Christi–na Stringher, INVALSI, Italy) [기조강연 III] The Integraion of Early Childhood Education and Care(ECEC) in New Zealand: Lessons Learned and Insights for the Future (Sandra Collins, Education Review Office, NZ) [초청강연] The Future of Early Childhood Education: What and Who We Miss–ing?(Myae Han, University of Delaware, USA) [50주년 기념 강연] The Evolution of Early Childhood Education in Korea: Cur–rent Trends and Future Challenges(Young–Ok Kim, Chon–nam National University, S. Korea)	제13차 국제학술대회

저자약력

고영미 순천향대학교 유아교육과 교수

임수진 동신대학교 유아교육학과 교수

양유진 강릉원주대학교 유아교육과 교수

이효림 경북대학교 가정교육과 교수

정재은 동양대학교 유아교육과 교수

최지은 서울여자대학교 아동학과 교수

한국유아교육학회 50년

기억과 기록 1975–2025

1판 1쇄 인쇄 2025년 8월 25일
1판 1쇄 발행 2025년 8월 30일

지 은 이 | 고영미 임수진 양유진 이효림 정재은 최지은
발 행 인 | 박철용
발 행 처 | 양서원
주 소 | 경기도 파주시 직지길 522 파주출판도시
전 화 | 031–955–8000(代)
팩 스 | 031–955–8005
홈페이지 | www.yswpub.co.kr
이 메 일 | yswgroup@naver.com
출판등록 | 1987년 11월 24일 제406–2003–037호

ISBN 978-89-994-1597-5

정가 22,000원